Krishan Kumar

Da Sociedade Pós-Industrial à Pós-Moderna

Novas teorias sobre o mundo contemporâneo

Tradução:
RUY JUNGMANN

Prof^a Ms Mayrinne
Meira Wanderley
História/UEPB

CB131935

O Sebo Cultural
De A a Z todo universo para você.
Fones 83 3241-1423 / 3222-4438
www.osebocultural.com.br
TÍTULO:
PREÇO:
COD: 381 864-3

Para Katya

Título original:
From Post-Industrial to Post-Modern Society
New Theories of the Contemporary World

Tradução autorizada da segunda reimpressão inglesa, publicada em 1996 por Blackwell Publishers, de Oxford, Inglaterra

Copyright © 1995, Krishan Kumar

Copyright © 1997 da edição em língua portuguesa:
Jorge Zahar Editor Ltda.
rua México 31 sobreloja
20031-144 Rio de Janeiro, RJ
tel.: (21) 2240-0226 / fax: (21) 2262-5123
e-mail: jze@zahar.com.br
site: www.zahar.com.br

Todos os direitos reservados.
A reprodução não-autorizada desta publicação, no todo ou em parte, constitui violação de direitos autorais. (Lei 9.610/98)

Capa: Pedro Lyra

Ilustração: Detalhe de *A montanha de Saint-Victoire*, Paul Cézanne, 1904-6

CIP-Brasil. Catalogação-na-fonte
Sindicato Nacional dos Editores de Livros, RJ.

Kumar, Krishan
K98d Da sociedade pós-industrial à pós-moderna: novas teorias sobre o mundo contemporâneo / Krishan Kumar; tradução, Ruy Jungmann. – Rio de Janeiro: Jorge Zahar Ed., 1997.

Tradução de: From post-industrial to post-modern society: new theories of the contemporary world
Inclui bibliografia
ISBN: 85-7110-394-1

1. Pós-modernismo – Aspectos sociais. I. Título.

CDD 303.401
97-0413 CDU 301.175

Prof* Ms Mayrin
Meira Wander
História/UEPB

Sumário

Prefácio à Edição Brasileira

Sinto-me feliz ao apresentar este livro ao público leitor brasileiro. Embora meu trabalho não lide especificamente com o Brasil ou Portugal, acho que deve ficar bastante claro que as idéias aqui discutidas são relevantes para todas as sociedades desenvolvidas. No que diz respeito a todas as dificuldades associadas ao conceito de "globalização", é absolutamente correto afirmar que todas as sociedades modernas — e pós-modernas — atuais estão envolvidas em um redemoinho de mudanças que une, cada vez mais estreitamente, destinos e desígnios. As transformações por que passam expressões como "sociedade de informação", "pós-fordismo" e "pós-modernismo" simplesmente traduzem algumas das mais significantes dessas mudanças. Critico neste livro alguns dos postulados mais difundidos acerca de metade dessas teorias; espero, porém, ter deixado bastante claro que penso que elas lidam com genuínas transformações na vida das nações contemporâneas, e levantado questões importantes sobre como isso pode influir na política, na economia e na cultura. Sempre achei errado subestimar essas teorias em virtude de não serem inteiramente convincentes, ou por desdenharem este ou aquele aspecto da vida contemporânea. Todas as teorias são parciais; sua fecundidade reside nos tipos de questão que levantam. Através desse teste, essas teorias ficam de fato muito bem verificadas.

Essas teorias despertam certo interesse porque se tornaram populares no final de um século e de um milênio. À revelia ou não de seus autores, elas trazem consigo uma carga inusitada em teorias sociais, embora mostrem algum paralelo com o final do século XIX nesse aspecto. Longe de considerar uma distorção, creio que isso é na realidade uma vantagem. Pois essas teorias possuem um escopo e uma urgência que refletem a convicção de que vivemos uma das grandes reviravoltas da história mundial. Elas se alicerçam em termos que nos convidam a avaliar o mundo como um todo, e a encarar as mudanças na medida em que operam nos níveis mais profundos do eu e da sociedade. Malgrado nosso ceticismo, somos forçados a aceitar o desafio de tais teorias com argumentos e investigações de nível similar. Isso exige um exercício de imaginação sociológica do tipo praticado pelos pioneiros da disciplina: Saint-Simon, Comte, Tocqueville, Marx, Durkheim e Weber. Pela mesma razão, essas teorias são dignas de nossa benevolência e de nossa atenção.

Espero que grande parte do público leitor alcançado por essa tradução para o português levante questões e discussões, as mais amplas possíveis, sobre nosso mundo de final de século. Projetei este livro como um modesto guia para estudantes em busca de algum esclarecimento sobre teorias que são notoriamente difusas e difíceis. As sucessivas reimpressões do livro mostram que fui razoavelmente bem-sucedido em minhas pretensões. Não resta dúvida de que esta continua a ser sua principal utilidade. Mas também descobri que isso ampliou o público leitor, alheio às disciplinas acadêmicas formais, entre aqueles que desejam compreender as mudanças do mundo contemporâneo e as discussões sobre elas. Ficaria feliz se esta nova edição incrementasse esse processo.

KRISHAN KUMAR
Universidade da Virgínia
Charlottesville, VA, EUA

Prefácio

Ao longo do último quarto de século, temos ouvido persistentes afirmações de que as sociedades do mundo ocidental ingressaram em uma nova era de sua história. Essas idéias sugerem que, conquanto ainda sejam, sem a menor dúvida, sociedades industriais, elas passaram por mudanças de tal alcance que não podem mais ser aceitas pelos velhos nomes nem estudadas no contexto de antigas teorias. Essas sociedades seriam agora, de várias maneiras, "pós-industriais": "pós-fordistas", "pós-modernas", e mesmo "pós-históricas".

Há alguns anos, em *Prophecy and Progress* (1978), estudei as alegações das variedades mais antigas da teoria pós-industrial. Essas teorias estavam ligadas principalmente a figuras como Daniel Bell e Alain Touraine, e também a uma parte considerável do pensamento do Leste europeu. Concentravam-se sobretudo na evolução para uma economia de serviço e uma "sociedade do conhecimento", e nas mudanças sociais e políticas que se poderia esperar como conseqüências de tal situação.

Embora essas teorias continuem em curso, a elas se juntaram outras com pretensões mais ambiciosas. Nestas encontramos asserções que vão além da economia e da política para abranger por completo a civilização ocidental e, na verdade, mundial. Na revolução da informação e da comunicação, na transformação do trabalho e das empresas que ocorrem na economia global, e na crise das ideologias políticas e crenças culturais, essas teorias identificam sinais de um momento decisivo na evolução das sociedades modernas.

Neste livro estudarei três dessas variedades mais novas da teoria pós-industrial: a idéia da sociedade de informação e as teorias do pós-fordismo e da pós-modernidade. Embora todas incluam aspectos comuns que mencionarei, elas serão, de início, analisadas separadamente.

O capítulo 2 estuda a sociedade de informação. Trata-se em essência de uma reformulação, feita por Daniel Bell e outros autores, da idéia inicial sobre a sociedade pós-industrial, por eles proposta na década de 1970.

Como tal, pode ser discutida em termos mais sucintos que as teorias mais recentes.

O capítulo 3 focaliza a teoria do pós-fordismo. Embora seu núcleo seja formado pelas mudanças econômicas, nas mãos de vários de seus proponentes, essa teoria é ampliada para incluir uma larga faixa de modificações políticas e culturais. Neste particular, coincide em muitos pontos com alguns aspectos fundamentais da teoria pós-moderna. Essas mudanças mais vastas são estudadas com maior profundidade sob tal título.

Cerca de metade do livro — os capítulos 4 e 5 — trata da teoria da pós-modernidade. Isso acontece não apenas porque ela é a mais abrangente — e desafiadora — das teorias, mas porque tem pontos em comum não apenas com o pós-fordismo, mas também com a idéia da sociedade de informação. Além disso, nos força a examinar o que poderíamos entender por modernidade, cujos princípios, segundo essa teoria, não são mais nem atuantes nem válidos. O que será essa modernidade que está sendo desbancada?

O capítulo 6 volta ao passado e analisa, de um ponto de vista crítico e tomando-as isolada e conjuntamente, as teorias expostas nos capítulos precedentes. Nota-lhes a coincidência com o estado de espírito *fin-de-siècle* e pergunta como esse fato pode afetar suas características. Especula também sobre os efeitos de algumas mudanças bem recentes ocorridas no mundo, em especial o desmoronamento do comunismo na Europa Oriental. De que maneira essas mudanças afetam o prestígio de nossas teorias? Será que, como afirmam alguns autores, elas as refutam por completo? Ou, pelo contrário, reforça-lhes a plausibilidade? As teorias acadêmicas, às vezes, parecem estar arrogantemente muito acima de meros assuntos mundanos. O que interessa a seus autores é, sobretudo, a própria coerência. Um aspecto positivo de todas as nossas três teorias é que elas evitam essa pureza exangue. São rudimentares em sua forma — "robustas" talvez seja a palavra descritiva em moda — e se desenvolvem em muitos níveis. Embora esse fato não satisfaça o critério de rigorosa "testabilidade", significa que essas teorias estudam a vida real das sociedades onde foram propostas. A experiência dessas sociedades, as mudanças e os padrões nelas discerníveis são, por isso mesmo, diretamente relevantes para sua validade.

O objetivo deste livro é dar uma idéia tão clara e completa quanto possível dessas novas teorias. Mas eu não teria ficado satisfeito em apenas descrevê-las. Nem teria passado tanto tempo as estudando, se pensasse que eram simplesmente infundadas. É extraordinária a quantidade de energia despendida na literatura crítica sobre essas teorias para mostrar que elas são sempre obtusas, quando não infantis. Essa parece ser uma tarefa bastante cansativa, inútil e acadêmica, no pior sentido da palavra. A durabilidade dessas teorias, a despeito do bombardeio crítico, constitui certa indicação de que elas têm algo a dizer sobre as condições do mundo moderno. Tentei nestas páginas descobrir por que poderia ser assim e de que maneira elas podem nos ajudar a compreender tais condições. As teorias sobre a sociedade têm diversos usos possíveis. Não constituem apenas uma série de premissas que podemos submeter a teste. Muitas vezes seu principal valor consiste em dirigir nossa atenção para fenômenos que até então haviam escapado à observação acurada. Se, no processo, elas exageram seus argumentos, fazem apenas o que todas as teorias interessantes fazem ou deveriam fazer.

Uma nota, por fim, sobre a bibliografia, muito longa para um trabalho relativamente curto. Esse aspecto reflete em parte o fato de que, neste livro, discuto três teorias que em geral são tratadas de forma isolada. Cada uma delas possui uma vasta literatura. Mas há outra razão para isso. Na sociologia, a discussão teórica vem se transformando em uma "guerra de livros". A literatura crítica cresceu muito e os debates teóricos são, em grande parte, travados com referência a ela. Essa situação ocorre há muito tempo na crítica literária, onde o livro ou poema em discussão logo depois se perdem em meio aos comentários críticos. Esse costume parece estar se espalhando agora pela teoria social. Este livro, é claro, dá prosseguimento a esse processo. A justificativa é que ele contribui de alguma forma para os debates, pelo menos à guisa de esclarecimento. Mas não posso escapar da sensação de que este livro, de certa maneira, confirma a crença pós-moderna de que o mundo todo é um texto.

Várias pessoas foram muito generosas com material e conselhos úteis, entre elas: Pat Ainley, Ash Amin, Phil Brown, Tim Clark, Rosemary Crompton, John Jervis, Kevin Robins, Dick Walker e Frank Webster. Sou muito grato a todos e os eximo de qualquer responsabilidade por alguma afirmação contida nestas páginas. Aprendi muito também com minha participação no projeto de pesquisa da Acton Society, na década de 1980, sobre a "Terceira Itália". Edward Goodman e Julia Bamford foram os principais orientadores nesse trabalho. Na Blackwell Publishers, Simon Prosser foi, como sempre, o mais simpático e cooperativo dos organizadores de texto. Espero que ele julgue que a espera valeu a pena. Eu gostaria também de agradecer à Universidade de Kent por dois períodos de licença, durante os quais foi escrita a maior parte deste livro. Para nós que trabalhamos em teoria social, esse tipo de apoio é de grande importância. Instituições como a Kent, que adotam uma generosa política de licença para fins de estudo, merecem toda a nossa gratidão.

KRISHAN KUMAR
Canterbury, Kent

1

Introdução: O Renascimento da Teoria Pós-Industrial

Rótulos, como boatos, podem adquirir vida própria. Os rótulos pespegados ao discurso intelectual não constituem exceção. Uma vez suficientemente enraizados, podem pautar a realidade, ou, pelo menos, a realidade acadêmica. Inspiram conferências, livros, programas de televisão. Podem criar todo um ambiente de indagação crítica que, sobretudo nestes dias de espírito empreendedor acadêmico e projetos multinacionais eruditos, alimenta-se de si mesmo. "A multidão solitária", "a sociedade afluente", "a sociedade tecnológica", "os persuasores ocultos", "a elite de poder" são exemplos bem conhecidos de rótulos que, em décadas recentes, geraram abundante atividade desse tipo.

Isso não quer dizer que toda essa atividade intelectual seja apenas uma questão de auto-satisfação. Hipóteses autênticas podem, muitas vezes, dela surgir, e dar origem a reflexões que talvez sejam esclarecedoras, mesmo e sobretudo quando divergentes. Um toque de autopromoção, porém, inevitavelmente cerca esses pronunciamentos. E precisamos ficar atentos a isso quando examinamos seus méritos.

Na década de 1960 e princípio da de 1970, vários sociólogos ilustres formularam uma interpretação da sociedade moderna que rotularam de teoria da sociedade pós-industrial. O proponente mais conhecido dessa idéia foi um sociólogo de Harvard, Daniel Bell, sobretudo na forma exposta em seu livro *The Coming of Post-Industrial Society* (1973). O próprio Bell, em conferências internacionais e em revistas semipopulares, como *The Public Interest*, foi divulgador ativo e competente de suas idéias. A teoria do pós-industrialismo, porém, ganhou circulação ainda mais ampla graças a algumas vívidas popularizações da idéia, notadamente em livros como *The Age of Discontinuity* (1969), de Peter Drucker, e *O choque do futuro* (1970), de Alvin Toffler. Nessas obras, o público culto do Ocidente foi convidado a preparar-se para a transição, possivelmente incômoda, em direção a uma nova sociedade, tão diferente da sociedade industrial quanto esta fora antes da agrária.

A idéia de uma sociedade pós-industrial provocou intensos debates. Suas deficiências, bem como as estimulantes questões que suscitava, despertaram a atenção de muita gente (ver, por exemplo, Gershuny 1978; Kumar 1978). Em parte como resultado desse fato, e até certo ponto como conseqüência do novo estado de espírito no mundo ocidental em seguida ao choque do petróleo em 1973, tivemos a clara impressão de que "o pós-industrialismo vencera". Os debates de fins da década de 1970 pareciam travar-se, sem exceção, sobre "os limites do crescimento", sobre a contenção — e não a exploração — do potencial dinâmico do industrialismo. Tratavam do recrudescimento dos conflitos distributivos à medida que as sociedades industriais deixavam de ser capazes de fornecer compensações a despeito do aumento de crescimento (ver, por exemplo, Hirsch 1979). Um estado de espírito de crise substituiu o otimismo da década de 1960. Partidos de direita exploraram esse estado de espírito, pregando uma volta aos valores e costumes "vitorianos" de esforço pessoal e *laissez-faire*. Pediam o abandono do planejamento central e da intervenção do Estado, os aspectos mais óbvios da acomodação pós-1945 e principal premissa da teoria pós-industrial.

Qualquer que fosse o futuro das sociedades industriais, portanto, elas pareciam ainda estar envolvidas com as mesmas dificuldades e dilemas que as haviam atormentado nos últimos cem anos.[1] Na história do industrialismo, o período do pós-guerra de crescimento contínuo era o que, nesse momento, parecia constituir o episódio excepcional, o acaso feliz. Seu término reativara alguns dos conflitos clássicos e os debates sobre o industrialismo (ver, por exemplo, Stretton 1976). O passado reafirmara seu primado. Numa época em que a "desindustrialização" e o declínio econômico haviam se transformado em pomos de discórdia, visões da sociedade pós-industrial estavam fadadas a parecer fantasiosas, se não irresponsáveis.

Malcolm Bradbury chamou a década de 1970 de "a década que nunca existiu". Mas a de 1980, é claro, nasceu da de 1970 (da mesma maneira que a de 1960 nasceu da de 1950). Podemos ver agora que, já naquela década, várias formas novas da teoria pós-industrial estavam em desenvolvimento. De forma geral, faltava a elas o otimismo confiante das variedades da década de 1960. Não ansiavam pela sociedade "superindustrial" prevista com tanta euforia por Alvin Toffler. Como produto tanto do pensamento da direita quanto da esquerda, previam grandes tensões e conflitos para o futuro. Mas insistiam, tanto quanto os teóricos pós-industriais anteriores, que as sociedades industriais haviam cruzado a linha divisória. O industrialismo clássico, o tipo de sociedade analisada por Marx, Weber e Durkheim, o tipo de sociedade habitada pela maioria dos ocidentais no último século e meio não mais existia.

A continuidade mais evidente em relação à teoria pós-industrial anterior é vista na interpretação da sociedade moderna como a "sociedade de informação". Daniel Bell, mais uma vez, foi seu expositor mais eminente. Sua tese sobre a sociedade pós-industrial já isolara o "conhecimento teórico" como o aspecto mais importante — a fonte de valor, a fonte de crescimento — da sociedade do futuro. Em seus trabalhos posteriores, ele veio a equiparar com mais firmeza ainda esse aspecto ao desenvolvimento da nova tecnologia da informação e sua aplicação potencial a todos os setores da sociedade. A nova sociedade é hoje definida, e rotulada, por seus novos métodos de acessar, processar e distribuir informação. Bell está tão confiante agora, como em sua análise anterior, que essa situação equivale a uma transformação revolucionária da sociedade moderna.

O conceito de sociedade de informação ajusta-se bem à tradição liberal, progressivista, do pensamento ocidental. Mantém a fé do Iluminismo na racionalidade e no progresso. Seus atuais expoentes pertencem, em geral, ao centro do espectro ideológico. Na medida em que o conhecimento e seu acúmulo são equiparados à maior eficiência e maior liberdade, essa opinião, a despeito de seus pronunciamentos favoráveis a uma mudança radical na organização social, dá prosseguimento à linha de pensamento iniciada por Saint-Simon, Comte e os positivistas.

Mais inesperada é a visão da nova sociedade que emergiu entre as correntes de esquerda do espectro ideológico. Os marxistas foram alguns dos denunciantes mais vigorosos da idéia pós-industrial inicial, que consideravam ser a mais clara demonstração da fase final da ideologia burguesa (ver, por exemplo, Ross 1974). Então, alguns deles formularam sua própria versão da teoria pós-industrial, que tem sido manifestada comumente sob a bandeira do pós-fordismo. Como a maioria dos marxistas, eles, de modo geral, ainda se apegam a algum conceito do desenvolvimento capitalista como motor da mudança. Mas se sentem tão abalados com as diferenças entre as velhas e novas formas do capitalismo que se consideram obrigados a falar de nossa época como "novos tempos", como a era do "segundo divisor de águas industrial". Para muitos deles, Marx, como teórico supremo do capitalismo, continua a ser um pensador importante. As mudanças na sociedade nesta última parte do século XX, no entanto, são consideradas tão significativas, e constituem um rompimento tão radical com os padrões e práticas capitalistas anteriores que é claro para esses autores que terão de ser feitas revisões profundas na teoria marxista para que ela permaneça útil.

A terceira corrente da teoria pós-industrial tem origem menos conhecida. Trata-se da teoria da sociedade "pós-moderna". O pós-modernismo é a mais abrangente das teorias recentes. Acolhe em seu generoso abraço todas as formas de mudança — cultural, política e econômica.

Nenhuma delas é considerada o "vetor" privilegiado do movimento em direção à pós-modernidade. O que outros vêem como provas de "pós-fordismo" ou da "sociedade de informação", ela tranqüilamente agrupa como componentes de sua própria e ambiciosa conceituação de fenômenos correntes. Tão eclética — e escorregadia — em sua constituição ideológica quanto o ecletismo, que considera ser uma característica principal do mundo moderno, o pós-modernismo é a teoria moderna de avaliação mais difícil. Seus termos podem levar-nos a um círculo confuso de auto-referências. Não obstante, sua atração evidente para teóricos de todas as correntes do espectro ideológico lhe confere uma direito inegável a receber nossa atenção.

Além disso, independente das alegações mais ambiciosas da teoria terem credibilidade, está claro que o pós-modernismo despertou interesse entre grande parte da população erudita do mundo ocidental. Parece, quero dizer, que fala à condição dessa população — ou, pelo menos, à experiência subjetiva que ela tem do mundo.[2] O fato de que, no passado, os sociólogos consideraram esse estado de espírito trivial em comparação com as estruturas mais determinantes da sociedade, é ainda mais uma razão para estudar agora essas questões. Será o pós-modernismo apenas um mito, já que numerosas pessoas acreditam, ou podem ser convencidas a acreditar, que vivem em tal situação?

Esse fato nos leva a algumas observações finais, à guisa de introdução ao assunto. A maior parte deste livro trata de expor e analisar as três teorias que acabamos de mencionar. Estou consciente de que isso pode em si ser considerado uma contribuição para o discurso auto-reforçador a que me referi no início. Tenho, contudo, a esperança de demonstrar o valor autêntico de conduzir tal indagação — isto é, demonstrar o quanto as teorias modernas podem dizer a respeito de nossos tempos e de nós mesmos. É inegável que elas fazem isso, tanto pela oposição crítica que provocam como por quaisquer *insights* com que contribuam. E estes últimos são tão importantes quanto os primeiros. Grande parte da literatura sobre a teoria pós-industrial é negativa em excesso — não necessariamente errada em sua crítica, mas pouco disposta a reconhecer o valor desse tipo de pensamento, e cega para as opiniões, muito reais, das populações modernas, para as quais ela constitui, pelo menos em parte, uma resposta. Os críticos marxistas, em particular, parecem peculiar e perversamente insensíveis à dialética da indagação intelectual e ao seu potencial, bem conhecido, de gerar aumento de conhecimentos.

Mas há um argumento adicional. Quaisquer que sejam nossas opiniões sobre a adequação das novas teorias, é importante perguntar também por que elas, em suas várias formas, surgiram repetidamente nos últimos vinte e cinco anos. Qual é a origem desse sentimento geral, no Ocidente pelo menos, de que começou uma nova época ou uma nova fase de desenvolvimento?[3] Por que até mesmo falar em "fim da história" — expressão que, tomada de forma literal (e quando não se refere ao holocausto nuclear) é evidentemente absurda, mas que encontrou um eco importante na mente de muitos críticos ponderados do mundo moderno?[4] Parece haver de fato alguma coisa agindo neste particular, algo na experiência das sociedades modernas contemporâneas que, de forma persistente, provoca não apenas "o senso de fim", mas também de novos começos. O ano milenar 2000 sem a menor dúvida estimulará muitas outras opiniões desse tipo. Mas antes de a nova onda nos atingir, e sem nos entregarmos a visões apocalípticas, parece sensato examinar algumas das possíveis razões do ressurgimento contínuo da teoria pós-industrial.

2
A Sociedade de Informação

O computador promete, através da tecnologia, uma situação milagrosa de compreensão e unidade universais... A atual tradução de toda a nossa vida para a forma espiritual da informação aparentemente torna todo o globo, e a família humana, uma única consciência.

Marshall McLuhan (1967:90)

Podemos pedir... ao computador que "pense o impensável" e o que antes sequer foi pensado. Ele torna possível uma torrente de novas teorias, idéias, ideologias, introvisões artísticas, progressos técnicos, inovações econômicas e políticas que eram, no sentido mais literal possível, impensáveis e inimagináveis até agora. Dessa maneira, acelera a mudança histórica e alimenta o impulso em direção à diversidade social da Terceira Onda.

Alvin Toffler (1981:177)

As pessoas que não têm uma idéia clara do que entendem por informação ou do motivo pelo qual deveriam querê-la tanto estão, ainda assim, dispostas a acreditar que vivemos na era da informação, que torna cada computador aquilo que as relíquias da Santa Cruz representavam na idade da fé: símbolos de salvação.

Theodore Roszak (1988:10)

O Computador e o Advento da Informação

A informação, como conceito, chega ao mundo trazendo consigo nuvens de glória. Ela é nada menos, como disse seu divulgador mais eminente, Norbert Wiener, que a principal parte da contra-ofensiva da vida ao impulso entrópico que, no fim, levará o universo a se esgotar. "No controle e na comunicação" — o núcleo da informação — "estamos sempre combatendo a tendência da natureza de degradar o organizado e destruir o significativo; a tendência... da entropia a aumentar." A informação é um requisito para nossa sobrevivência. Permite o necessário intercâmbio entre nós e o ambiente em que vivemos. "Viver efetivamente é viver com informação adequada. A comunicação e o controle, portanto, são integrantes da essência da vida interior do homem, na mesma medida em que fazem parte de sua vida em sociedade" (Wiener 1968:19).

Wiener, o inventor da "cibernética", a "teoria da mensagem", escrevia essas palavras em fins da década de 1940 e início da de 1950. A ocasião era importante. A grande reivindicação em favor da informação teve origem em certos progressos revolucionários obtidos naquela época na tecnologia do controle e da comunicação — a "tecnologia da informação", ou TI, como veio a ser chamada. O nascimento da informação não só como conceito, mas também como ideologia, está inextricavelmente ligado ao desenvolvimento do computador durante os anos da guerra e no período imediatamente posterior.

A ocasião e o ritmo de crescimento indicam a estreita relação entre o computador e as necessidades militares crescentes do Ocidente, sobretudo da forma como eram interpretadas nos Estados Unidos. Componentes fundamentais do computador, como os circuitos elétricos miniaturizados, foram desenvolvidos pelos americanos para usos militares específicos durante a Segunda Guerra Mundial — neste caso, os detonadores remotos para bombas. O computador eletrônico digital em si surgiu principalmente para realizar cálculos balísticos e as análises que resultaram na bomba atômica. Os centros de pesquisa civil, onde ocorreu a maior parte desses progressos, como o Bell Laboratories, da AT&T, foram na maior parte financiados pelo governo americano no tempo da guerra e supervisionados por órgãos públicos como o Departamento de Pesquisa e Desenvolvimento Científico, sob a direção de Vannevar Bush. Como publicado em 1980 na revista comercial americana *Electronics*, a eletrônica "tem sido parte integral da defesa nacional desde a Segunda Guerra Mundial" (Noble 1986:8, 47-56).

Da mesma maneira que o papel militar mundial dos Estados Unidos proporcionou tanto o motivo como a oportunidade para o desenvolvimento de sistemas de tecnologia da informação cada vez mais sofisticados, o mesmo aconteceu com a expansão global das empresas norte-americanas nos anos após a Segunda Guerra Mundial. "As empresas norte-americanas enfrentaram um problema de 'comando e controle' semelhante àquele com que se deparava seu equivalente militar... Tal como o Pentágono, tornaram-se cada vez mais diversificadas e internacionalizadas" (Weizenbaum 1976: 27). A empresa multinacional vive de comunicação. É ela que lhe confere identidade como empresa que abrange o mundo. Computadores e satélites são tão essenciais ao seu funcionamento quanto os operários e as fábricas que produzem bens e serviços.

Origens, porém, não determinam destinos. Embora o átomo tenha sido fissionado como resultado direto de planejamento militar, a energia nuclear tem hoje uma infinidade de usos. Analogamente, as origens militares da revolução da informação não limitam seus efeitos numa imensa faixa de esferas civis. Origens, no entanto, dizem-nos alguma coisa sobre força motivadora e influências modeladoras. O surgimento, na década de 1950, de um complexo industrial-militar-científico não é toda a história da sociedade de informação. Mas é uma parte fundamental.[1]

A Terceira Revolução Industrial

Em um romance de 1952, *Player Piano*, Kurt Vonnegut pintou um retrato antiutópico e satírico de uma sociedade que havia passado pela Terceira Revolução Industrial. "A Primeira Revolução Industrial desvalorizou o trabalho muscular... a segunda desvalorizou o trabalho mental de rotina. A Terceira Revolução Industrial estava em meio ao processo de desvalorizar o pensamento humano — 'o trabalho mental autêntico'" (Vonnegut 1969: 19-20). Um computador gigantesco, o EPICAC, controlava e coordenava todas as operações econômicas e políticas da sociedade. Todos, com exceção de um pequeno grupo de engenheiros e administradores, descobriram que suas qualificações e conhecimentos eram supérfluos. A fim de mantê-los ocupados, eram empregados em tarefas inúteis no Corpo de Reconstrução e Recuperação.

O EPICAC de Vonnegut lembrava o ENIAC, um computador de verdade, o primeiro computador eletrônico digital do mundo, criado durante a guerra por J.P. Eckert e J.W. Mauchly para o Exército norte-americano. O ENIAC tinha 12m de comprimento por 13m de altura e funcionava com dezoito mil válvulas eletrônicas e 1.500 relés. À medida que se acelerava o progresso na microeletrônica e as tarefas antes executadas pelo ENIAC podiam ser realizadas por um microcomputador do tamanho de um selo postal, falar em terceira revolução industrial tornou-se lugar-comum. Se as duas primeiras foram revoluções em energia — baseadas no vapor e na eletricidade — a terceira, e sobre isso havia acordo geral, era a da informação (ver, por exemplo, Bell 1987: 11). Essa reviravolta esteve em gestação por mais de um século. Suas primeiras manifestações assumiram as formas do telégrafo elétrico, do telefone, do gramofone, do cinema, do rádio e da televisão. Mas o computador foi o ponto culminante. Isto porque, como disse um dos mais notáveis cientistas de computadores dos Estados Unidos, Herbert Simon, "o computador é único em sua capacidade de manipular e transformar informação e, portanto, desempenhar, automaticamente e sem intervenção humana, funções que antes haviam sido realizadas apenas pelo cérebro do homem" (Simon 1980: 420; ver também King 1982: 14).

É o computador também, como "símbolo principal" e "motor analítico" da mudança, que Daniel Bell coloca no centro de sua versão do advento da sociedade de informação. Neste ponto, ele tem uma dívida com um autor anterior, Zbignieuw Brzezinski, que ao rejeitar a expressão "pós-industrial" como vazia de conteúdo, propôs substituí-la por "sociedade tecnotrônica". Em sua opinião, a nova tecnologia das comunicações eletrônicas é que estava inaugurando a nova era (Brzezinski 1971: 11). A expressão "sociedade tecnotrônica" não pegou (era, talvez, empolada demais), embora a idéia que lhe dava fundamento efetivamente conseguisse isso. Já em *The Coming of Post-Industrial Society*, Bell afirmara que "a sociedade pós-industrial é uma sociedade de informação, como a sociedade industrial é uma sociedade produtora de bens" (Bell 1973: 467; ver também Ferkiss 1979: 65).[2]

A idéia básica da sociedade pós-industrial, porém, era a evolução para uma sociedade de serviços e o rápido crescimento de oportunidades de emprego para profissionais liberais e de nível técnico (Kumar 1978: 185-240). A idéia da informação em si permaneceu relativamente incompleta. Agora, fortalecido talvez pela avalanche de novos progressos técnicos em computadores e nas comunicações, Bell sente-se mais confiante. A informação designa hoje a sociedade pós-industrial. É o que a gera e sustenta.

> Minha premissa básica é que conhecimento e informação estão se tornando os recursos estratégicos e os agentes transformadores da sociedade pós-industrial... da mesma maneira que a combinação de energias, recursos e tecnologia mecânica foram os instrumentos transformadores da sociedade industrial. (Bell 1980a: 531, 545; ver também Bell 1980b)

A conhecida descrição de John Naisbitt em *Megatendências* resume em breves palavras a questão: "A tecnologia do computador é para a era da informação o que a mecanização foi para a Revolução Industrial" (Naisbitt 1984: 22).

Uma das características mais notáveis da idéia de uma sociedade de informação é que, da mesma forma que aconteceu com a idéia da sociedade pós-industrial, suas descrição e explicação na literatura erudita e em conferências acadêmicas têm sido acompanhadas por grande divulgação na mídia e por *best sellers* de cunho jornalístico. Alvin Toffler, que popularizou a idéia pós-industrial no livro *O choque do futuro*, obteve um sucesso ainda maior com a popularização da idéia de uma sociedade de informação em *A terceira onda* (1981). Quase tão bem-sucedida foi a versão de John Naisbitt da mesma idéia em *Megatendências* (1984). Essas obras populares tornaram proveitosamente explícitas para o conhecimento geral o que com freqüência são opiniões expostas com eufemismos ou excesso de ressalvas nas obras de acadêmicos mais cautelosos. No que se segue, utilizarei as idéias de Daniel Bell na exposição principal da tese da sociedade de informação. Toffler, Naisbitt e outros divulgadores poderão fornecer, quando necessário, o coro esclarecedor.

O computador, por si só, transformaria muitas das operações da sociedade industrial. Mas o que gerou a sociedade de informação, argumenta Bell, foi a convergência explosiva de computador e telecomunicações (casamento este que alguns abençoaram com o ingrato nome de "compunicações"). Essa união acabou com a antiga distinção entre processamento e disseminação de conhecimentos (Bell 1980a: 513). Marshall McLuhan acreditava que a televisão criaria a "aldeia global". Muito mais eficientes para ligar o mundo, porém, têm sido as comunicações via satélite. "A verdadeira importância do Sputnik não foi haver iniciado a era espacial, mas ter inaugurado a era de comunicações globais por satélite" (Naisbitt 1984: 2). A combinação de satélites, televisão, telefone, cabo de fibra óptica e microcomputadores enfeixou o mundo em um sistema unificado de conhecimento. Ela "acabou com a imprecisão da informação. Agora, pela primeira vez, somos uma economia realmente global, porque, pela primeira vez, temos informações compartilhadas de forma instantânea pelo planeta" (Naisbitt 1984: 57; ver também Naisbitt e Aburdene 1990: 14).

O aumento do conhecimento é qualitativo e não apenas quantitativo. Os antigos meios de comunicação transmitiam mensagens padronizadas a platéias uniformes de massa. Os novos meios de comunicação permitem não só a "irradiação" mas também a "concentração". Ligados ao computador, ao cabo e ao satélite, permite a segmentação e divisão de transmissores e receptores em unidades separadas e descontínuas. A informação pode ser processada, selecionada e recuperada para satisfazer as necessidades mais especializadas e individualizadas. "A terceira onda, portanto, inicia uma nova era — a era da mídia desmassificada. Uma nova esfera de informação está emergindo, ao lado da nova esfera técnica" (Toffler 1981: 165; cf. Bell 1980a: 529).

A nova esfera de informação opera em um contexto global. O homem não tem mais necessidade de buscá-la, já que ela pode ser trazida ao lar ou ao escritório. Uma rede eletrônica mundial de bibliotecas, arquivos e bancos de dados surgiu, teoricamente acessível a qualquer pessoa, em qualquer lugar e a qualquer momento. "Todos os livros existentes na Biblioteca do Congresso podem ser armazenados em um computador menor que um refrigerador doméstico" (Sussman 1989: 61). A revolução da tecnologia da informação comprime espaço e tempo em um novo "*oikoumene* mundial" orientado para o futuro. As sociedades do passado, diz Bell, foram basicamente limitadas pelo espaço ou pelo tempo. Eram mantidas coesas por autoridade burocrática e política, que tinha por base um território, e/ou pela história e pelas tradições. O industrialismo legitimou o espaço na nação-estado, ao mesmo tempo em que substituía os ritmos e movimentos da natureza pelo ritmo da máquina. O relógio e os horários das estradas de ferro constituíam os símbolos da era industrial. Expressavam o tempo em horas, minutos, segundos. O computador, símbolo da era da informação, pensa em nanossegundos, em milhares de microssegundos. Junto à nova tecnologia das comunicações, ele introduz um marco espaço-tempo radicalmente novo na sociedade moderna.

> O que as mudanças no transporte e na comunicação — as infra-estruturas da sociedade — representaram em anos recentes foi o fim da distância e o encurtamento do tempo, quase que a fusão dos dois. O espaço foi ampliado para cobrir todo o globo e está ligado quase que em "tempo real". O senso de tempo, religiosa e culturalmente, que fora orientado para a continuidade e para o passado, agora, sociologicamente, tornou-se atrelado ao futuro. (Bell 1980b; 62; cf. Williams 1982: 230-1; Meyrowitz 1986: 328; Lash e Urry 1994)

Como em sua exposição anterior da idéia pós-industrial, Bell tem o cuidado de fornecer base estatística à estrutura da sociedade de informação. O conhecimento não só determina, em um grau sem precedentes, a inovação técnica e o crescimento econômico, mas está se tornando rapidamente a atividade-chave da economia e a principal determinante da mudança ocupacional.

Na versão anterior, Bell confiara, para a análise do "fator conhecimento" na economia, nos famosos cálculos de Fritz Machlup (1962). Posteriormente, passou a depender dos cálculos mais sofisticados e bastante divulgados de Marc Porat (1977) sobre a extensão da "economia de informação" dos Estados Unidos. Bell combina os cálculos de Porat, concentrados no ano de 1967, sobre o "setor primário de informação" (indústrias que produzem diretamente bens e serviços de informação comercializáveis), com seus cálculos sobre o "setor secundário de informação" (atividades de informação na "tecnoestrutura" de empresas públicas e privadas que contribuem de forma indireta — através de planejamento, marketing etc. — para o produto, mas que não são oficialmente contadas como serviços de informação nos cálculos nacionais). Juntos, esses números sugerem que a economia de informação dos Estados Unidos equivale a cerca de 46% do PNB e responde por mais de 50% de todos os ordenados e salários pagos, isto é, mais da metade da renda nacional. "É nesse sentido que nos transformamos em uma economia de informação" (Bell 1980a: 521; ver também Stonier 1983: 24).[3]

Esse notável grau de atividade da informação — e Bell supõe que ela cresceu muito desde 1967 — é acompanhado pelo rápido crescimento do número dos trabalhadores em informação na estrutura ocupacional. Ao separar o "setor de informação" da categoria mais geral de serviços terciários, Bell mostra que, em meados da década de 1970, os trabalhadores do setor de informação nos Estados Unidos já constituíam o maior grupo isolado — quase 47% — na força de trabalho civil (os operários industriais respondiam por mais 28%, os trabalhadores em serviços por 22% e os agrícolas por 3%). Utilizando o que denomina de "definição mais inclusiva", Bell afirma que "já em 1975 os trabalhadores em informação haviam ultrapassado os grupos de não-informação como um todo" (Bell 1980a: 523-4).

Naisbitt vai ainda mais longe. Baseando-se no estudo de David Birch sobre mudança ocupacional na década de 1970, estimou que, em princípios da década de 1980, mais de 65% da força de trabalho norte-americana trabalhavam na economia da informação (Naisbitt 1984: 4). Esse resultado é confirmado por números semelhantes em outros países industriais — como, por exemplo, a estimativa de que, na Grã-Bretanha, as "ocupações em informação... representavam 65% da população empregada" (Barron e Curnow 1979: 19).[4]

"Hoje produzimos informação em massa, da mesma maneira que produzíamos carros em massa... Esse conhecimento é a força propulsora da economia" (Naisbitt, 1984: 7). A sociedade de informação, segundo seus teóricos, gera mudanças no nível mais fundamental da sociedade. Inicia um novo modo de produção. Muda a própria fonte da criação de riqueza e os fatores determinantes da produção. O trabalho e o capital, as variáveis básicas da sociedade industrial, são substituídos pela informação e pelo conhecimento. A teoria do valor do trabalho, da maneira formulada por uma sucessão de pensadores clássicos, de Locke e Smith a Ricardo e Marx, é obrigada a ceder lugar a uma "teoria do valor do conhecimento". Agora, "o conhecimento, e não o trabalho, é a origem do valor" (Bell 1980a: 506). "O microprocessador", diz Hazel Henderson, "revogou finalmente a teoria do valor do trabalho" (Henderson 1978: 77). Stonier argumenta que "a informação superou a terra, o trabalho e o capital como o insumo mais importante nos sistemas modernos de produção" (Stonier 1983: 8). E Yoneji Masuda, o principal expoente japonês do conceito da sociedade de informação, proclama que, na nova sociedade, "a mercadoria informação... que consiste de redes de informação e de bancos de dados", a organização básica da geração de informação "substituirá a fábrica como símbolo societário". Ela terá "o caráter fundamental de uma infra-estrutura e o capital formado por conhecimento predominará sobre o capital material na estrutura da economia" (Masuda 1985: 621,626); ver também Masuda 1981; Stehr e Böhme 1986; Castells 1989: 7-21.)

Fica claro por essas palavras, bem como por todo o conjunto de versões elaboradas pelos teóricos da sociedade de informação, que aquilo que Masuda chama de "padrão antigo de desenvolvimento da sociedade humana" é utilizado como "um modelo analógico histórico para a sociedade futura" (Masuda 1985: 620). Esta, na verdade, não é mais do que a conhecida tipologia evolucionista encontrada na sociologia desde o século XVIII. As mudanças correntes são interpretadas de acordo com um modelo derivado de (supostas) mudanças passadas e, os fatos futuros, projetados de acordo com a lógica do modelo. Da mesma forma que a sociedade industrial tomou o lugar da sociedade agrária, a de informação a está substituindo, e mais ou menos da mesma maneira revolucionária. Bell, utilizando um esquema evolutivo em três níveis, baseado na passagem da atividade "extrativa pré-industrial" para a de "industrial-fabricação" e desta para a "pós-industrial-informação", faz uma refinada e sistemática comparação entre os três tipos de sociedade. As três são vistas como modos de produção equivalentes, mas distintos, analisáveis segundo os mesmos princípios de estrutura e função (Bell 1980a: 504-5; ver também Stonier 1983:23; Jones 1982: 11).

Bell, mais cauteloso que a maioria de seus discípulos, não deduz de seu modelo, predominantemente econômico, todas as características da vida cultural e política da sociedade de informação. Como antes, e com algo da mesma exasperante obstinação, insiste no princípio de "separação dos reinos". A economia, o estado e a cultura são reinos distintos, que "reagem a normas diferentes, apresentam ritmos diferentes de mudança e são regulados por princípios diferentes, até mesmo contrários e axiais" (Bell 1976: 10; ver também Turner 1989). Outros, talvez sabiamente, mostram-se menos inibidos. Se o advento da sociedade de informação é, como todos alegam, uma mudança tão revolucionária quanto o surgimento da sociedade industrial, então seria correto esperar que mudanças profundas ocorressem em toda a sociedade, e não apenas — como quer Bell — na "estrutura tecno-econômica".

Essa, aliás, é a opinião da maioria dos defensores da sociedade de informação. Toffler, por exemplo, associa, como padrão sistemático, mudanças na "esfera da informação" a mudanças na "esfera técnica", na "esfera social", na "esfera de poder", na "esfera biológica" e na "esfera psicológica" (Toffler 1981: 5). Além disso, está claro que, para a maioria desses pensadores, a nova sociedade de informação, a despeito de todas as suas tensões e problemas, deve ser bem recebida e celebrada não só como um novo modo de produção, mas como um estilo de vida completo. Toffler fala da "morte do industrialismo e do nascimento de uma nova civilização". Procura combater o "pessimismo chique, tão em moda hoje em dia". A civilização emergente da Terceira Onda pode ser tornada "mais sã, sensível e sustentável, mais decente e mais democrática do que tudo que até agora conhecemos" (Toffler 1981: 2-3). Naisbitt, igualmente, vislumbra um enorme potencial em uma nova onda de iniciativa, individualismo e democracia. Espera uma reestruturação completa das instituições, baseada no computador. A informação seria "a grande niveladora".

> Estamos começando a rejeitar as hierarquias, que funcionaram bem na era industrial, centralizada. Em seu lugar, estamos colocando o modelo de rede de organização e comunicação, que tem raízes na formação espontânea, igualitária e natural de grupos de pessoas de mentes semelhantes. As redes reestruturam o poder e o fluxo de comunicação dentro da empresa, de vertical para horizontal... O computador destruirá a pirâmide: criamos o sistema administrativo piramidal e hierárquico, porque precisávamos do mesmo para fiscalizar as pessoas e o que elas faziam; com o computador para encarregar-se dessas tarefas, poderemos restruturar horizontalmente nossas instituições (Naisbitt 1984: 281-2; ver também 211-29)

Nas mãos de Tom Stonier e Yoneji Masuda, a sociedade de informação assume dimensões positivamente utópicas. A sociedade de informação, diz Stonier, elimina "a necessidade social primária da guerra, a necessidade de expandir recursos para atender populações em crescimento". E consegue isso graças à "engenhosidade tecnológica e à estabilidade relativa da população". Ele, contudo, não explica com mais detalhes esse milagroso truque de prestidigitação. A sociedade de informação promoveria também a democracia, uma vez que difunde informação por toda a sociedade, o que tornaria as pessoas mais alertas e cultas. A informação é a "nova moeda do poder". Ao contrário do dinheiro e da terra em épocas anteriores, ela é amplamente distribuída. "Nenhum ditador pode sobreviver por muito tempo em uma sociedade comunicativa, uma vez que os fluxos de informação não poderão mais ser controlados a partir do centro." O *1984* de Orwell estava errado: a televisão e, *a fortiori*, uma nova mídia, liberam, jamais escravizam. Uma "democracia de consenso" está nascendo (Stonier 1983: 202-3; ver também Meyrowitz 1986: 321-3; Sussman 1989: 62-3).

Para Stonier, a sociedade de informação pós-industrial é não apenas pacífica e democrática, mas também uma era de abundância, na qual todos viverão uma vida de cultura e lazer.

> ... cada homem será um aristocrata, cada homem será um filósofo... Haverá um sistema educacional universal, destinado não só a prover treinamento e informação sobre como ganhar o sustento, mas também sobre como viver. Na etapa final da sociedade industrial, deixamos de nos preocupar com comida. Na última etapa da sociedade de comunicação deixaremos de nos preocupar com recursos materiais. E da mesma maneira que a economia industrial eliminou a escravidão, a fome e a peste, a economia pós-industrial eliminará o autoritaris-

mo, a guerra e o conflito. Pela primeira vez na história, o ritmo no qual solucionaremos problemas excederá o ritmo no qual eles surgem. (Stonier 1983: 214; ver também King 1982: 27)

Mas é em Masuda que a sociedade de informação assume um matiz quase místico. Masuda oferece uma visão da "computopia", a sociedade de informação do século XXI. Ela será uma "sociedade de abundância universal". Os homens, libertados quase inteiramente pela automação da necessidade de trabalhar, se reunirão em sociedades voluntárias para a realização de variadas finalidades. "A futura sociedade de informação... se tornará uma sociedade sem classes, isenta de poder dominante, tendo como núcleo comunidades voluntárias." A tecnologia da comunicação por computadores tornará possível dispensar a política e o governo centralizados. Em vez disso, haverá democracia participativa e sistemas de "administração local pelos cidadãos" (Masuda 1985: 625-32). Finalmente, no seu nível mais alto, a computopia procurará promover uma nova união simbiótica, quase religiosa, do homem com a natureza, em um "sistema sinergístico". Há dez mil anos, o homem criou a primeira civilização material. Começava dessa maneira uma luta sem fim com a natureza, que se transformou na ameaça de destruí-la. Estamos agora no limiar de uma nova civilização, regida por um princípio de funcionamento inteiramente diferente.

> Estamos nos dirigindo para o século XXI com o nobre objetivo de construir uma Computopia na terra, em cujo monumento histórico haverá apenas vários *chips*, um em cada polegada quadrada de uma pequena caixa. Essa caixa, porém, armazenará numerosos registros históricos, incluindo o de como 4 bilhões de cidadãos mundiais venceram a crise de energia e a explosão demográfica, conseguiram a abolição das armas nucleares e o desarmamento completo, eliminaram o analfabetismo e criaram uma rica simbiose entre Deus e homem, sem a coação do poder ou da lei, mas pela cooperação voluntária dos cidadãos... Assim, a civilização que será construída... não terá o caráter de uma civilização material caracterizada por edificações imensas, mas será virtualmente uma *civilização invisível*. Para sermos precisos, ela deveria ser chamada de "civilização da informação"... (Masuda 1985: 633-4).[5]

O Velho e o Novo: O Trabalho na Sociedade de Informação

Seria insensato e tolo negar o que existe de real em muito do que afirmam os teóricos da sociedade de informação. As experiências comuns da vida diária são suficientes para confirmar esse fato. Bancos 24 horas, faturamento automático nas caixas de supermercados, o virtual desaparecimento de cheques e dinheiro na maioria das transações monetárias, processadores de texto e máquinas de fax, reservas de hotéis e passagens aéreas *on-line*, transmissão via satélite de qualquer parte do mundo, são fatos da vida diária para muitos segmentos da população nos países industriais avançados.

A troca de informações em todo o mundo entre estudiosos e especialistas também está se tornando rapidamente uma realidade. Os catálogos de grandes bibliotecas e arquivos podem ser consultados de inúmeros locais diferentes, com o auxílio de um terminal de computador. Grande parte do material armazenado nessas bilbiotecas pode ser lida também no local sob a forma de microfilmes ou microfichas. Os principais mercados de ações do mundo, eletronicamente ligados, fazem ajustes instantâneos nos preços das ações, em resposta a informações transmitidas minuto a minuto por telas de computador. A compra e venda de ações durante as 24 horas do dia torna-se, pela primeira vez, uma possibilidade e, cada vez mais, a prática.

A revolução da informação chegou inegavelmente às nossas casas (Miles 1988a). A televisão é ainda o símbolo mais óbvio dessa situação, realçado agora pela facilidade adicional do videocassete e pela grande variedade tornada possível pela TV a cabo e por satélite. O "telebanking", o "teleshopping" e o "teleworking" também estão invadindo parte considerável de nossas vidas (ver, por exemplo, Hakim 1988). A "teleducação" talvez venha a tornar-se um progresso ainda mais importante. Para as crianças, a educação institucionalizada coletiva parece ser ainda a desejável, tanto por razões sociais como educacionais. A Open University na Grã-Bretanha, porém, já fornece um modelo de educação superior obtida em casa. É evidente o potencial de expansão desse sistema em alguma coisa parecida com uma Universidade Mundial do Ar.

A "sociedade centralizada no lar" e a "cabana eletrônica" (Toffler 1981: 194-207) constituem descrições um tanto exageradas do que já está acontecendo ou provavelmente acontecerá em larga escala. Mas até mesmo críticos do conceito da sociedade de informação, como Colin Gill, reconhecem o impacto muito real da nova tecnologia sobre atividades baseadas no lar.

> É provável que, dentro de duas ou três décadas... computadores pessoais ligados à televisão em casa se transformem nos principais meios de acesso a uma ampla variedade de serviços. Por meio desse equipamento, poderemos comprar bens de consumo, depois de termos verificado na tela nosso saldo bancário, e ler grande volume de correspondência eletrônica, sem mencionar os jornais e revistas que assinamos. Teremos também acesso imediato a uma grande diversidade de bancos de dados de conhecimentos e serão consideráveis as possibilidades de obtermos educação e treinamento em determinadas qualificações. Atividades relacionadas ao lazer poderão ser praticadas também sob a forma de jogos sofisticados por computador, deles participando amigos e parentes que vivem muito longe... (Gill 1985: 6; King 1982: 7; Williams 1982: 268; Barry Jones 1982: 71).

Voltarei mais tarde à "sociedade centralizada no lar". Menciono-a aqui, juntamente com outros fatos, apenas para chamar a atenção para a medida em que aqueles que criticam Bell, Masuda, Stonier e outros aceitam a realidade de uma revolução de informação e a necessidade de incorporá-la às suas análises. A tecnologia da informação, diz Gill, não é apenas outra tecnologia, mas uma "tecnologia revolucionária", comparável em impacto às tecnologias revolucionárias do passado. "Nosso estilo de vida será radicalmente modificado, para melhor ou para pior, exatamente como aconteceu no passado com progressos tecnológicos como o motor a vapor, a eletricidade, o motor de combustão interna e as viagens aéreas" (Gill 1985: 2).

Tessa Morris-Suzuki, embora argumentando que o conceito de sociedade de informação foi uma arma ideológica forjada como resposta à crise industrial de fins da década de 1960 no Japão, insiste, ainda assim, que as atividades de informação tornaram-se de importância decisiva na atual fase do capitalismo. O capitalismo monopolista, diz ela, é hoje, em alto grau, "capitalismo de informação", "a apropriação privada do conhecimento social". Com o aumento da automação, a extração da mais-valia (lucro) depende agora da "economia da inovação perpétua", cujo recurso fundamental é o conhecimento. Isso se reflete em um claro "*softening* da economia" nos países capitalistas. No Japão, por exemplo, em 1970, mais da metade das indústrias poderiam ser consideradas como "hard", no sentido em que bens materiais constituíam 80% ou mais do valor total dos insumos. Em 1980, apenas 27% podiam ser assim classificadas. Esse fato indica a parcela crescente de capital empresarial investido em insumos não-materiais, tais como *software*, serviços de dados, planejamento, pesquisa e desenvolvimento (Morris-Suzuki 1984: 116; ver também Morris-Suzuki 1986, 1988; Castells 1989: 28-32).

Ainda assim, a aceitação da importância crescente da tecnologia da informação, e mesmo de uma revolução de informação, é uma coisa, mas a aceitação da idéia de uma nova revolução industrial, de um novo tipo de sociedade, de uma nova era, é outra completamente diferente. Neste ponto a crítica tem sido volumosa, radical e, na maior parte, convincente. E também, em um grau um tanto enfadonho, bem conhecida. Mas isso não deve surpreender ninguém. Uma vez que o conceito de sociedade de informação evoluiu gradualmente da idéia mais antiga de uma sociedade pós-industrial, e tendo em vista que as duas compartilham de muitos aspectos analíticos, e também porque foram e são divulgadas em ambos os casos por quase que as mesmas pessoas, seria de se esperar que as objeções às teses da sociedade de informação repetissem, em alto grau, as que foram movidas contra a idéia mais antiga de uma sociedade pós-industrial.

E é isso o que de fato acontece. Os teóricos da sociedade de informação podem ser atacados, em primeiro lugar, por sua limitada perspectiva histórica. Como aconteceu com os teóricos pós-industriais, eles atribuem a fenômenos atuais o que é a culminação de tendências enraizadas profundamente no passado. É possível demonstrar que o que para eles parece novo e corrente esteve em processo de desenvolvimento nas últimas centenas de anos. James Beniger, por exemplo, aceita como correta a designação da atual sociedade como sociedade de informação. Seu detalhado estudo histórico, no entanto, mostra que ela é apenas a manifestação atual de uma mudança muito mais profunda no caráter das sociedades industriais, que ocorreu há mais de cem anos. E denomina essa mudança de "revolução do controle".

A Revolução Industrial, argumenta Beniger, acelerou de tal modo o "sistema de processamento material" da sociedade que precipitou uma crise de controle. Os sistemas de processamento de informação e as tecnologias de comunicação se atrasaram em relação à geração e uso da energia. A aplicação, inicialmente do motor a vapor e, mais tarde, da eletricidade, forçou inovações em comunicação e controle em todas as esferas da sociedade. Trens velozes a vapor, devido a razões inadiáveis de segurança, tiveram que ser cuidadosamente monitorados e controlados. A aceleração da distribuição de bens, como resultado do advento de trens e navios a vapor, impôs mudanças abrangentes nas empresas atacadistas e varejistas. O ritmo da produção material nas fábricas exigiu a criação da linha de montagem (fordismo) e a "administração científica do trabalho" (taylorismo). Superando todas elas e modelado quase sempre no sistema centralizado, sistematizado, das estradas de ferro, que constituíram a reação pioneira à crise de controle, ocorreu o crescimento de uma burocracia weberiana formal nas empresas e nas repartições públicas. Em 1939, no máximo, demonstra de forma convincente Beniger, os elementos estruturais da sociedade de informação — incluindo os princípios básicos do computador — já estavam firmemente instalados. Os fatos do pós-guerra foram em grande parte ampliações e aplicações das técnicas de controle — a revolução do controle —, elaboradas por um grupo muito criativo de cientistas, tecnólogos e especialistas em marketing no período transcorrido entre as décadas de 1880 e 1930.

> A sociedade de informação não é produto de mudanças recentes... mas, sim, de aumentos na velocidade do processamento material e dos fluxos através da economia material, que se iniciaram há mais de um século. Da mesma forma, o microprocessamento e a tecnologia da computação, ao contrário da opinião ora em moda, não representam uma nova força desencadeada apenas há pouco tempo sobre uma sociedade despreparada, mas tão-somente a etapa mais recente do desenvolvimento contínuo da revolução do controle. Isso explica

por que tantos dos componentes do controle pelo computador foram previstos por visionários como Charles Babbage e por inovadores práticos como Daniel McCallum, desde o aparecimento dos primeiros sinais da crise de controle, no princípio do século XIX. (Beniger 1985: 435; ver também Rosenbrock et al. 1985: 640)

Uma acusação semelhante de limitada visão histórica foi feita por aqueles, que como Kevin Robins e Frank Webster (1987, 1989), consideram a sociedade de informação basicamente como a aplicação ulterior do taylorismo. O taylorismo, ou seja, os princípios da "administração científica", defendidos por Frederick Winslow Taylor nos primeiros anos deste século, pode na verdade ser considerado, com mais propriedade, como um poderoso sistema de organização do trabalho, capaz de aplicação um tanto indefinida em uma grande variedade de contextos industriais. Isso significa que aquilo que o taylorismo implica — a divisão radicalmente refinada do trabalho, a separação rígida entre concepção e execução, a padronização e segmentação de tarefas na forma mais simples possível — pode muito bem continuar em vigor, mesmo que muitas das recomendações práticas de Taylor tenham caído em descrédito (Littler 1978).

Em resposta à tese anterior, da "sociedade de serviço" pós-industrial, Harry Braverman (1974) já havia demonstrado que grande parte do trabalho em serviços estava tão "taylorizado" como nas indústrias de transformação. O escritório, como se viu, podia ser industrializado com tanta facilidade quanto a oficina; muito do trabalho de colarinho branco fora submetido à mesma rotinização, fragmentação e desqualificação que o trabalho braçal. Braverman concluiu que, à medida que o setor de serviços crescia nas economias industriais, a crença na disseminação de algum novo princípio de trabalho, de alguma nova ética de profissionalismo, não tinha fundamento.

Braverman, aliás, pode nos ajudar a compreender a expansão posterior da administração científica na sociedade de informação. É importante lembrar que a intenção do taylorismo não era a de aplicar-se apenas aos níveis mais baixos da força de trabalho. Essa doutrina continha o princípio explícito da "administração funcional", implicando que a padronização e simplificação deviam ser características não só do trabalho manual, mas também do administrativo. Além disso, quando Taylor pregou que "todo serviço intelectual possível deve ser retirado da oficina e centralizado no departamento de planejamento e projeto", ele incluiu explicitamente tanto o trabalho intelectual dos empregados mais humildes quanto o de gerentes. O conhecimento — a qualificação e capacidade de julgamento de todos os trabalhadores, quaisquer que fossem seus níveis — devia ser identificado em todas as partes da empresa e concentrado somente no departamento de planejamento. A "ciência" da administração científica não devia ser posse exclusiva dos administradores em geral, mas de apenas um núcleo especializado, encarregado do planejamento. A desqualificação da maioria dos gerentes de nível médio, a perda por parte deles, juntamente com outros trabalhadores, da compreensão geral e do controle sobre o trabalho que executavam não constituiu um refinamento posterior, mas aspectos fundamentais dos princípios originais do taylorismo (Littler 1978: 190-2). Isso explica em boa parte o fato notável de que a maior resistência ao taylorismo nas fábricas veio não da massa dos operários ou de seus sindicatos, mas dos chefes de seção e administradores de nível médio (Littler 1982: 190; Lash e Urry 1987: 170-1).

Na prática, o taylorismo limitou-se, até meados deste século, principalmente à indústria de transformação e aos trabalhadores braçais. A computadorização tornou possível sua extensão a esferas de atividades e grupos de trabalhadores até então intocados. Os fornecedores de equipamentos microeletrônicos tornaram essa condição uma parte explícita de sua estratégia de vendas. Dirigindo-se a uma conferência de executivos, Franco de Benedetti, diretor-gerente da Olivetti, referiu-se ao processamento eletrônico de dados como uma nova "tecnologia organizacional" que, "tal como a organização do trabalho, exerce uma função dupla como força produtiva e instrumento de controle do capital".

> A taylorização das primeiras fábricas... permitiu que a força de trabalho fosse controlada e constituiu um pré-requisito necessário da subseqüente mecanização e automação dos processos produtivos... A tecnologia da informação é basicamente uma tecnologia de coordenação e controle da força de trabalho, e dos trabalhadores de colarinho branco, que a organização tayloriana não abrangia. (de Benedetti 1979)

A "organização tayloriana" pode, é claro, ser adaptada não só ao trabalho burocrático de rotina, mas às funções de numerosos profissionais de nível superior e técnicos especializados, novas e antigas. O computador foi saudado por muitos como um instrumento de libertação. Automatizaria o trabalho tedioso e cansativo, libertando os trabalhadores para se entregarem a tarefas mais interessantes e criativas (ver, por exemplo, Hyman 1980). Essa situação continua a ser, até hoje, pelo menos, uma esperança ou promessa e não uma prática geral. Para muitos trabalhadores do setor de informação, a aplicação da nova tecnologia deu prosseguimento à "dinâmica da desqualificação" (Littler 1978: 189) intrínseca aos princípios taylorianos, complementados como estes foram pelo controle técnico mais rígido, tornado possível pela linha de montagem móvel da fábrica fordista. Neste caso tornou-se claro, pela primeira vez, a extensão em que o controle podia ser não só um sistema de prerrogativas administrativas, um modelo burocrático, mas também um fato técnico embutido na própria estrutura da máquina (Edwards 1979: 111-29).

O trabalho de escritório, antigamente, era uma atividade de predominância masculina, implicando graus consideráveis de especialização e níveis de decisão. Havia nele um quê de "ofício" e um elemento quase-administrativo envolvido. O advento da maquinaria de escritório, sob a forma de calculadoras e processadores Hollerith de cartões perfurados, iniciou o processo de desqualificação, simbolizado pela "feminização" da força de trabalho burocrática (as mulheres constituíam 21% dos funcionários desse setor na Inglaterra em 1911 e 70% em 1966). O empregado de escritório, que outrora fora um trabalhador de ofício, tornou-se cada vez mais um simples operador de máquinas e preenchedor de formulários.

A aplicação generalizada do computador e de outras formas de processamento eletrônico de dados (PED) no escritório deu continuidade a esse processo. Os funcionários de escritório tornaram-se, como eles mesmo costumam dizer, "escravos do computador", meros alimentadores de máquinas, sem virtualmente a mínima compreensão do objetivo geral do trabalho que realizam ou de controle do ritmo em que operam. Pouco conhecimento ou treinamento é necessário para executar as tarefas rotineiras envolvidas na preparação de dados para o computador ou para gravá-los em disquetes ou fitas. Um abismo imenso se abre entre a força de trabalho burocrática sem qualificações, principalmente feminina, e a pequena elite de administradores e profissionais de nível superior que operam computadores, a maioria deles homens.

> A desqualificação do trabalho burocrático, portanto, implica tanto o processo de fragmentação, simplificação e padronização de tarefas como a diminuição do papel do funcionário burocrático como "intermediário" entre a administração e a massa dos trabalhadores encarregados das operações de rotina... As características especiais do computador como tecnologia de escritório são sua capacidade de armazenar e processar informações, o que outrora foi domínio e propriedade do escriturário, e de impor controles internos a essas operações... que antes teriam dependido da experiência e conhecimentos adquiridos do funcionário individual. O escriturário não pode mais pensar na possibilidade de ter uma "visão geral" do processo de trabalho nem exercer responsabilidade ou iniciativa baseadas em experiência ou delegadas diretamente pela administração ou pelo empregador... As funções do capital foram realocadas em estratos supervisórios e administrativos mais altos ou, cada vez mais, no trabalho dos que planejam, controlam e coordenam o uso do computador. (Crompton e Reid 1983: 175-6)[6]

Mas por que esperar que gerentes, profissionais de nível superior e técnicos sejam imunes ao taylorismo e ao controle técnico? A administração científica, conforme vimos, tinha por objetivo aplicar-se a todos os níveis e tipos de trabalhadores. E as próprias pessoas que planejaram e operaram a nova tecnologia estavam, como muitas delas reconheceram, assumindo um risco. O livro *Player Piano* (1952), de Kurt Vonnegut, ilustrou de forma vívida há muito tempo as tribulações de engenheiros altamente especializados que, tendo ensinado suas perícias ao computador, acabaram por perder o emprego.

Na indústria de transformação, máquinas numericamente controladas por computador já estão substituindo "parte do trabalho mais qualificado e gratificante no chão-de-fábrica, tais como perfuração de precisão, fresagem, torneamento e tarefas altamente especializadas de oficina" (Barker 1981: 7; ver também Noble 1979, 1986: 231-64; Evans 1982: 162-4). Na indústria gráfica, os tipógrafos e compositores antes altamente especializados talvez tenham mantido seus empregos bem-remunerados, mas, para muitos outros, o trabalho foi reduzido pela composição computadorizada ao nível de perícia requerido de um datilógrafo (Weber e Robins 1986: 139). Arquitetos e desenhistas industriais tiveram seu trabalho "simplificado" — isto é, desqualificado — pelos programas Computer Aided Design (CAD) (Cooley 1981), enquanto diversos outros profissionais de nível superior — na medicina e na educação, por exemplo — estão vendo seu trabalho ser monitorado e sua perícia desafiada por sistemas "especializados" de inteligência artificial (Boden 1980; Forester 1987: 45-9; Cooley 1982; Rosenbrock et al. 1985: 640-1). Alguns pesquisadores da nova tecnologia chegam a argumentar que a automação, pelo menos no escritório, está levando a uma requalificação (acompanhada da superfluidade de trabalhadores utilizados em tarefas rotineiras) das ocupações de nível mais baixo; os profissionais de nível superior são as maiores vítimas da desqualificação (Baran 1988: 697).

Mais notável que tudo, o desenvolvimento incessante dos computadores taylorizou os próprios profissionais do ramo. O trabalho com computadores seguiu o padrão conhecido de separação e decomposição de tarefas, resultando em trabalho cada vez mais rotinizado de um pequeno grupo de projetistas e pesquisadores. De início, os analistas de sistemas foram separados dos programadores, estabelecendo-se uma distinção importante entre os que concebiam e os que executavam programas de computador. Mais tarde, os programadores foram também separados de uma classe mais rotineira de operadores, que se concentravam principalmente em tarefas repetitivas de codificação. A criação de linguagens de computador — Cobol, Fortran etc. — e da "programação estruturada" polarizou ainda mais a produção de *softwares* ao longo de linhas de especialização. Toda criatividade se concentra no planejamento e preparação de "pacotes" de programas — como os de cálculo de folhas de pagamento — que podem em seguida ser facilmente implementados por programadores. A desqualificação dos programadores de computador, em especial tomada em conjunto com a desqualificação geral do trabalho burocrático em escritórios automatizados, levou Morris-Suzuki a escolher o "trabalhador de computador semi-especializado" como o funcionário típico do futuro (Morris-Suzuki 1988: 124). Webster e Robins concordam: "Muitos trabalhadores em computador possuem apenas uma aura de qualificação: seu trabalho diário pouco mais é do que trabalho burocrático especializado" (Webster e Robins 1986: 146). A "feminização" do trabalho em computador, nos níveis mais baixos de programação e operação, constitui mais uma conhecida indicação de fragmentação e desqualificação (Kraft 1987; Webster e Robins 1986: 177).

O Trabalhador do Conhecimento

O conhecimento, segundo os teóricos da sociedade de informação, progressivamente influencia o trabalho de duas maneiras. A primeira é o aumento do conteúdo de conhecimentos do trabalho existente, no sentido de que a nova tecnologia adiciona mais do que retira da qualificação dos trabalhadores. A outra é a criação e expansão de novos tipos de trabalho no setor do conhecimento, de modo que trabalhadores em informação serão predominantes na economia. Além disso, supõem-se que os trabalhadores de informação mais qualificados e melhor preparados constituirão o núcleo da economia de informação. Vimos que, para muitos trabalhadores, a nova tecnologia da informação implica redução, e não aumento, de conhecimento e controle.[7] Mas talvez essa seja a maneira errada de encarar a situação. Esses trabalhadores não estarão, na verdade, sendo inteiramente substituídos? Não é mais provável que, no futuro, os empregos de rotina de nível baixo sejam extintos pela automação e substituídos por outros, mais criativos?

O impacto da tecnologia da informação sobre o emprego foi uma das questões mais fervorosamente discutidas na década de 1980. A nova tecnologia aumentaria o número de empregos ou acabaria com eles? E onde os efeitos seriam mais sentidos? Os otimistas, é claro, estavam sobretudo na indústria da tecnologia de informação e nos seus prolongamentos no governo, como no Departamento de Comércio e Indústria na Grã-Bretanha (ver, por exemplo, Baker 1982). Os pessimistas tendiam a figurar entre professores universitários e sindicalistas, apoiados por alguns jornalistas especializados em assuntos econômicos. O susto mais famoso, no entanto, foi dado por um relatório oficial redigido por dois funcionários públicos e apresentado em 1977 ao presidente da França, Valéry Giscard d'Estaing. Em *L'Informatisation de la société* (primeiro volume em inglês publicado sob o título *The Computerization of Society*: Nora e Minc 1980),

Simon Nora e Alain Minc previram uma devastação em massa no mundo do trabalho, como conseqüência da *télématique* (telemática), o casamento "sinergístico" entre os computadores e as telecomunicações. Eles chamaram a atenção em particular para o setor de serviços, onde esperavam que a telemática gerasse ganhos tão prodigiosos em produtividade que eliminaria grupos inteiros de empregados em bancos, companhias de seguro, repartições do governo, telecomunicações e departamentos terciários da indústria de transformação (Nora e Minc 1980: 34-7).

Esses autores se recusaram a citar números exatos relativos à perda de empregos. Outros, porém, sentiram-se menos inibidos. Na Grã-Bretanha, Iann Barron e Ray Curnow sugeriram que o impacto da tecnologia da informação ocasionaria uma taxa de desemprego de 10-15% em fins da década de 1980 (Barron e Curnow 1979: 201); Clive Jenkins e Barrie Sherman previram uma taxa de 20% em um "colapso progressivo do trabalho" (Jenkins e Sherman 1979: 115; ver também Merritt 1982: 74; Hines e Searle 1979; King 1982: 32; Friedrichs 1982: 200).

No entanto, verificou-se que as predições mais assustadoras — até agora, pelo menos — careciam de fundamento. A tecnologia da informação substituiu alguns trabalhadores — não apenas ou sempre empregados de escritório —, mas criou também novos cargos em várias áreas (Webster e Robins 1986: 90-127; Morris-Suzuki 1988: 87-105; Lyon 1988: 66-72; Freeman e Soete 1987; Castells 1989: 173-88). A realocação de empregados tem sido até hoje mais comum que a superfluidade dos mesmos, seja porque o aumento da produtividade reduziu os custos e, assim, gerou aumento de demanda, ou porque empresas retreinaram trabalhadores deslocados com vistas a oferecer uma gama maior de serviços. A Volkswagen constitui um bom exemplo do primeiro caso e, o Barclays Bank, do segundo (Leadbeater e Lloyd 1987: 85, 95).

O principal problema na avaliação do impacto da tecnologia da informação sobre o emprego é que nos encontramos ainda em uma das primeiras fases do processo. Ainda é impossível generalizar a longo prazo. Os otimistas são tão plausíveis no que dizem quanto os pessimistas. É possível argumentar que a nova tecnologia, pelo menos a longo prazo, gerará ou poderá gerar outra das "tempestades de destruição criativa" que, segundo Joseph Schumpeter, periodicamente renovam o capitalismo. A constelação das indústrias de tecnologia de informação — de computadores, componentes eletrônicos, telecomunicações — poderia, tal como a de automóveis e eletrodomésticos na primeira metade deste século, ser o trampolim para um período de renovada expansão econômica e criação de empregos (Perez 1985; Miles e Gershuny 1986; Freeman 1987). De igual maneira, porém, é fácil entender a força do argumento que diz que os novos empregos criados pela tecnologia da informação constituem uma nova, e única, fase de prosperidade, produto da reorganização maciça imposta às empresas à medida que estas absorvem o impacto da nova tecnologia. Uma vez assimilado o choque inicial, a capacidade da tecnologia da informação de substituir trabalhadores será sentida com força redobrada (Webster e Robins 1986: 127). Há ainda um terceiro e mais radical ponto de vista, que combina "pessimismo" com otimismo, isto é, aceita que a tecnologia da informação reduzirá drasticamente o nível de empregos, mas recebe de braços abertos essa situação, entendendo-a não tanto como ameaça, e sim como uma oportunidade de redirecionar tempo e energia para atividades mais gratificantes, fora da economia formal do trabalho remunerado (Gorz 1982, 1989; King 1982: 33-5; Barry Jones 1982).

O debate sobre a *quantidade* de empregos criados ou extintos pelas aplicações da tecnologia da informação não é, contudo, a principal preocupação dos teóricos da sociedade de informação. Eles, de modo geral, supõem ganhos numéricos, como sugerem suas estatísticas sobre o crescimento ininterrupto do número dos "trabalhadores em informação". Mais importante, porém, é a qualidade da nova força de trabalho. Os teóricos esperam o surgimento de uma nova classe de serviço de trabalhadores do ramo do conhecimento, homens e mulheres cujo trabalho se caracterizará por altos níveis de perícia técnica e conhecimento teórico que, correspondentemente, exigem longos períodos de educação e treinamento. Em apoio a essa tese, citam o fato de que a classe dos trabalhadores científicos, técnicos e profissionais de nível superior foi o grupo ocupacional que mais cresceu em todas as sociedades industriais nos últimos cinqüenta anos. De forma análoga, argumentam, as "fábricas de conhecimentos", as universidades e institutos de pesquisa, são agora as usinas de força da sociedade moderna, substituindo a fábrica produtora de bens da era industrial (Drucker 1969: 52; Bell 1980a: 501; Simon 1980: 429; Stonier 1983: 43-4).

Já temos motivos para duvidar, genericamente, se a força de trabalho está aumentando em perícia e em autonomia. Na medida em que o taylorismo continua a ser o princípio dominante, a tecnologia da informação possui maior potencial de proletarizar do que de profissionalizar o trabalhador. Esse processo pode ser disfarçado com grande eficiência por estatísticas ocupacionais que sugerem uma força de trabalho mais culta e treinada. O crescimento do credencialismo — isto é, a exigência de credenciais (qualificações) mais altas para os mesmos empregos — e o conhecido processo da inflação de rótulos de emprego e autopromoção ocupacional, podem criar a impressão, inteiramente errônea, de crescimento de uma sociedade mais "culta" (Kumar 1978: 211-9).

O quadro mais detalhado das mudanças ocupacionais recentes confirma essa impressão dada por um truque estatístico, destinado a promover a idéia de uma sociedade formada por números sempre maiores de profissionais de alto nível. Bell, por exemplo, indica os trabalhadores em saúde, educação e bem-estar social, juntamente com os empregados em atividades científicas e técnicas na tecnologia da informação, como os profissionais de alto nível de importância fundamental na sociedade de informação. Estes, os trabalhadores em "serviços humanos" e em "serviços profissionais", seriam a viga mestra da nova classe de serviço (Bell 1980a: 501). No decorrer deste século, os censos registraram de fato um aumento notável no número de empregados de nível superior, administrativos e gerenciais. De pouco mais de 5-10% da força de trabalho no início do século, eles constituem agora, em todas as sociedades do mundo ocidental, algo entre 20-25% do número total de empregados (Goldthorpe 1982: 172).

Muitos desses trabalhadores, no entanto, são profissionais de nível superior apenas no nome — bombeiros conhecidos como "engenheiros de aquecimento", gerentes de lojas rotulados como "administradores de empresa" etc. Além disso, a grande variedade e heterogeneidade dos trabalhadores no setor de informação torna muito duvidosa qualquer alegação geral de aumento de perícia e de conhecimentos (Miles e Gershuny 1986: 23). O mesmo argumento pode ser formulado sobre a variedade que se observa em sociedades diferentes. Enquanto a maioria dos profissionais de alto nível e gerentes sejam formados por faculdades na Alemanha, no Japão e nos Estados Unidos, na Grã-Bretanha apenas 30% deles e 12% dos gerentes cursaram instituições de ensino superior (*Social Trends* 1990: 62).

Mais problemática para a teoria da sociedade de informação é a expectativa de crescimento e expansão ininterruptos da classe de trabalhadores no ramo do conhecimento. A suposição de crescimento contínuo do número de empregados em serviços em geral já foi contestada tanto sobre fundamentos teóricos quanto práticos. Não há uma "marcha natural ou inevitável pelos setores", da agricultura para a indústria de transformação e os serviços, à medida que as economias se desenvolvem (Gershuny 1978; Singelmann 1978). Já foi demonstrado, por exemplo, que o fornecimento de serviços automáticos, utilizando-se bens como de máquinas de lavar e aparelhos de televisão, já substituiu alguns trabalhadores de serviços e pode tornar supérfluo um número ainda maior deles no futuro (Gershuny e Miles 1983). A mesma incerteza cerca o crescimento futuro do número de trabalhadores no ramo do conhecimento. Nas duas últimas décadas ocorreu um forte declínio no crescimento do número de empregados de nível superior em serviços humanos, e o crescimento dos trabalhadores em informação em geral — incluindo os da indústria de computadores e telecomunicações — já se reduziu e continua a diminuir na maioria dos países industriais (Jones 1982: 19; Guy 1987: 175; Kraft 1987: 101). Entre eles, uma área muito atingida — principalmente como resultado da computadorização — tem sido a de gerentes de nível médio. A organização do futuro, sugeriu alguém, talvez venha a ter a forma de uma ampulheta: alguns executivos e especialistas em pesquisa e desenvolvimento no alto e numerosos funcionários de escritório e operadores na base. "O meio, que era preenchido por gerentes, será substituído por um canal de comunicações" (Kraft 1987: 107; Perez 1985: 455; Baran 1988: 697). Um padrão semelhante é previsto especificamente para empresas da indústria de transformação, à medida que a microeletrônica continuar seu avanço: alguns projetistas, planejadores e técnicos altamente especializados no topo e operadores de máquinas e de manutenção na base. E com isso o que terá desaparecido é a classe de mecânicos especializados e quadro técnico de nível médio (Evans 1982: 168-70).

A maior parte do crescimento do número de empregos nas duas últimas décadas, na verdade, ocorreu em uma esfera muito diferente: não no setor do conhecimento, mas nos níveis mais baixos da economia terciária, onde o grau de habilidades e conhecimento não é alto. Entre 1973 e 1980, por exemplo, quase 13 milhões de novos postos de trabalho foram criados nos Estados Unidos, a maioria no setor privado, e também a maioria — mais de 70% — em serviços e no comércio a varejo. Os novos empregados típicos haviam sido admitidos em estabelecimentos de "comes e bebes", incluindo lanchonetes, em "serviços de saúde", principalmente sob a forma de enfermeiras e pessoal auxiliar em hospitais e casas de repouso particulares, e em "serviços a empresas", sobretudo de trabalhadores em tarefas rotineiras de informação ligadas a processamento de dados, cópias e mala direta. Muitos eram mulheres e um bom número trabalhava em regime de meio expediente ou temporário. Os níveis salariais eram baixos e virtualmente nulas a segurança no emprego e a possibilidade de fazer carreira. Esse padrão continuou durante a década de 1980 — em volume tão grande na Grã-Bretanha quanto nos Estados Unidos.[8] No Japão, também, o crescimento do número de empregados em informação orientou-se para empregos de nível baixo, concentrados no setor de "transferência de informação", e não em cargos que requeriam maior qualificação e ligados à "produção de informação". Em 1982, os empregados em "transferência de informação" respondiam por 20% da força de trabalho japonesa, mal chegando a 13% no tocante à "produção de informação" (Morris-Suzuki 1988: 131).

Política e Mercados

Fica bastante claro, a partir da descrição acima de fatos ocorridos na economia da informação, que vigora uma política e uma economia política diferentes na sociedade de informação. O aumento do trabalho no ramo do conhecimento, por exemplo, foi sem dúvida afetado diretamente por políticas governamentais recentes. Os trabalhadores do ramo no setor público — sobretudo os que trabalham em serviços humanos — declinaram em número, enquanto que subiram os que prestam serviços ao setor privado — especialmente em serviços a empresas. O envolvimento do Estado na economia da informação, porém, faz-se sentir em um nível estrutural muito mais profundo. Os governos assumiram papel liderante na promoção e disseminação da idéia de uma sociedade de informação — incluindo iniciativas vigorosas para estimular uma "cultura do computador" nas escolas e universidades (Roszak 1978; Robins e Webster 1989). Na Grã-Bretanha, que não se destaca entre os países que estão no primeiro plano da revolução da tecnologia da informação, mais da metade da pesquisa e desenvolvimento (P&D) em tecnologia da informação (TI) é financiada pelo governo, o responsável também, como cliente, por mais da metade do mercado total de produtos eletrônicos, e usuário de mais de um terço de toda capacidade instalada de computadores (Webster e Robins 1986: 273).

Além disso, quaisquer que sejam suas propensões para o livre mercado, está claro que os governos não estão dispostos a renunciar ao papel de coordenação e direção no desenvolvimento da tecnologia da informação. A British Telecom pode ser privatizada, por exemplo, mas preservará seu papel privilegiado na rede de telecomunicações, e sua venda — na qual insistem os paladinos do mercado livre — é combatida com sucesso sobre o fundamento de que essa medida seria contra o interesse nacional de manter empresas britânicas internacionalmente competitivas no mercado da TI. Na França, a indústria da TI está quase por completo nas mãos do Estado e, no Japão, cujo exemplo inspirou a solução francesa, o monopólio estatal de comunicações (a Nippon Telegraph and Telephone) é "a pedra fundamental da estratégia de TI do país". A direção da TI pelo governo tem sido especialmente ativa nesses países, servindo de ponta de lança ao que equivale a quase um apelo para uma mobilização nacional para ingresso na sociedade de informação (Morris-Suzuki 1988: 25-41; Webster e Robins 1986: 258-73).

Mas é talvez na conexão militar que podemos observar com mais clareza o elo entre governo e sociedade de informação. Desde os primórdios da industria de semicondutores, no Bell Laboratories, em Nova Jersey, na década de 1940, até os projetos Guerra nas Estrelas e "Computação Estratégica" do Departamento de Defesa dos Estados Unidos na década de 1980, tem sido óbvio que as necessidades militares (defesa, espaço etc.) continuam a ser, em quase todos os países, o motor principal do crescimento das indústrias de TI (o Japão e a Alemanha são exceções parciais e talvez temporárias). A P&D militar, segundo uma estimativa, é responsável por 40% dos gastos mundiais totais em pesquisa e absorve as atividades de 40% de todos os cientistas e engenheiros de pesquisa do mundo. Uma vez que coube à microeletrônica revolucionar a tecnologia militar — em especial nos sistemas de mísseis e de espionagem — nos últimos vinte anos, não deve ser motivo de surpresa descobrir que grande parte desses imensos gastos militares em P&D seja dedicada a trabalhos sobre TI (Barnaby 1982: 243-4; ver também Lyon 1988: 26-30).

Nos Estados Unidos, mais de metade da P&D financiada pelo governo destina-se a fins militares (Roszak 1988: 40). O mesmo acontece na Grã-Bretanha, onde os gastos do Ministério da Defesa nesse particular equivalem à metade de todos os investimentos do governo em P&D e a um quarto de tudo que é despendido pelo país nesse campo. Na Grã-Bretanha, a indústria eletrônica é o cerne do complexo militar-TI. As empresas de eletrônicos recebem 46% de toda a ajuda do governo à indústria, que financia também 60% do orçamento total de P&D em eletrônica, e 95% de toda P&D custeada nessa indústria têm por origem um único ministério, o da Defesa. A maior parte da indústria eletrônica britânica, na verdade, depende pesadamente dos militares. Ou como o Departamento de Desenvolvimento Econômico Nacional declarou em 1983: "O maior cliente isolado da indústria eletrônica do Reino Unido é o Ministério da Defesa", que compra mais de 20% do produto total da indústria (cerca de 30% mais são adquiridos por outros ministérios) (Soete 1987: 207; Webster e Robins 1986: 273-6; Robins e Webster 1988: 29-30).

Agentes políticos e militares, embora com motivações e interesses próprios, não operam em um vácuo social. Esse espaço social é forçosamente ocupado em maior parte por grandes empresas multinacionais privadas, que também sentem necessidade urgente do desenvolvimento mais amplo possível da TI. O crescimento na escala e complexidade das empresas e o extravasamento de suas fronteiras nacionais tornaram necessário um grau de coordenação e comunicação que tem sido em si uma força poderosa na expansão da TI. A Westinghouse Corporation, a grande empresa americana de energia, com amplos interesses também em comunicação por cabo e em robótica, deixou bem claras suas próprias necessidades de TI em seu relatório anual de 1982:

> Um processo de planejamento estratégico integrado de âmbito mundial foi instalado, ligando produtos e esforços de planejamento em cada país. Está sendo construído um centro global de comunicações, com o objetivo de fornecer informações oportunas e detalhadas a todas as partes do mundo. Esta centralização de planejamento e inteligência dará à Westinghouse uma vantagem competitiva na distribuição de seus recursos em todo o mundo. (Webster 1986: 396; ver também Newman e Newman 1985: 505)

As grandes organizações, da mesma forma que ministérios, desenvolveram um apetite pela TI que outras empresas, velhas e novas, se apressaram em satisfazer. Nesse processo, um novo grupo de multinacionais de TI subiu para o primeiro plano. Elas não só promovem o crescimento da TI para atender às suas próprias necessidades organizacionais, mas mostram-se muito ativas, gerando e pressionando outros gigantes para que comprem seus produtos. Estes últimos, igualmente em parte por necessidades próprias e até certo ponto para conseguir uma parcela dos lucrativos resultados, também começaram a agir nesse campo. Desenvolve-se, dessa maneira, uma espiral cujo principal efeito é a criação ininterrupta de bens, serviços e profissionais de TI (Webster e Robins 1986: 219-56; Douglas e Guback 1984: 234-5; Traber 1986: 3).

Os nomes das multinacionais de TI tornaram-se conhecidos de todos: IBM em computadores, AT&T em telecomunicações, Xerox e Olivetti em equipamento de escritório, Philips e Siemens em eletrônica. As bases originais de determinados produtos e serviços, no entanto, estão rapidamente se tornando irrelevantes. Todas essas empresas, e as muitas outras que já entraram ou tentam ingressar nesse campo, têm por objetivo se tornarem empresas "integradas de informação". A meta, atingida em grande parte em vários casos, consiste em explorar as economias de escala e dependência mútua, de modo a poder oferecer um pacote completo de TI: computadores, telecomunicações, bens e componentes eletrônicos, comunicação por cabo, e por satélite, transmissões por rádio, instalações de TV e vídeo e serviços de programação, filmes e fotografia. A maior parte da TI foi desenvolvida até agora para uso do Estado ou do cliente empresarial. Nesse campo ocorrem a maior expansão e os maiores lucros. O lar, porém, já é um alvo firmemente delimitado, junto com os setores do lazer e do entretenimento. Do ponto de vista da tecnologia da informação, distinções entre escritório e lar, entre trabalho e ócio são, em grande parte, secundárias. Na verdade, a TI trabalha para torná-las irrelevantes.

A tecnologia da informação está, de fato, tornando sem sentido a maior parte das classificações industriais padronizadas. Divisões, antes consagradas, entre atividades "secundárias" e "terciárias" tornam-se cada vez mais irreais. A indústria eletrônica, o cerne da revolução da TI, integra agora atividades de manufatura e serviços de uma forma tão completa que é impossível distinguir onde uma termina e a outra começa — como, por exemplo, na fabricação e serviços de computadores (Patel e Soete 1987: 123). Robôs, projetos e fabricação auxiliados por computador estimulam os fabricantes a ingressar também no campo da TI, e algumas empresas, como a grande fabricante de veículos, a GM, estão fazendo justamente isso.

Empresas de petróleo, como a Exxon e a British Petroleum, sentem uma necessidade particularmente urgente de se diversificar e incorporar um volume substancial de atividades de TI. Empresas como a RCA, tradicional no campo do entretenimento, vêm se reestruturando e se transformando em companhias de TI para todos os fins. Elas estão se expandindo por quase todos os campos, da fabricação de aparelhos de TV e instalação de redes de televisão a equipamentos operados a cabo e programação, fabricação de aparelhos de vídeo e satélites, sistemas privados de telefonia, computadores e comunicação de dados. O fato da RCA, em meio a toda essa reestruturação, ter sido adquirida (em 1985) por outro gigante do ramo, a General Electric, é apenas um símbolo da interpenetração total de todas as esferas de atividade da TI.

A tecnologia da informação evidentemente é um grande negócio. Em fins deste século, faz parte do próprio núcleo do capital empresarial, que é tanto sua instingadora número um como principal usuária. Calculou-se que cerca de 90% de todos os dados que circulam via sistemas de satélite ocorrem entre empresas e mais ou menos 50% de todo o fluxo de dados entre fronteiras são processados nas redes de comunicação de empresas transnacionais individuais (Jussawalla 1985: 299-300). Herbert Schiller argumenta que esta é quase toda a história da chamada revolução da TI e o conteúdo real da sociedade de comunicação:

> As novas tecnologias da informação foram desenvolvidas *em*, *pelas* e *para* as economias capitalistas avançadas — a dos Estados Unidos, em particular. É de esperar-se, por conseguinte, que elas estejam sendo agora usadas obstinadamente para servir a objetivos de mercado. O controle da força de trabalho, o aumento da produtividade, a conquista de mercados mundiais e a acumulação ininterrupta de capital são as influências dinâmicas sob as quais ocorre o desenvolvimento das novas tecnologias da informação. (Schiller 1985: 37)

Junto às razões militares e políticas mencionadas acima, o caráter evidentemente capitalista de grande parte da atividade da TI deu origem a um questionamento geral de toda a base teórica da idéia de uma sociedade de informação. Não estamos vivendo agora uma nova era, ou uma revolução comparável à Revolução Industrial do século XIX (Nowotny 1982: 101; Rosenbrock et al. 1985: 641). A sociedade de informação é um mito criado para servir aos interesses dos que iniciaram e administram a "revolução da informação": "os setores mais poderosos da sociedade, suas elites administrativas centralizadas, o sistema militar e as empresas industriais globais" (Hamelink 1986: 13). Ela é apenas a ideologia mais nova do Estado capitalista. "O capitalismo continua a ser o nome do jogo" (Arriaga 1985: 294). "Se há uma revolução, então ela certamente ocorre *em torno* do centro do capitalismo" (Douglas e Guback 1984: 236). "O industrialismo capitalista não foi transcendido, mas apenas ampliado, aprofundado e aperfeiçoado" (Walker 1985: 72; ver também Slack 1984:

250; Robins e Webster 1987: 114; Lyon 1988: 155; Morris-Suzuki 1988: 84; Roszak 1988: 204).

Bell, Masuda, Stonier e outros entusiastas descrevem a sociedade de informação como um desenvolvimento progressista e repleto de promessas. Estaria levando a um futuro de maior prosperidade, lazer e satisfação para todos. Mas, até agora pelo menos, é uma sociedade projetada, como as antigas, por e para uns poucos: as ricas e poderosas classes, nações e regiões do mundo. "A revolução da informação ainda não aconteceu e em parte alguma é visível, exceto nos escritórios de corretores de ações, banqueiros, mestres-espiões, meteorologistas e sedes de empresas transnacionais" (Traber 1986: 2). Seus objetivos e efeitos são rigorosamente definidos pelos objetivos tradicionais das elites políticas e econômicas: expandir o poder do Estado, tanto contra seus próprios cidadãos quanto contra outras nações, e aumentar a produtividade e os lucros das empresas capitalistas, sobretudo através da criação de um mercado global integrado.

Ideologia e Sociedade de Informação

O principal argumento da crítica à idéia da sociedade de informação é que o desenvolvimento e difusão da TI não implantaram nenhum princípio ou direção fundamentalmente novos na sociedade. É reconhecida a notável velocidade da difusão da TI, como também sua potencialidade de produzir mudanças radicais nos costumes sociais (por exemplo, Gill 1985: 181). A nova tecnologia, porém, está sendo aplicada em uma estrutura política e econômica que confirma e reforça padrões existentes, ao invés de gerar outros. O trabalho e o lazer são ainda mais industrializados, ainda mais submetidos a estratégias fordistas e tayloristas de mecanização, rotinização e racionalização. As desigualdades sociais existentes são mantidas e ampliadas. Abre-se um novo "hiato de informação" entre os produtores e os usuários da nova tecnologia e os que — cidadãos comuns, trabalhadores semi-especializados, países do Terceiro Mundo — são seus clientes passivos, compradores e consumidores (Rada 1982). Há abundância de informação, mas pouco interesse em corporificá-la em um arcabouço de conhecimentos, quanto mais cultivar a sabedoria em seu uso (Slack 1984: 254; Marien 1985: 657).[9] O conhecimento e a informação, que antes figuravam entre os recursos mais públicos e mais disponíveis na sociedade, tornaram-se agora privatizados, foram transformados em mercadorias, expropriados para venda e lucro (Morris-Suzuki 1986).

O tema dessa crítica à sociedade de informação é que persiste uma continuidade fundamental. Os instrumentos e as técnicas podem mudar, mas os objetivos e finalidades supremos das sociedades industriais capitalistas permanecem os mesmos. Uma das críticas mais amplas chegou a ponto de interpretar toda a sociedade de informação como sendo simplesmente a expressão mais recente de uma antiga tradição de pensamento e prática, que denominam de "taylorismo social". O taylorismo, argumentam Frank Webster e Kevin Robins, não foi apenas uma doutrina de administração de fábrica, mas "uma nova filosofia social, um novo princípio de revolução social, e uma nova, imaginária instituição na sociedade" (Webster e Robins 1989: 333).

O taylorismo tornou-se o centro de uma nova ideologia tecnocrática, que não parou na fábrica ou no escritório, mas espalhou-se por todo o mundo. Tendo conquistado a produção, volta agora a atenção para o consumo. "Em última análise, o que era necessário era a administração científica da necessidade, do desejo e da fantasia, e sua reconstrução sob a forma de mercadorias" (Webster e Robins 1989: 334). A administração científica, nas décadas de 1930 e 1940, alcançou novas formas e técnicas com o advento da publicidade de massa, da pesquisa sistemática de mercado e de toda uma ciência para criar e manipular o gosto do consumidor. A televisão, o cabo e o satélite foram mais tarde acrescentados a esse arsenal, à medida que o mercado se tornava cada vez mais global e necessitava de uma administração ainda mais cuidadosa. Tampouco a esfera política — o consumidor como cidadão — foi excluída do taylorismo social. As democracias de massa precisavam também ser cuidadosamente monitoradas e administradas. A supervisão, a propaganda e as pesquisas de opinião pública tornaram-se as ferramentas padrão no governo e na administração de sociedades complexas. A esfera pública aberta de antigos corpos políticos liberais, o espaço criado para discussão e debates públicos cederam cada vez mais terreno à esfera administrada, dominada pela perícia técnica e por conceitos estreitos de racionalidade útil.

Todo desenvolvimento do Estado e da sociedade neste século pode, por conseguinte, ser considerado como aplicação dos princípios da administração científica. A informação, o conhecimento e a ciência — incluindo a ciência social — são, axiomaticamente, os requisitos fundamentais desse processo. Proporcionam os meios necessários para coordenar e controlar as operações cada vez mais complexas da economia e da política. Destarte, pode-se argumentar que "foram os expoentes da administração científica, em seu sentido mais amplo, os que desencadearam a revolução da informação". De importância especial nesse particular foram os "engenheiros de consumo", que tomaram a frente na regulamentação das transações comerciais e no comportamento do consumidor. "Foram esses defensores das grandes empresas os que primeiro usaram a exploração 'racional' e 'científica' da informação na sociedade mais ampla e são os seus descendentes — os anunciantes multinacionais, os pesquisadores de mercado, os responsáveis por levantamentos de opinião pública, os corretores de dados e assim por diante — os que ocupam o centro da política da informação nesta década" (Webster e Robins 1989: 336; ver também Robins e Webster 1987: 104-14; Webster e Robins 1986: 309-19, 328-43).

O "taylorismo" ou "administração científica" está evidentemente sendo submetido a dura crítica nessa análise, como, aliás, de maneira análoga, acontece com o capitalismo na crítica mais ampla da qual aquele faz parte. Isso não significa revelar o "lado oculto da revolução da informação" (Webster e Robins 1989: 330), tampouco negar a verdade fundamental dessas descrições. A sociedade de informação não evoluiu de maneira neutra, isenta de juízos de valor. A TI, como todas as tecnologias, foi escolhida e moldada de conformidade com certos e determinados interesses sociais e políticos. Esses interesses talvez não sejam capazes de controlar todos os seus efeitos. A televisão, por exemplo, pode tanto tranqüilizar quanto perturbar. Os processadores de texto podem ser tão úteis às atividades editoriais de pequenos grupos de oposição como para as estratégias racionalizadoras de gerentes de escritórios. A maior parte dessa tecnologia, porém, é complexa e cara. Exige investimento maciço de capital e grandes equipes de pesquisadores. Só os interesses mais poderosos na sociedade — governos e grandes empresas privadas — dispõem dos recursos necessários para promovê-la. "O escritório automatizado, a fábrica robotizada e o campo de batalha eletrônico" respondem por mais de 80% dos negócios da TI (Webster e Robins 1986: 282). No que não é de surpreender, esses interesses desenvolveram a TI principalmente para servir às suas necessidades, da forma como as interpretam. O poder e o lucro, como no passado, dominam esses cálculos.

Essa, contudo, não é toda a história da sociedade de informação. Chamá-la de ideologia e relacioná-la com as necessidades contemporâneas do capitalismo implica começar, e não concluir a análise. Nos últimos duzentos anos, o capitalismo contou com numerosas ideologias — o *laissez-faire,* o gerencialismo, o paternalismo social e mesmo, defensavelmente, variedades do fascismo e do comunismo. Todas elas mantiveram um tipo especial de relação com a sociedade capitalista e todas contiveram características e contradições próprias. Qual o tipo de ideologia da sociedade de informação e quais as suas contradições particulares? Ideologias, como observaram muitos autores, não são simplesmente idéias na cabeça de alguém, mas práticas concretas, tão reais como quaisquer outras práticas sociais. São realidades vívidas. Limitam-nos o pensamento sobre nós mesmos e o mundo em que vivemos e, dessa maneira, revestem-se de conseqüências práticas. "A sociedade de informação" talvez seja uma maneira parcial e unilateral de expressar a realidade social contemporânea, mas, para muitas pessoas no mundo industrial, ela é hoje uma parte inescapável da realidade. Descrever essa situação como "falsa consciência de classe" implica compreender mal o argumento. Ou como diz Jennifer Slack:

> O discurso da revolução da informação tem um forte apelo para o senso comum, qualquer que seja a classe, raça, sexo ou etnicidade do indivíduo. Não é um simples instrumento usado pelos capitalistas para nos iludir. Ela é aceita de braços abertos e promovida — não raro por seus caluniadores. É, no mínimo, o mundo no qual estamos sobrevivendo... Está em andamento uma verdadeira revolução da informação, e é a que vem sendo promovida na mídia, nas relações públicas, na publicidade e em nós mesmos. Não vejo sentido em negar esse fato... (Slack 1984: 249-50)

Voltaremos mais tarde a esse assunto. A importância exata da revolução da informação, seu significado como ideologia e realidade, serão mais fáceis de avaliar quando tivermos estudado as outras variedades da teoria pós-industrial. É possível que todas essas teorias estejam se alimentando, nas sociedades modernas, de desenvolvimentos idênticos ou semelhantes. Como vislumbres desses desenvolvimentos, elas podem, quando reunidas, dar-nos melhores condições de ver o quadro completo.

3

Fordismo e Pós-Fordismo

Enormes mudanças na tecno-esfera e na info-esfera convergiram para alterar a maneira como produzimos bens. Estamos ultrapassando rapidamente a tradicional produção em massa e caminhando em direção a uma mistura sofisticada de produtos de massa e desmassificados. A meta final desse esforço está agora visível: bens inteiramente de acordo com o gosto do cliente, produzidos por processos de fluxo contínuo, integrados, cada vez mais sob controle direto do consumidor.

Alvin Toffler (1981: 185-6)

Podemos observar emergindo neste país uma cultura de capitalismo pós-fordismo. O consumo ocupa um novo lugar. Quanto à produção, a palavra-chave é flexibilidade — de fábrica e maquinaria, tanto quanto de produtos e mão-de-obra. A ênfase muda da escala para o campo de interesse, e do custo para a qualidade. As empresas se adaptam mais para reagir aos mercados do que para controlá-los. E são consideradas tanto como instrumentos de controle quanto como instituições de aprendizagem. Suas hierarquias são mais niveladas e, as estruturas, mais abertas. A força de guerrilheiros substitui o exército permanente.

Robin Murray (1989a: 47)

O pós-fordismo não é uma realidade e nem mesmo uma visão coerente do futuro, mas, tão-somente, a manifestação da esperança de que o desenvolvimento capitalista futuro seja a salvação da democracia social.

Simon Clarke (1990: 75)

Determinismo Tecnológico e Opção Social

As diferentes teorias do pós-industrialismo — sociedade de informação, pós-fordismo, pós-modernismo — coincidem em muitos pontos. As diferenças são, certamente, mais do que de ênfase, embora reapareçam em todas elas alguns temas e números. A TI, por exemplo, que de certa forma define a idéia relativa à sociedade de informação, é também fundamental para a análise das duas outras teorias. Na globalização encontramos mais um denominador comum. A descentralização e a diversificação figuram com destaque em todas as descrições da nova era.

O que diferencia essas versões, portanto, não é tanto o tipo particular de desenvolvimento que escolhem, mas os parâmetros que usam para analisá-lo. Os teóricos da sociedade de informação tendem a adotar um enfoque otimista, evolucionista, que coloca toda a ênfase em novos e grandes pacotes de inovações tecnológicas. A revolução da informação é o último e, de longe, o passo mais progressista, na seqüência de mudanças que vêm transformando a sociedade humana desde os tempos mais remotos (a história é "uma sucessão de ondas de mudança que se seguem": Toffler 1981: 13). Tal como as anteriores revoluções agrícola e industrial, tem por base novas técnicas e novos tipos de energia, novas formas e forças de produção (Bell e Toffler são ex-marxistas e parecem relutar em se desfazer de todos os hábitos de uma juventude desperdiçada). A nova tecnologia determina, em toda parte e de uma forma mais ou menos regular, novas formas de vida. Trabalho, diversão, educação, relações familiares e estruturas de opiniões adaptam-se de forma gradual ou sucumbem às pressões e oportunidades das novas forças técnicas.

Se a teoria da sociedade de informação enfatiza as forças de produção, a pós-fordista dá mais destaque às relações de produção. A tecnologia perde seu caráter neutro ou inerentemente progressista e é posta em uma matriz de relações sociais, que lhe determinam o uso e aplicação. Este fato, é preciso frisar, não acarreta necessariamente uma visão sombria dos desenvolvimentos atuais. Os pós-fordistas tendem a ser radicais de esquerda de várias correntes, situação esta que pode levá-los a considerar o novo estado de coisas tanto com otimismo quanto com apreensão.

As opiniões contrastantes em relação a mudanças recentes na Itália ilustram bem esse fato. A Itália também é um bom exemplo porque foram alguns desenvolvimentos ocorridos nesse país que deram origem à teoria pós-fordista. O caso italiano, portanto, pode ser útil para nos fornecer os elementos da análise pós-fordista.

A Terceira Itália

Nas décadas de 1970 e 1980, observadores italianos e de outros países começaram a documentar e discutir um fenômeno que vieram a denominar de *la Terza Italia,* a Terceira Itália. A Terceira Itália diferenciava-se, por um lado, da Primeira Itália, de produção de massa em grande escala, concentrada no triângulo industrial de Turim, Milão e Gênova e, por outro, da Segunda Itália do *mezzogiorno*, o Sul economicamente subdesenvolvido. A Terceira Itália era, em contraste, uma área dinâmica de pequenas empresas e oficinas nas regiões central e norte-oriental do país: Toscana, Úmbria, o Marche, Emilia-Romagna, Vêneto, Friuli, e Trentino-Alto Ádige.

Nessas regiões, pequenas oficinas e fábricas, empregando em geral não mais de 5-50 operários e, não raro, menos de 10, vieram a constituir o núcleo de prósperos "distritos industriais". Cada região especializava-se em uma série de produtos pouco relacionados entre si. A Toscana concentrava-se em têxteis e cerâmica; a Emilia-Romagna produzia malhas, pisos de cerâmica, máquinas automáticas e equipamentos agrícolas; no Marche, os sapatos constituíam o principal produto; Vêneto também produzia sapatos, bem como cerâmica e móveis de plástico.

Os principais aspectos da produção na Terceira Itália eram o que um de seus principais estudiosos chamou de "descentralização produtiva e integração social" (Brusco 1982). Essa é outra maneira de resumir os princípios do distrito industrial, que foram expostos em sua forma clássica por Alfred Marshall, na descrição dos distritos industriais de Birmingham e Sheffield no século XIX (Bellandi 1989b; Beccatini 1990). Mas seria errôneo se essa referência ao passado nos levasse a pensar nos distritos industriais italianos como, de certa maneira, tradicionais e ultrapassados. Havia, de fato, tradições artesanais e mesmo, na agricultura, cooperativas nessa área. Mas quase todas as oficinas e fábricas eram novas em folha. "Indústrias caseiras de alta tecnologia" usavam as ferramentas numericamente controladas mais modernas. Lançavam produtos sofisticados e de *design* apurado, o que lhes permitia penetrar não só nos mercados nacionais mas também nos internacionais. Contava com operários tão bem remunerados quanto seus colegas nas grandes fábricas do norte e, no tocante às taxas de desemprego, eram em geral mais baixas que no resto da Itália. Os transportes, habitação, educação e benefícios da seguridade social eram todos de padrão muito alto, o que proporcionava um "salário social" adicional.

As relações sociais na empresa, entre empresas e entre estas e a comunidade desenvolviam-se certamente de acordo com o padrão do distrito industrial clássico. A maioria dos operários era altamente especializada e havia pouco senso de diferença entre eles e seus supervisores. Era fácil passar de artesão a empresário. O objetivo de criar novos produtos e de explorar aberturas no mercado implicava colaboração constante entre empresários, projetistas, engenheiros e operários. Em conjunto com o pequeno tamanho das empresas, essa situação era propícia a uma divisão flexível do trabalho e nivelava as hierarquias dentro da firma. A concepção e execução, separadas nas práticas tayloristas e fordistas das grandes empresas, haviam sido em grande parte reunidas.

O caráter coletivo, cooperativo, das relações nas empresas se repetia em suas relações com outras. Como acontece com distritos industriais em outros locais, surgiu uma área "monocultural". O grau de integração vertical entre as empresas era baixo e elas dependiam umas das outras para uma ampla faixa de atividades especializadas. Um sistema sólido de subempreitadas constituía parte fundamental da economia local. As "relações extraordinariamente cordiais e complexas" (Brusco 1989: 261) entre clientes (produtores de bens acabados) e subempreiteiros (produtores e projetistas de componentes e prestadores de serviços) estimulavam a inovação e aumentavam a adaptabilidade. Os clientes, como se dizia com freqüência, chegavam não para pedir que um produto fosse fabricado mas para que um problema fosse resolvido (Sabel 1984: 223; Brusco 1986: 188).

A colaboração ia ainda mais longe. Empresas transferiam encomendas para outras e dividiam os custos de equipamento dispendioso. Reuniam recursos para criar associações locais de especialistas para o fornecimento coletivo de serviços de marketing, contabilidade e de natureza técnica. Ash Amin frisou como tudo isso era diferente do modelo tradicional de pequenas empresas e sistemas tradicionais de subempreitadas:

> Não estamos falando de pequenas firmas independentes, no sentido tradicional, nem de subempreiteiras de grandes empresas, mas sobre o desenvolvimento de um sistema industrial (quase uma corporação) composto de unidades de produto interligadas porém com proprietários independentes... O poder econômico do modelo reside no fato de aproximar-se, por assim dizer, de uma empresa, com sua mão-de-obra dividida entre muitos centros separados de produção, cujas relações recíprocas são, ainda assim, competitivas — uma empresa sem um telhado por cima da cabeça. Os elementos isolados do sistema florescem em razão de sua independência... (Amin 1989: 118-9)

Havia, finalmente, o papel da comunidade local como um todo, em seus aspectos econômicos e políticos. As instituições financeiras e políticas da região não só respondiam positivamente aos pedidos isolados ou coletivos de empresas no tocante a empréstimos e outras formas de financiamento, mas os bancos e autoridades políticas regionais desempenhavam um papel ativo ao promover e manter a economia das pequenas empresas em sua área. Nas regiões da Terceira Itália, tradições "localistas" haviam se desenvolvido, estimuladas por subculturas socialistas e comunistas nas regiões centrais e por subculturas católicas no nordeste. Os partidos políticos e outras instituições da subcultura haviam criado um clima de ajuda mútua e reciprocidade entre empregadores e empregados — "um acordo social"— e se lançado ao trabalho de aliviar os custos sociais da flexibilidade econômica e dos reajustamentos rápidos na economia de pequenas empresas. Construíram pólos industriais de baixo aluguel, estimularam o treinamento da mão-de-obra, conseguiram empréstimos a juros baixos, negociaram isenções fiscais favoráveis com o governo central e lançaram uma estrutura de serviços sociais a fim de ajudar os trabalhadores e suas famílias (Triglia 1989; 1990).

Os resultados dessas iniciativas das subculturas políticas da Terceira Itália foram excelentes. Módena e Reggio, por exemplo, que em 1970 figuravam, respectivamente, no 17º e 18º lugares entre as províncias mais ricas, subiram, em 1979, para o 2º e 4º lugares (Brusco 1982: 168). O sucesso das regiões como um todo refletiu-se no fato de que, em 1977, elas contribuíram com quase 28% das exportações de produtos industriais do país, em comparação com 20% em 1968 (Amin 1989: 114). Analogamente, a Terceira Itália respondeu pela mais rápida taxa de crescimento do emprego no país entre 1971 e 1981 (Sforzi 1990: 106).[1]

A Terceira Itália não é, evidentemente, produto de algum desenvolvimento espontâneo, sem direção. Valores, objetivos e políticas desempenharam um papel importante em seu crescimento. Mas valores e objetivos de quem? Alguns críticos alegam ter descoberto uma intenção menos feliz e mais sinistra por trás da aparência próspera e harmoniosa. A Terceira Itália, argumentam, é principalmente resultado de uma fuga para proteger-se do poder do trabalho organizado e uma tentativa de recuperar o controle sobre a força de trabalho. Não é coincidência, dizem, que o desenvolvimento de pequenas empresas deslanchou em meados da década de 1970. Empregadores das grandes fábricas do Norte reagiram às greves maciças e perturbações trabalhistas de fins da década de 1960, descentralizando a produção e recorrendo ao regime de empreitadas em grande escala. Em especial, eles procuravam se proteger da ameaça criada pelo *Statuto dei lavoratori*, de 1970, e de outras leis trabalhistas de princípios da década de 1970, que eram as conquistas mais tangíveis dos operários após o *autunno caldo*, o "outono quente", de 1969.

As leis desses anos deram aos trabalhadores uma segurança quase absoluta no emprego e permitiram que os sindicatos estabelecessem conselhos de fábrica dotados de grandes poderes. As pequenas empresas — com menos de vinte empregados —, no entanto, foram isentadas das principais cláusulas das leis. Receberam também incentivos fiscais, como, por exemplo, isenção do VAT (imposto sobre valor agregado) e de recolhimentos à seguridade social. Os grandes empregadores, em conseqüência, aliados aos artesãos especializados que julgavam sua posição ameaçada por trabalhadores sem qualificações, na maior parte migrantes, iniciaram um vigoroso trabalho para criar ou estimular pequenas empresas que poderiam encarregar-se de grande parte da produção sem as restrições impostas pela legislação trabalhista e sem ter que admitir a presença de sindicatos. Recorreram à mão-de-obra na "economia negra" para restabelecer a flexibilidade na contratação de empregados que fora perdida pelas grandes corporações.

Muitas das pequenas empresas que, como subempreteiras, dependiam muito das grandes empresas do norte, abriram suas portas nas regiões norte-central e nordeste. Segundo esse argumento, por conseguinte, a Terceira Itália não é em essência um fenômeno de pequenas empresas independentes, organicamente ligadas à comunidade local, mas uma criação do capitalismo em grande escala, que enfrentava o desafio mais grave do trabalho organizado nos anos do pós-guerra. Prova adicional dessa versão, sugerem alguns autores, é fornecida pelo ressurgimento vigoroso de grandes empresas na economia italiana em fins da década de 1980, à medida que mudavam as condições econômicas e diminuía a militância do operariado industrial (Bellandi 1989a: 51; Rey 1989: 92).[2]

Essa versão é em parte aceita até pelos que defendem a Terceira Itália como um fenômeno promissor, talvez mesmo um sinal da forma futura das coisas (como, por exemplo, Brusco 1989: 259; Sabel 1989: 24). De modo geral, porém, eles insistem no desenvolvimento basicamente autônomo da Terceira Itália. Embora algumas pequenas empresas fossem criadas pelas grandes, que procuravam evitar a proteção legal dada aos operários, elas logo depois romperam seus laços de dependência e diversificaram tanto seus clientes como suas atividades (Sabel 1984: 222-3; Amin 1989: 116). De qualquer modo, a maioria delas não constituiu resultado de políticas de descentralização e praticamente não mantinha ligações com as grandes empresas (Bamford 1987: 3; Triglia 1989: 177). Além disso, embora o trabalho informal, temporário, desempenhasse algum papel na primeira fase do desenvolvimento, na segunda a Terceira Itália assentava-se firmemente em um sistema de emprego formal regular — o que constituía uma indicação de força e estabilidade (Mingione 1991:320-1). Por fim, pequenas empresas mantiveram suas posições na década de 1980, em concorrência com as grandes (Brusco 1986: 195; 1989: 263).

A Terceira Itália, para os apologistas, não é apenas um fenômeno econômico. É também um fenômeno social, cultural e político de primeira magnitude. E indica a possibilidade, talvez pela primeira vez na história do industrialismo, de reunificação do trabalho intelectual e braçal, de trabalho e comunidade. "Se", diz Charles Sabel, referindo-se a trabalhadores especializados nas pequenas empresas,

> você pensou por tanto tempo nos relojoeiros-artesãos de Rousseau, em Neuchâtel, ou na idéia de Marx de trabalho como uma associação alegre, autocriativa, que começou a duvidar dessas possibilidades, então poderia, observando

esses artesãos no trabalho, perdoar-se pela convicção súbita de que alguma coisa mais utópica que o atual sistema fabril é praticável, afinal de contas. (Sabel 1984: 220)

"O distrito industrial de alta tecnologia", diz Edward Goodman, "é uma inovação da maior importância no reino das idéias, acarretando poucas das objeções morais ao capitalismo e poucas objeções políticas ao comunismo." A experiência italiana confirma a importância contínua do distrito industrial. E diz respeito, além disso, "não apenas a uma economia de pequenas empresas", mas também "ao Estado."

> Com suas relações familiares, com suas habilidades construídas ao longo de gerações, sua dependência assimptótica da concorrência e da cooperação, seu senso óbvio de comunidade e camaradagem, os distritos industriais da Itália constituem importantes entidades culturais... A economia italiana de pequenas empresas oferece, pelo menos, uma maneira de nos aproximarmos do sonho liberal de trabalho livre e criativo, como parte essencial da liberdade. (Goodman 1989: 20, 26, 29; ver também Sabel e Zeitlin 1985: 152; Piore 1990)

Por essas características fica claro que o distrito industrial é parte não só do passado, mas, adaptado à nova tecnologia e às novas condições de mercado, do futuro do industrialismo. O dualismo, a coexistência de organizações econômicas com diferentes princípios de trabalho e diferentes relações com a comunidade, não constitui um aspecto aberrante ou ultrapassado do industrialismo, e sim um aspecto intrínseco ao seu próprio desenvolvimento. O modelo fordista de produção em massa, em que mão-de-obra sem especialização é posta a trabalhar em máquinas de tarefa única a fim de produzir bens padronizados, constitui apenas uma parte da história do industrialismo. Ao lado da produção em massa sempre coexistiu a produção artesanal, na qual a força de trabalho qualificada opera máquinas de multifinalidades ou universais com o objetivo de fabricar produtos especializados, em quantidades limitadas, para uma grande variedade de clientes (Berger e Piore 1980; Samuel 1977; Brusco 1982: 179-80).

Historicamente, a produção em massa veio a superar a produção artesanal, no sentido de estabelecer o ritmo e determinar os objetivos da produção. Mas isso não aconteceu por algum imperativo tecnológico ou por razões de eficiência econômica. O domínio da produção em massa no século XX foi resultado de opções sociais e decisões políticas (incluindo as ocasionadas por uma guerra mundial). Sendo assim, a opção social e a vontade política podem gerar a revitalização de pequenas empresas e distritos industriais, em especial nas condições reinantes neste fim de século. Essa orientação poderia significar a recuperação da perícia no trabalho e, como no passado, um laço mais forte entre a vida econômica e objetivos sociais valorizados (Sabel e Zeitlin 1985).

O exemplo italiano, portanto, é concebivelmente o arauto de novos tempos, um novo tipo de futuro para a sociedade industrial. Mas não se trata, vale acrescentar, de uma situação bem recebida por todos. Para alguns, na verdade, é motivo de grande apreensão. Os críticos da Terceira Itália vêem nela um aviso do início de uma nova e mais dura fase do capitalismo. Muitos, porém, aceitam que, junto a demais exemplos de outras partes do mundo industrial, o caso italiano é um sintoma revelador de um possível movimento para uma nova fase da história industrial. As sociedades industriais estão se tornando "pós-fordistas". Até agora, ao nos concentrarmos no exemplo italiano, consideramos os aspectos pós-fordistas apenas por implicação. Precisamos, agora, examinar a teoria em sua forma mais geral.

Especialização Flexível: O Segundo Divisor de Águas Industrial?

Sebastiano Brusco chama a atenção, como causa observável do movimento para a descentralização da produção na Itália, para "a emergência, desde meados da década de 1960, de uma importante demanda de bens de formas as mais variadas, produzidos de acordo com o gosto do cliente, em pequenas quantidades..." (Brusco 1982: 171). Esse fato indica uma das origens mais importantes da produção pós-fordista em toda parte (Piore e Sabel 1984: 183-93). O fordismo não teve paralelo em sua capacidade de produzir bens padronizados e em escala de massa. Tudo isso estava muito bem enquanto havia grupos suficientes na população ainda à espera por sua vez de saborear os frutos da produção em massa. Mas o que acontece quando esses novos grupos de consumidores de massa se esgotam? O que acontece quando a demanda muda de forma significativa? O que acontece quando os ditames da moda, de novos estilos de vida, de inovação tecnológica ininterrupta, exigem todos rápido giro de pessoal e alterações imediatas na produção? E quando o mercado de massa se fragmenta em uma grande diversidade de grupos de consumidores, cada um deles querendo coisas diferentes, todos eles incansável e rapidamente descartando padrões correntes de consumo em busca de novos? E o que dizer, também, se essa situação se ajusta aos requisitos das empresas capitalistas modernas, sempre à procura de novas maneiras de explorar e expandir mercados? Surge um novo modelo de produção e consumo — novo pelo menos em escala —, o modelo da "especialização flexível".

A especialização flexível depende da nova tecnologia da informação (destacando, assim, a interpenetração e a coincidência parcial das atuais teorias de mudança social). Máquinas-ferramentas numericamente controladas permitem a produção econômica de pequenos lotes de bens — tanto de capital quanto de consumo —, voltados para setores especializados do mercado. As novas máquinas tornam possíveis mudanças rápidas de produção em resposta a novas oportunidades e necessidades. Novos produtos não exigem novas ferramentas nem reajustes caros e demorados ou a reforma das velhas máquinas. As ferramentas numericamente controladas são máquinas universais não-especializadas. Novos desenhos e novos produtos são resultado de mudanças relativamente simples nos programas controlados por computador que comandam tais máquinas.

A tecnologia flexível dá origem à especialização flexível. Novas idéias podem ser de imediato transformadas em novos produtos, idéias mais novas em produtos ainda mais novos. A produção é feita segundo o gosto do freguês, adaptada a desejos e necessidades muito específicos, em um estado de mudança constante. E uma vez que, como insistia Adam Smith, a divisão do trabalho é limitada pela extensão do mercado, a segmentação deste e seus padrões em rápida mutação podem ter como conseqüência a redução da divisão do trabalho nas empresas. A produção feita de acordo com as exigências do cliente e a curto prazo não requer fábricas de grande porte ou a tecnologia necessária para obter economias de escala (que só podem ser justificadas por produção em séries longas), nem pode depender do trabalhador sem especialização ou apenas semi-especializado e detalhista, comum nos estabelecimentos industriais do tipo fordista. A especialização desse tipo exige perícia e flexibilidade tanto da máquina como do operador. É esse fato que levou alguns observadores a saudar as novas tendências como anunciando o renascimento da produção artesanal (Piore e Sabel 1984: 258-80; Sabel 1989: 32-3). A especialização flexível sem dúvida funciona em benefício das pequenas empresas, pelo menos na medida em que contrabalança as vantagens competitivas das economias de escala, tradicionalmente desfrutadas pelas maiores. A ascensão da especialização flexível como fenômeno importante, e não apenas periférico ou "intersticial" nas economias industriais modernas, é em parte responsável pelo forte renascimento das pequenas empresas, fenômeno este amplamente observado e documentado (ver, por exemplo, Lash e Urry 1987: 104, 115, 133, 148).

Mas não há razão para as grandes empresas deixarem de se beneficiar da especialização flexível, e há provas consideráveis de que a estão adotando com notável sucesso. As economias de escala são substituídas por "economias de escopo" — isto é, o uso pelas grandes fábricas de tecnológias flexíveis de manufatura para produzir bens voltados para vários mercados relativamente pequenos ou segmentados (Perez, 1985: 449). Acompanhada pela utilização criteriosa de terceirização, essa orientação pode permitir que grandes empresas floresçam no novo ambiente (Pollert 1988b: 61; Sabel 1989: 31-40).

Um bom exemplo é a Benetton, a muito bem-sucedida empresa italiana produtora de roupas. A Benetton é uma empresa familiar, com 2.500 pontos de venda no país e no exterior (todos eles sob sistema de franquia). Caixas registradoras eletrônicas especialmente projetadas e instaladas nesses pontos de venda transmitem de forma contínua dados completos *on-line* sobre vendas — tipo de artigo, cor, tamanho etc. Essas informações, recebidas na matriz, formam a base de decisões sobre desenho e produção. As principais instalações próprias da Benetton — que empregam cerca de 1.500 trabalhadores — são complementadas por uma rede de mais de 200 subcontratantes, pequenas empresas com 30-50 empregados cada, e que no total empregam cerca de 10.000 pessoas. Essas empresas contribuem — com algum custo para elas mesmas — para a flexibilidade adicional do volume. Afirmam os especialistas que, graças a esse sistema integrado de produção flexível, a Benetton reduziu o tempo de resposta a mudanças no mercado para apenas dez dias (Perez 1985: 454; Wood 1989b: 24-5; Murray 1989b: 57). Não há dúvida de que a Benetton é famosa em todo o mundo por se antecipar às tendências da moda e adaptar a produção exatamente aos estilos em mutação de diferentes subculturas e grupos etários.

A IBM, gigante norte-americana do setor de computadores, proporciona outro bom exemplo de como, de maneira diferente, uma grande empresa pode se adaptar à era da especialização flexível. Na década de 1960, a IBM tentou, com o IBM360, produzir o computador padronizado completo — "o Modelo T da indústria de computadores". A intenção era que fosse uma máquina para todos e para tudo, um sistema completo em si, um único produto que integrasse todo o mercado e abrisse o caminho para as economias da produção em massa. Mas, sendo um sistema inteiramente auto-suficiente, que usava apenas *hardware* e *software* próprios, o 360 tornava difícil instalar ou substituir peças de procedência estrangeira que, cada vez mais, ofereciam maior flexibilidade, eficiência e baixo preço. Caiu a demanda pelo sistema de computador único integrado e o mercado de massa desintegrou-se. A estratégia da IBM para a década de 1980, a era do microcomputador, refletiu essa experiência. Em vez de fornecer um sistema auto-suficiente, a IBM projetou e lançou seu microcomputador de tal maneira que todos os demais produtores pudessem nele instalar seu *hardware* e *software*.

> A IBM, dessa maneira, tornou-se não a fabricante de um único dispositivo integrado mas, sim, o centro organizador de uma comunidade de empresas de computadores que, em conjunto, fornecem ao consumidor peças para montar sistemas segundo suas necessidades. Dessa maneira, ela não tenta mais definir o produto final... Em vez disso, deixa sua marca se transformar na infra-es-

trutura da indústria nacional de computadores, e não na própria indústria. (Piore e Sabel 1984: 204)

Essa opinião lembra muito as descrições clássicas do distrito industrial. A IBM foi útil ao criar uma "monocultura" para a indústria de computadores, embora não tanto agora em nível local como no global. A autolimitação é a razão de seu sucesso (a empresa mantém uma saudável fatia de 20% do mercado). Abandonou os planos para monopolizá-lo, saturá-lo com seus produtos e obter total integração vertical e horizontal. Renunciou, em outras palavras, às práticas da produção em massa clássica. Em vez disso, passou a se ver como uma parte — embora parte importantíssima — de uma federação de empresas, todas elas contribuindo com produtos e serviços especializados que podem ser combinados, de uma grande variedade de maneiras, para atender a necessidades específicas dos consumidores.

Já podemos, na verdade, observar o início da erosão da distinção entre pequenas empresas no distrito industrial e as grandes, que operam em um ambiente que dá grande valor à "desintegração" e à "desorganização". As grandes pensam agora em um futuro no qual elas parecerão cada vez mais com confederações de pequenas empresas, e não mais empresas em grande escala, centralizadas, hierarquicamente coordenadas, do tipo taylorista. Esta, aliás, é a visão de um destacado industrial britânico, sir Adrian Cadbury:

> Desejaremos, no futuro, dividir essas empresas em suas unidades de negócio separadas e dar a elas liberdade para concorrer em seus mercados específicos. As grandes empresas se tornarão semelhantes a federações de pequenas empresas — não porque "o negócio é ser pequeno", mas porque ser grande é caro e difícil... Prevejo que as companhias de amanhã... se concentrarão nas atividades básicas de seus ramos, dependendo em tudo o mais de fornecedores especializados, que concorrerão entre si por suas encomendas. (Citado em Lash e Urry 1987: 106)

Não é, portanto, apenas na sobrevivência ou revitalização das pequenas empresas que podemos observar os desenvolvimentos pós-fordistas. Em todos os níveis da economia surgem tendências semelhantes. As pequenas empresas, em muitos casos, assumem a liderança, embora as grandes, pelo menos em alguns países, não tenham se atrasado em pegar carona nessa tendência. A "Primeira Itália" das grandes fábricas aprendeu com a "Terceira Itália", de indústrias caseiras de alta tecnologia, e vem tendo um retorno bem-sucedido. Na Alemanha, coube às grandes empresas assumir a iniciativa de reativar a produção artesanal, principalmente através de um sistema de descentralização interna. Assim também, nos Estados Unidos, o movimento (embora muito mais lento) para a especialização flexível tem ocorrido com freqüência nas maiores e não nas menores empresas. As empresas de aço e produtos químicos destacaram-se nesse aspecto. O diretor da divisão de produtos químicos especializados da Polaroid descreve sua fábrica como um conjunto de "gigantescos tubos de ensaio, instalados em um imenso laboratório, de modo a permitir que se faça o que quiser" (citado em Piore e Sabel 1984: 212).

No novo ambiente, as economias mais bem-sucedidas tendem a ser aquelas em que empresas grandes e pequenas não se consideram rivais, mas sócias. Na Alemanha e no Japão, grandes corporações vêm trabalhando há muito tempo em co-associação com uma rede de pequenas empresas, que mantêm as antigas tradições da produção artesanal. As grandes, nesses países, com freqüência estimulam e ajudam o setor das pequenas. No Japão, foram as grandes empresas as principais produtoras de máquinas de finalidades gerais numericamente controladas, fáceis de programar e apropriadas para as necessidades de milhares de oficinas de pequeno e médio porte, que se encarregam de grande parte da produção em trabalhos de metal. O fato de que muitas dessas grandes empresas dependem de pequenos subempreiteiros na fabricação de máquinas de multiutilidade mostra bem como seria errado considerar o pós-fordismo como um fenômeno meramente parcial ou periférico, afetando apenas setores pequenos e dependentes da economia (Piore e Sabel 1984: 217-20).

Na opinião de todos os pensadores, a especialização flexível é o âmago da teoria do pós-fordismo. Ela combina a capacidade da nova tecnologia com a idéia de mudança fundamental na natureza do mercado na sociedade industrial deste fim de século. Para alguns, ela apontou o caminho para superar a crise econômica global das décadas de 1970 e 1980. Em seu muito debatido livro, *The Second Industrial Divide*, Michael Piore e Charles Sabel argumentam que "estamos atravessando um segundo divisor de águas industrial" em nossa época, uma transição comparável ao primeiro divisor de águas industrial, que presenciou o surgimento da produção em massa em fins do século XIX (Piore e Sabel 1984: 5, 251-80). O caminho à frente é obscuro — já que estratégias alternativas são possíveis —, mas eles vêem alguma esperança no atual renascimento da produção artesanal. Esta, a alternativa à produção em massa que foi suprimida e que durante muito tempo foi um mero fio d'água na corrente principal, está demonstrando, mais uma vez, que é uma possibilidade real. Sua volta em circunstâncias mais propícias pode trazer não só ganhos econômicos, mas também sociais e políticos.

O computador, afirmam Piore e Sabel, "é uma máquina que atende à definição de Marx da ferramenta do artesão: é um instrumento que reage à capacidade produtiva do usuário e a amplia". Posto a serviço da especialização flexível, ele "restabelece o controle humano sobre o processo de produção" (Piore e Sabel 1984: 261). O advento da especialização flexível, portanto, significa maior envolvimento e maior satisfação no trabalho para a maioria dos trabalhadores. Valoriza as habilidades artesanais e depende também da colaboração entre todos os tipos de trabalhadores na empresa. Além disso, como ocorre nos distritos industriais na Terceira Itália, pode promover uma integração mais estreita entre a produção econômica e a vida do dia-a-dia da comunidade local. Pesquisando deliberadamente a perspectiva mais promissora, Piore e Sabel especulam sobre a restauração de uma "democracia de pequenos proprietários" no ocidente, uma forma de "individualismo coletivo", que consideram ser o "equivalente político" da "competição cooperativa" que caracterizou a produção artesanal no século XIX. "No fim, então, se estamos certos, o futuro volta ao passado"(Piore e Sabel 1984: 306).

Outros pensadores, embora aceitando a realidade da especialização flexível, mostram-se menos otimistas sobre seu impacto. Para Scott Lash e John Urry, a crise da produção em massa é fundamental ao que chamam de "fim do capitalismo organizado". O capitalismo, argumentam, atingiu na maioria das sociedades ocidentais um estado "organizado" no período transcorrido entre a década de 1870 e a Segunda Guerra Mundial. O capitalismo organizado — que se seguiu ao "capitalismo liberal" — consistia de alguns aspectos conhecidos da sociedade industrial: concentração, centralização e controle de empreendimentos econômicos na estrutura da nação-estado; produção em massa, segundo os princípios fordistas e tayloristas; padrão corporativo de relações industriais; concentração geográfica e espacial de indivíduos e produção em cidades industriais; modernismo cultural.

"O capitalismo desorganizado", processo este ainda em andamento cujo início variou em diferentes países mas que, basicamente, começou na década de 1960, inverte ou modifica muitos desses aspectos fundamentais. O desenvolvimento de um mercado mundial integrado resultou numa descartelização e desconcentração do capital, conforme visto pela perspectiva da nação-estado. A especialização flexível e as formas flexíveis de organização do trabalho substituem cada vez mais a produção em massa. A classe trabalhadora industrial de massa se contrai e se fragmenta, dando origem a um declínio da política de classe e à dissolução do sistema nacional corporativista de relações industriais. Uma classe de serviços separada, originalmente um efeito do capitalismo organizado, tornou-se, em seu desenvolvimento posterior, uma fonte de novos valores e novos movimentos sociais, que pouco a pouco desorganizam o capitalismo. A desconcentração industrial é acompanhada da desconcentração espacial, na medida em que trabalhadores e trabalho deixam as cidades e regiões industriais mais antigas e que a produção é descentralizada e dispersa por todo o mundo ("desindustrialização"), grande parte dela tomando a direção do Terceiro Mundo. O pluralismo e a fragmentação aumentam em todas as esferas da sociedade. A cultura do pós-modernismo substitui a do modernismo (Lash e Urry 1987: 3-7, 300-13; ver também Offe 1985; Lash e Urry 1994).

O "capitalismo desorganizado" evidentemente implica mais que a especialização flexível, que constitui o esteio principal da teoria de Piore e Sabel. Além disso, a despeito de seu nome, a intenção não é sugerir um sistema em estado de decomposição, ou mesmo necessariamente de desordem. O capitalismo desorganizado, por mais infeliz que seja a escolha do nome, é apenas o oposto do capitalismo organizado; é uma nova fase do capitalismo, um processo sistemático de reestruturação diante de novas circunstâncias (Lash e Urry 1987: 8). É instável, mas esta tem sido a condição do capitalismo durante a maior parte de sua existência. Poderíamos mesmo dizer, como Marx, que isso constituiu o próprio princípio do capitalismo (Berman 1983; Kumar 1988b). A principal novidade, segundo Lash e Urry, é o desaparecimento — para sempre? — do (suposto) projeto da classe trabalhadora de reformular a história.

> Pareceu certa vez que todo um conjunto de fenômenos econômicos, espaciais e sociais estava impulsionando para frente a classe trabalhadora: ela estava do lado da história, representava o "moderno"; interligava-se a forças que reorganizariam a sociedade, de modo a concretizar pelo menos parte de sua capacidade potencial de ocasionar mudanças... O que queremos dizer é que essa possibilidade desapareceu em muitas sociedades ocidentais específicas. O tempo não pode voltar atrás. O poder de uma classe trabalhadora industrial de modelar a sociedade à sua própria imagem está (*sic*) no futuro previsível, profundamente debilitado. (Lash e Urry 1987: 310-1; ver também Murray 1988)

Ao contrário de André Gorz, contudo, Lash e Urry não desejam dizer "adeus à classe trabalhadora" (Gorz 1982). Conseguem imaginar um futuro no qual diferentes segmentos da classe trabalhadora congregarão forças com segmentos da classe de serviços nos novos movimentos sociais, muitos dos quais terão caráter local ou serão expressão de ideologias "radicais-democráticas", e não da luta de classes. Grande parte do ímpeto dos novos movimentos terá origem na cultura pós-moderna que, embora tenha seu lado negativo e reacionário, é também "anti-hierárquica e compatível com os princípios da democracia radical". Ela encerra o potencial de não apenas desintegrar os velhos modos da identidade individual e coletiva, mas também de reconstruir outros, novos. Acima de tudo, o capitalismo desorganizado manifesta sua instabilidade e inquietação inerentes em uma forma mais extremada do que antes e, dessa maneira, sugere mudanças qualitativas em cultura e política no futuro.

> O mundo de um "capitalismo desorganizado" é aquele em que as "relações fixas, rígidas" das relações capitalistas organizadas foram varridas para longe.

> As sociedades estão sendo transformadas a partir de cima, de baixo e de dentro. Tudo o que é sólido no capitalismo organizado — classe, indústria, cidades, coletividade, nação-estado e mesmo o mundo — se desmancha no ar. (Lash e Urry 1987: 312-3)

"Novos Tempos"

Antes de chegarmos a uma conclusão sobre que tipo de realidade esse vôo de retórica poderia refletir, cumpre examinar mais uma idéia geral sobre as mudanças que ora ocorrem. As teorias pós-fordistas — seguindo os passos dados no influente estudo que Antonio Gramsci fez do fordismo em *Cadernos do cárcere* — em geral têm origem esquerdista. São tentativas de teóricos radicais de entender o que consideram mudanças fundamentais e de grande alcance na natureza do capitalismo moderno. Muitos pensadores conservam a esperança de que, a despeito do que essas mudanças possam sugerir sobre a capacidade do capitalismo de renovar-se, talvez ainda haja algum espaço para a concretização das metas socialistas, da forma concebida ao longo da história. Permanece, no entanto, uma ambivalência básica. O capitalismo pós-fordista ainda é, afinal de contas, capitalismo. É impulsionado tanto hoje como sempre pelo motor do processo de acumulação. A reestruturação implícita no pós-fordismo tem a intenção de fortalecer, e não de enfraquecer o capitalismo. Talvez haja nisso alguns prêmios inesperados para os radicais — o renascimento das habilidades artesanais, uma classe de serviço não necessariamente ligada ao capitalismo e disposta a contestá-lo em certos pontos —, mas estes, é claro, têm de ser avaliados no contexto de um sistema econômico global, cujo aspecto mais notável é o domínio exercido por empresas transnacionais, de riqueza e poder sem precedentes.

Essa ambivalência é sentida de forma mais acentuada na variedade de teoria pós-fordista proposta por marxistas britânicos sob a bandeira dos "Novos Tempos". Divulgada inicialmente em uma série de artigos na revista *Marxism Today*, essa perspectiva foi mais tarde adotada em grande parte pelo comitê executivo do Partido Comunista Britânico e publicada sob seus auspícios como *The Manifesto for New Times* (junho de 1989). Posteriormente, muitos dos artigos originais, acompanhados de extratos do *Manifesto,* junto com reações críticas, surgiram sob a forma de livro, o *New Times* (Hall e Jacques 1989a).

Gramsci, em "Americanism and Fordism"(c.1931), definiu o fordismo nos termos mais amplos possíveis. O fordismo havia inaugurado uma nova época na civilização capitalista. Assinalara a passagem para uma "economia planejada". Mas não só a produção era planejada, como também a pessoa. O fordismo não parava na porta da fábrica; invadia o lar e as esferas mais privadas e íntimas da vida do trabalhador.[3] O objetivo era a criação de "um novo tipo de trabalhador e de homem". O fordismo significava linha de montagem, mas também Lei Seca e "puritanismo", a tentativa de regular a vida sexual e familiar do trabalhador, e não apenas sua vida de trabalho. "Os novos métodos de trabalho", dizia Gramsci, "são inseparáveis de um modo específico de viver, pensar e sentir" (Gramsci 1971: 302).

Os pós-fordistas da escola dos "Novos Tempos" foram analogamente ambiciosos em suas descrições desses tempos. Como outros pós-fordistas, escolhiam a especialização flexível como a força que "está orquestrando e impelindo a evolução do novo mundo". Mas, de acordo com o espírito de Gramsci, argumentavam que "diversidade, diferenciação e fragmentação" — os símbolos do pós-fordismo — estão substituindo a "homogeneidade, a padronização e as economias e empresas de escala" em mais do que apenas na esfera econômica.

> Da mesma forma que o fordismo representou não só uma forma de organização econômica, mas uma cultura inteira... o pós-fordismo, de idêntica maneira, é também símbolo de um desenvolvimento social e cultural muito mais amplo e profundo... A transição, portanto, é de marcar época — não no sentido da transição clássica do feudalismo para o capitalismo, mas tão fundamental e de tão grande alcance como, digamos, a transição, nas fases finais do século XIX, do estágio "empresarial" para o avançado ou organizado no capitalismo. (Hall e Jacques 1989b: 12)

Como sugerem as citações acima, os teóricos dos Novos Tempos concordam com grande parte da análise que já examinamos nos trabalhos de Piore e Sabel e de Lash e Urry (de cujas obras se valeram livremente). Para os pensadores dos Novos Tempos, também, a experiência italiana tem uma importância especial. O que distingue o enfoque dos Novos Tempos — refletindo, talvez, a orientação mais resolutamente marxista desse grupo — é a amplidão da análise e a natureza mais esquemática de sua apresentação. Enfeixa, em sua oposição ao fordismo e ao pós-fordismo, elementos de política e cultura, junto com mudanças no trabalho e na organização, bem como na produção e no consumo. Em termos marxistas, preocupa-se tanto com a reprodução das relações sociais de produção quanto com o próprio sistema de produção. Isso significa que chama atenção para mudanças na educação e na socialização, para um novo papel do Estado, para a reestruturação dos meios de comunicação de massa nas indústrias da informação e para novas formas e padrões de consumo e comportamento do consumidor.

Várias tentativas foram feitas para mostrar de maneira esquemática as diferenças entre fordismo e pós-fordismo, em todas as suas várias dimensões (ver, por exemplo, Harvey 1989: 174-9; Rustin 1989: 56-7). Em termos simples, esses autores dizem que, em geral, as mudanças foram as seguintes:

Na *economia*, o surgimento de um mercado global e de empresas globais e o declínio das empresas nacionais e das nações-estado como unidades eficientes de produção e controle; especialização flexível e dispersão e descentralização da produção, substituindo o marketing e a produção de massa; hierarquias mais niveladas nas empresas e ênfase em comunicação, e não em comando: desintegração vertical e horizontal e aumento de terceirização, franquias, marketing interno entre empresas e extinção de funções; aumento do número de trabalhadores em tempo flexível, parcial, temporário, autônomos ou que trabalham em casa.

Em *relações políticas e industriais*: a fragmentação de classes sociais, o declínio de partidos políticos nacionais baseados em classe e em votação de acordo com a classe, e o surgimento de movimentos e "redes" sociais baseados em região, raça, sexo ou política de assunto único (como, por exemplo, o movimento antinuclear); movimentos "periféricos", sub- e supranacionais; o declínio de sindicatos de categorias inteiras e de negociações salariais centralizadas, e a ascensão de negociações localizadas, baseadas na fábrica; uma força de trabalho dividida entre núcleo e periferia; o fim do compromisso do corporativismo com a classe; o esfacelamento da provisão de benefícios padronizados, coletivistas, da previdência social; o aumento das opções do consumidor e fornecimento privado de benefícios sociais.

Em *cultura e ideologia*: o desenvolvimento e promoção de modos de pensamento e comportamento individualistas; a cultura da livre iniciativa; o fim do universalismo e da padronização na educação, e o aumento do sistema modular e da escolha por aluno e pais; fragmentação e pluralismo em valores e estilos de vida; ecletismo pós-modernista e enfoques populistas da cultura; privatização da vida doméstica e de atividades de lazer.

Os teóricos dos Novos Tempos reconhecem que as mudanças pós-fordistas beneficiaram mais a direita que a esquerda ou, pelo menos, que a primeira foi mais rápida em capitalizar as mudanças que a segunda. O reaganismo e o thatcherismo têm sido os principais beneficiários dos fenômenos pós-fordistas. Pensadores e partidos de esquerda têm se mostrado lentos em alijar a herança de teorias concebidas dentro do marco de referência do capitalismo nacional, organizado. O estado administrativo/paternalista tipo Keynes-Beveridge foi para eles a premissa de todo o seu pensamento sobre o futuro e este começou a afundar quando as idéias e instituições que davam base a esse sistema desmoronaram. "A sombra do fordismo nos persegue mesmo nos termos em que nos opomos a esse sistema" (Murray 1989a: 42). "Não sabemos ainda... falar a língua do futuro" (*Manifesto for New Times* 1989: 4).

A crise é especialmente aguda para os socialistas da Europa Oriental, à medida que suas sociedades se desfazem de seu próprio tipo de herança fordista. "O planejamento do tipo soviético", lembra-nos Robin Murray, "é o apogeu do fordismo. Lenin recebeu de braços abertos Taylor e o cronômetro. A industrialização soviética baseou-se na construção de fábricas gigantescas, a maioria delas baseada na tecnologia ocidental de produção em massa" (Murray 1989a: 41). Agora esse sistema está sendo destruído por sua própria fidelidade ao fordismo. "Suas formas sociais, econômicas e políticas estatistas e inflexíveis foram solapadas não só na concorrência com o Ocidente, mas por sua própria versão de fordismo — a obsessão pela quantidade, o planejamento centralizado, a supressão da variedade, o domínio sufocante do centralismo e do autoritarismo" (Hall e Jacques 1989b: 16).

Não obstante, os teóricos dos Novos Tempos aceitaram o desafio do pós-fordismo — mesmo que, na maior parte, no espírito calyleano do "vocês não deviam nos provocar". Recusam-se a se entregar ao pessimismo diante do fracasso de certos resultados que deveriam acontecer ao longo da história, da forma prognosticada pelo marxismo. O mundo mudou, mas isso é o que todo bom marxista deveria ter esperado. O capitalismo continua e, na verdade, em sua fase global, está mais forte do que nunca, mas, tanto no Oriente como no Ocidente, novas oportunidades estão se abrindo para contestá-lo. Um aspecto notável dos Novos Tempos, dizem Hall e Jacques, é "a proliferação de pontos de antagonismo e resistência e o aparecimento de novos temas, novos movimentos sociais, novas identidades coletivas — uma esfera ampliada para a operação da política e formação de novos eleitorados para a mudança (Hall e Jacques 1989b: 17). O *Manifesto* fornece, como exemplos da Grã-Bretanha, o movimento Verde, "campanhas locais" sobre assuntos como serviços de saúde, transporte e higiene dos alimentos e "campanhas antidesigualdade", relativas ao imposto per capita e ao apoio a benefícios para as crianças (*Manifesto for New Times* 1989: 27). Outros defenderam movimentos sociais estruturados em torno de "identidades coletivas" de sexo, sexualidade e raça, ou estratégias concebidas para estimular uma cultura de "individualismo socialista" com base no conceito de cidadania (Brunt 1989; Leadbeater 1989; Weeks 1989).

De acordo com muitos teóricos dos Novos Tempos, a globalização em si — a origem de tantas das mudanças que estão levando ao pós-fordismo — deve ser interpretada como sendo tanto uma ameaça como uma oportunidade. A globalização ergue a política e a cultura acima do nível provinciano da nação-estado e sugere novas conexões e interdependências entre todos os povos do mundo. Torna possíveis alianças entre movimentos do Primeiro, Segundo e Terceiro Mundos em uma medida impossível nas fases anteriores do capitalismo. E não são apenas as relações entre os povos do mundo que a perspectiva dos Novos Tempos nos pressiona para renegociar. Exige também "uma nova concepção da relação entre a raça humana e o planeta terra. A globalização sugere interdependência e cooperação em uma nova escala e em novas formas, e não simplesmente concorrência baseada em estreitos interesses nacionais e econômicos" (Hall e Jacques 1989b: 20; ver também *Manifesto for New Times* 1989: 27-8).

Novos Tempos, Velhas Histórias?

Seria fácil condenar o pós-fordismo, em especial em sua forma Novos Tempos, como "thatcherismo (ou reaganismo) da esquerda". Na verdade, a teoria foi acusada de promover o "socialismo planejado", de ser, na verdade, "o socialismo dos planejadores", uma visão de futuro que postula uma nova classe de serviço baseada na mídia, nas universidades e nas indústrias da tecnologia da informação (Rustin 1989: 63). Também seria possível dizer que a linguagem que usa, a linguagem do individualismo, opção e diversidade, é por demais submissa ao vocabulário da Nova Direita. Quando um teórico dos Novos Tempos fala do "consumo como fonte de poder e prazer" e da "hipererotização de uma visita às lojas" (Mort 1989: 161-2), é difícil deixar de sentir que, mesmo nos casos em que a linguagem é usada de forma irônica, houve uma mudança considerável para a perspectiva dos antagonistas tradicionais da esquerda.[4] "Para os socialistas", como diz Michael Rustin, "tem de haver mais na vida do que fazer compras..." (Rustin 1989: 68).[5]

Mais grave é a acusação de que não apenas algumas partes da esquerda fizeram concessões em excesso à Nova Direita, mas que não conseguiram perceber que os principais elementos daquilo que adotam são exatamente a razão da atual força da direita e a base de seu repetido sucesso eleitoral. "O thatcherismo", diz Rustin, "pode ser compreendido como uma estratégia do pós-fordismo iniciada da perspectiva da direita. Isto é, uma tentativa resoluta de usar as vantagens da nova tecnologia, a mobilidade do capital e do trabalho, a importância do consumo e as formas mais descentralizadas de organização para fortalecer o capital e atacar as estruturas corporativistas do trabalho" (Rustin 1989: 75).

Outros críticos observaram que um dos componentes principais da análise pós-fordista, a desagregação da produção em massa e da massa homogênea da classe trabalhadora, proporciona a base para a estratégia da Nova Direita. Esta aproveitou a oportunidade de uma força de trabalho dividida para infiltrar-se na classe operária, o antigo núcleo da esquerda.

> A divisão pós-fordista da força de trabalho entre um núcleo flexível de indivíduos especializados e uma periferia flexível em termos de tempo, que agora substitui a velha distinção entre trabalho manual e não-manual, é a razão da mudança da visão do pós-guerra, de um sistema de consumo em massa de uma nação para um modelo de duas nações, baseado no trabalhador próspero flexível, e num Estado de seguro social. Enquanto o Partido Trabalhista, *qua* social-democrata, podia ganhar com o sistema fordista com sua política keynesiana de Estado de bem-estar, o Partido Conservador é o que está assumindo o papel de pioneiro na transição para o pós-fordismo e identificando-se com os interesses de classe dos trabalhadores em seu núcleo. (Jessop et al. 1987: 109-10).

Essa é, por assim dizer, a queixa da velha contra a nova esquerda. Mas existe outra variedade de pensamento moderno de esquerda que, tal como o grupo dos Novos Tempos, admite que há uma crise no fordismo, mas interpreta sua solução em termos diferentes. A denominada "Escola de Regulamentação" de teóricos franceses não vê, sob qualquer forma, uma transição para uma sociedade pós-fordista potencialmente promissora. O que outros descrevem como estratégias pós-fordistas eles consideram como "neofordistas", formuladas para dar meios ao capitalismo a fim de superar sua atual crise.

Os Regulamentadores — destacando-se entre eles Michel Aglietta, Robert Boyer e Alain Lipietz — interpretam a história do capitalismo como marcada por sucessivos "modos de desenvolvimento", nos quais "um regime específico de acumulação" é orientado por "um modo específico de regulamentação". Ou seja, em qualquer dado momento, o esforço do capitalismo para extrair mais-valia a uma taxa crescente depende da disposição específica de forças de classe — sobretudo no local de trabalho — e dos arranjos institucionais que presidem as relações entre empresas e entre capital e trabalho. No século XIX, um controle eficaz dos ofícios no chão-de-fábrica e a concorrência, na maior parte não-regulamentada entre grande número de firmas, contribuíram para formar um regime de acumulação que se caracterizava por crescimento "extensivo": isto é, uma forma de crescimento dependente não da inovação técnica ou de aumentos da produtividade, mas de grandes reservas de mão-de-obra barata e de simples expansão geográfica do sistema.

Com o advento da administração científica (taylorismo) e da fábrica automatizada (fordismo) na década de 1920 — e o "fordismo nada mais é do que o taylorismo mais a mecanização" — surgiram um novo regime de acumulação e um novo modo de regulamentação. O regime de acumulação caracterizava-se nessa época por crescimento "intensivo", isto é, o crescimento ocorria predominantemente através de investimento em capital fixo, que incluía progresso técnico. Esse fato criou a possibilidade de regular os aumentos de produtividade e o consumo de massa. O novo método de controle teve desenvolvimento lento — precisou da Depressão e da inquietação social da década de 1930 para acelerá-lo —, mas já se encontrava praticamente estabelecido em todo o mundo industrial em seguida à Segunda Guerra Mundial. Em contraste com o modo competitivo do século XIX, pode ser chamado de modo monopolista (semelhante ao "capitalismo organizado" de Scott e Urry). Sua base era a administração científica de empresas, combinações oligopolistas de preços entre firmas, e a determinação de salários e níveis de consumo através de um sistema complexo de instituições patrões-empregados e governamentais (políticas fiscais keynesianas reforçadas pelo Estado de bem-estar).

E é esse modo de desenvolvimento taylorista-fordista — responsável pelo grande surto de crescimento do pós-guerra e que prevaleceu até o final da década de 1960 — que está agora em crise, segundo os Regulamentadores. O modo exauriu seu potencial de crescimento. Esse fato é demonstrado principalmente pela produtividade declinante, na medida em que a intensificação taylorista-fordista do processo de trabalho gera retornos decrescentes, em parte por causa do aumento da alienação e resistência do trabalhador. Desde fins da década de 1960, observou-se uma violenta queda na taxa de lucro em todo o mundo capitalista.

A solução dos Regulamentadores para a crise, da forma como a interpretam, é a volta, de uma forma mais explícita e completa, ao "acordo de classe" (ou "contrato social") da era do pós-guerra, que tornou possível um período de crescimento sustentado. Nas atuais condições, a solução implicaria, pensam eles, nada menos que uma revolução contra o taylorismo e o pós-fordismo. Os trabalhadores se tornariam participantes oficiais no processo de tomada de decisões; sua lealdade ao sistema seria buscada através de formas mais gratificantes de trabalho, garantias de segurança no emprego e benefícios da seguridade social. Essa solução romperia o atual bloqueio ao aumento da produtividade, e capital e trabalho se beneficiariam com uma economia em crescimento mais rápido.

Em vez disso, segundo os Regulamentadores, o que vem acontecendo é a tentativa do capital de resolver a crise criando um sistema de "fordismo global". Essa orientação tomou a forma de uma série de estratégias "neofordistas". A produção foi descentralizada, não só nacional mas internacionalmente, levando-a para as regiões de baixo salário do mundo — os países recém-industrializados do leste da Ásia e da América do Sul e certas partes da Europa meridional. Enquanto isso, o controle central e as funções de pesquisa permanecem nas metrópoles dos países industriais avançados. A especialização flexível e a administração delegada também têm sido empregadas como partes de uma estratégia para aliviar os encargos das empresas e evitar ou neutralizar organizações trabalhistas fortes. Desse modo, elementos "pós-fordistas" no Primeiro Mundo coexistem ao lado do fordismo clássico e do "fordismo periférico" no Terceiro Mundo. Na verdade, não há três mundos (sobretudo depois do colapso do socialismo estatal na Europa Oriental), mas apenas segmentos de um sistema capitalista global, que tenta manter seu dinamismo em um período de crise.[6]

Os teóricos da regulamentação apresentam também deficiências próprias — entre elas a superestimação do "divisor de águas taylorista-fordista" no desenvolvimento capitalista — embora, na descrição que oferecem do mundo contemporâneo, haja muita coisa convincente. Acima de tudo, ela nos permite estudar a uma nova luz muitos fenômenos alegadamente pós-fordistas. Ao contrário de muitos da velha esquerda, eles não ignoram as mudanças, considerando-as variações apenas superficiais de um velho tema. Alguma coisa nova *está* acontecendo, mesmo que não confirme a interpretação de muitos dos adeptos mais otimistas da idéia pós-fordista. Os novos aspectos exigem um marco de referência para compreensão que se estenda pelo mais amplo plano possível (o mundo), e que não focalize estreitamente apenas as nações industriais avançadas. Sob essa perspectiva, pode-se demonstrar que muita coisa que parece pós-fordista mantém as características de um sistema de produção que permanece substancialmente fordista, mesmo que esteja sob grande tensão — e, de acordo com os Regulamentadores, em sua forma global, sobrecarregado, em última análise, pelas mesmas contradições que afligiam o fordismo clássico.

A crítica dos Regulamentadores combina bem com a acusação geral movida contra a teoria pós-fordista: isto é, que ela confunde efeitos com causas, que o que considera como fatos primários são produtos derivados ou dependentes de processos menos visíveis. O pós-fordismo, por exemplo, explorou muito o surgimento, ou renascimento, do localismo e do particularismo, o cultivo da identidade através do apego a um lugar ou a culturas e tradições locais. E não apenas aproveita isso, mas celebra os recrudescimentos étnicos, a ascensão dos "nacionalismos periféricos", as lutas para conservar costumes e histórias locais.

Mas até que ponto o localismo e o pluralismo são fenômenos autônomos, reações voluntárias de indivíduos à produção de massa e à política centralizada na massa? Em que medida são, em vez disso, conseqüências e resultados de mudanças de grande alcance nas estratégias de empresas transnacionais, que procuram a mistura mais eficaz de economias de escala e de escopo? O cultivo de diferenças locais, a celebração da etnicidade, o estímulo à preferência do consumidor por uma grande variedade de objetos e experiências culturais "autênticos", exóticos, são adequados para os "transnacionalistas flexíveis", em busca de novos nichos de mercado para explorar (Robins 1989; Harvey 1989: 141-97). A padronização global do seriado *Dallas* e do McDonald's pode coexistir muito bem com a diversidade artificial da Disneylândia e o localismo manufaturado da indústria da herança histórica. Todos eles são, é claro, grandes negócios, entre os maiores e de crescimento mais rápido hoje em dia. Mais uma vez, porém, esta não é toda a história, como veremos quando estudarmos novamente o fenômeno sob o título de pós-modernismo. Mas, no mínimo, obriga-nos a reconhecer no "localismo" e na "diversidade" um motivo e uma força não muito diferentes das que impulsionaram o capitalismo durante a maior parte de sua história.

Isso faz parte de um argumento conhecido — que já examinamos ao discutir a idéia da sociedade de informação — e talvez seja bom mencionar aqui algumas das críticas detalhadas feitas aos teóricos pós-fordistas. Temos, em primeiro lugar, a importância atribuída à Terceira Itália nas versões pós-fordistas. Muitos autores alegam que a Terceira Itália é, histórica e culturalmente, excepcional. Seu modelo de distritos industriais tornam-na atípica não apenas no caso da Itália, mas no mundo industrial como um todo. O mesmo se aplica àqueles outros exemplos de distritos industriais que figuram com tanto destaque na literatura pós-fordista: a Rota 128 e o Vale do Silício, nos Estados Unidos, o complexo Cambridge-Reading-Bristol, na Grã-Bretanha, o Oyonnax, na França, o Baden-Württemberg, na Alemanha, e várias regiões do Japão, como o distrito industrial de Sakaki (Sabel 1989: 22-31). Eles são não apenas muito diferentes entre si, mas representam tendências distintas — da persistência de tradições artesanais pré-industriais (por exemplo, Baden-Württemberg) ao surgimento de novos complexos de alta tecnologia (como o Vale do Silício), e a prática de terceirização (servindo de bom exemplo o Japão). Os distritos industriais sempre foram uma parte — mas somente uma parte — da produção industrial. Sua sobrevivência ou reaparecimento em vários lociais não os tornam, como tais, arautos de um novo mundo. Os pós-fordistas, nesse particular, escolheram uma safra variada de exemplos isolados em todo o mundo e os enfeixaram em um quadro composto, mas muito enganoso, de um fenômeno de âmbito supostamente mundial (Murray 1987: 92-3; Sayer 1989: 672; Clarke 1990: 80; Amin e Robins 1990: 195-207; Amin 1991: 136-7).

Encontramos em seguida a "especialização flexível" e a "empresa flexível" no núcleo da análise pós-fordista da mudança econômica. Essa perspectiva imagina a divisão da força de trabalho em um "núcleo" de trabalhadores multiespecializados do tipo artesanal, o que permitiria uma "flexibilidade funcional" de tarefas e produtos, e uma "periferia" de empregados casuais, trabalhadores relativamente sem especialização, o que facilitaria uma "flexibilidade numérica" no mercado de trabalho. Este fato, dizem os críticos, não está ocorrendo em grande escala e, com certeza, não nos termos sugeridos pelos pós-fordistas. Na verdade, não está acontecendo de forma intensa nas "empresas manufatureiras de ponta" — as destacadas pelos teóricos pós-fordistas — mas principalmente nas indústrias de serviços e no setor público. Além disso, afeta não tanto homens — o foco da visão proudhoniana pós-fordista do ressurgimento do trabalhador artesanal independente — como as mulheres, junto a outros grupos tradicionalmente fracos, como as minorias étnicas, os trabalhadores migrantes e os jovens. Em outras palavras, o aumento da flexibilidade, na medida em que realmente ocorre, não é sinal de algum novo princípio de trabalho e organização, mas da continuação de padrões tradicionais de segmentação do mercado de trabalho por sexo, raça e idade. Os padrões foram adaptados a mudanças setoriais na economia — a evolução da manufatura para os serviços — e intensificados por políticas públicas, como as formuladas para enfrentar o desemprego entre os jovens. Dessa maneira, por exemplo, as mulheres, que formavam a base das indústrias de produção em massa na década de 1930 — os homens sempre foram minoria no sistema de produção em massa de linha de montagem — tornaram-se as trabalhadoras de serviço sem segurança no emprego e de baixa qualificação ("numericamente flexíveis") das décadas de 1970 e 1980 (Pollert 1988a, 1988b, 1991b; Hakim 1988: 610; Jensen 1989; Walby 1989; Lovering 1990; Hyman 1991).

A acusação mais importante contra os pós-fordistas é que eles transformaram em mito o próprio fordismo. Fundiram taylorismo com fordismo, equipararam ambos à produção em massa e supuseram a preponderância dessa formação unificada nos sistemas industriais das economias avançadas, na primeira metade deste século. Agora, argumentam os pós-fordistas, as indústrias de produção em massa se deparam com um obstáculo; os métodos tayloristas de organização do trabalho encontram resistência crescente por parte dos trabalhadores e novos tipos de indústrias, baseadas nos princípios de flexibilidade e produção local, estão surgindo para desafiar as antigas empresas centralizadas de produção em massa. Um novo sistema, diferente o bastante em espécie do velho para justificar o nome "pós-fordista" está tomando forma. Suas dores de parto são evidentes não só no próprio sistema industrial, estreitamente definido, mas em vastas mudanças que ocorrem nas instituições políticas, culturais e sociais.

Mas, respondem os críticos, esse modelo desmorona em quase todos os pontos importantes. Taylorismo é uma coisa diferente de fordismo; era e é capaz de aplicação não só à produção em massa, mas à produção de lotes pequenos e médios. Pode ser até aplicado às novas formas de trabalho em equipe em empresas supostamente "pós-fordistas". A produção em massa, qualquer que seja sua importância estratégica na economia, nunca foi, nem poderia ser, a forma dominante de produção industrial. As pequenas empresas e a "produção artesanal" — que não são, é claro, necessariamente a mesma coisa — sempre existiram ao lado da produção em massa, como acontece desde a Revolução Industrial. Nessa época, como agora, desempenharam funções nada secundárias, e sim indispensáveis. Não há reativação ou renascimento, mas apenas uma continuação dessas formas de atividade. A oposição entre "produção em massa e especialização flexível" é falsa. Até mesmo a indústria automotiva, supostamente o tipo característico de produção em massa, emprega ambos os métodos. A propria linha de montagem, o símbolo indisputável do fordismo, nunca esteve presente em mais do que uma minoria de fábricas nas economias avançadas (Williams et al. 1987, 1992; Sayer 1989; Wood 1989b; Thompson 1989: 218-29; Clarke 1990a, 1990b).

A crítica mais séria argumenta que os pós-fordistas confundem a própria natureza da revolução fordista. Não conseguem compreender que o que chamam de "a crise do fordismo" e sua transformação em formas pós-fordistas são, na verdade, partes de uma evolução contínua — ou melhor, partes da "revolução permanente" que é o fordismo. Este não pode ser considerado a mesma coisa que "inflexibilidade", linha de montagem e produção em massa. Como enfatiza Simon Clarke, seguindo o pensamento de Gramsci, o fordismo não foi apenas uma nova tecnologia; foi a aplicação sistemática de novas técnicas sociais, bem como científicas no sentido técnico — à organização da produção em todas suas esferas, incluindo a regulamentação das relações entre administração e trabalhadores. Nesse sentido, deu continuidade ao impulso básico da Revolução Industrial: "assinalou a culminação da penetração do capital na produção, o que significa que fordismo é sinônimo de produção capitalista *como tal*" (Clarke 1990a: 80).

Muito longe de dar origem à "inflexibilidade", verificou-se que os princípios do fordismo eram aplicáveis em "uma faixa extraordinariamente vasta de contextos técnicos". O que Henry Ford implantou de fato foi a *flexibilidade* na produção em massa, abrindo, dessa maneira, o caminho para o dinamismo tecnológico constante e a adaptabilidade máxima dos métodos de produção. O fato de que Ford foi, na década de 1930, vítima de sua própria revolução, não impediu conquistas ulteriores do fordismo sob novos líderes, como por exemplo Albert Sloan, da General Motors. E isso vem acontencendo desde então. O fordismo tem se apresentado sob diversas roupagens tecnológicas e organizacionais. O que foi saudado como "neofordismo" ou "pós-fordismo" é apenas a mais recente delas e é improvável que seja a última.

> O projeto sociológico fordista não é estático, mas terá que se desenvolver à medida que enfrentar obstáculos à sua implementação. Isso significa que não poderá haver *um único* projeto fordista, mas uma variedade deles, alguns dos

quais podem ter temporariamente mais sucesso que outros, mas nenhum dos quais poderá jamais ser realizado por completo. (Clarke 1990a: 81)[7]

Clarke observa, a propósito da ultima versão da teoria: "Assim como pressões competitivas de formas novas, mais altamente desenvolvidas e mais flexíveis do fordismo logo obrigaram Ford a contratar os homens da agência de detetives Pinkerton e a criar o Departamento de Serviços, os especialistas em flexibilidade e propugnadores de nichos de mercado já estão sofrendo a pressão de concorrentes que conseguiram conciliar as economias de escopo com as economias de escala" (1990a: 98). Já observamos que não há razão intrínseca para que, enfrentando o desafio de novas e pequenas empresas que exploram a nova tecnologia e as mudanças no gosto dos consumidores, as corporações maiores e mais antigas não se aproveitem mais cedo ou mais tarde das novas oportunidades. E é exatamente isso o que está acontecendo. A Olivetti e a Xerox são apenas dois dos casos mais bem conhecidos de grandes empresas que adotaram a via da especialização flexível — envolvendo produção descentralizada e delegação de responsabilidade administrativa — em uma escala significativa (Sabel 1989: 36).[8] Na Grã-Bretanha, pioneiros de nichos garantidos no mercado, como a Sock Shop e a Tie Rack, faliram de modo impressionante, enquanto grandes atacadistas de vestuários como a Marks and Spencer se adaptavam ao mercado de produtos mais individualizados e diferenciados (Pollert 1991b: 19). Uma história semelhante ocorreu na indústria de alimentos, onde os grandes produtores e varejistas adotaram uma estratégia dupla de "globalização dos gostos", juntamente com o oferecimento de alimentos "exóticos" especializados, procedentes de todas as partes do mundo. A McDonald's no primeiro setor e a Safeways, no outro (Smith 1991: 151-6).

A participação de grandes empresas na especialização flexível não constitui em si um contra-ataque aos pós-fordistas. Piore e Sabel, conforme vimos acima, sentem-se felizes em considerar esse fenômeno como, no mínimo, um reforço às suas opiniões sobre um movimento geral mundial em direção ao pós-fordismo (Piore e Sabel 1984: 194-220; Sabel 1989). Mas o fato com certeza sugere, como indica Clarke, uma continuidade de intenção e ponto de vista que lança dúvidas sobre a idéia de um desvio inteiramente novo, um "segundo divisor de águas" na evolução das sociedades industriais. O "fordismo", ao que parece, continua adequado para a tarefa de explicar esses fenômenos nas grandes empresas.

Podemos voltar, neste contexto, ao exemplo da Benetton, a gigantesca empresa de vestuário. A Benetton tem sido, para alguns pós-fordistas, quase como uma companhia pioneira na aplicação dessa teoria (ver, por exemplo, Murray 1989b). Mas ela constitui um caso extremamente ambíguo. A empresa, sem a menor dúvida, prosperou na base da especialização flexível e, em suas origens, exibia muito do caráter da Terceira Itália. Mas cresceu tanto que agora não se ajusta bem — sobretudo no contexto da Terceira Itália — ao modelo das pequenas empresas interligadas em um distrito industrial. Desde a década de 1980 a Benetton se transformou em uma gigantesca operação multinacional. Dominou seus subempreiteiros "artesanais" no país e suas franquias de varejo no exterior. Em 1990, a empresa dizia abrir uma nova loja todos os dias do ano em algum lugar do mundo. Em uma nova jogada, começou também a instalar fábricas fora da Itália, em diferentes países, especializando-se na fabricação de um ou mais tipos de produto. Fez isso pela razão muito conhecida de aproveitar os custos mais baixos do trabalho fora da Itália. A Benetton tornou-se, portanto, cada vez mais parecida com o "modelo do 'carro mundial'", que é a própria antítese do conceito pós-fordista.[9] Como diz Stephen Wood, esse fato levanta muitas questões relativas não só a Benetton, mas a toda uma teoria baseada na oposição à produção em massa e na especialização flexível.

> Não deveríamos estar enfatizando as semelhanças entre as estratégias da Benetton e as das maiores montadoras de automóveis — a globalização, a automação cada vez maior, a adaptação no momento certo (*just-in-time*) de procedimentos e a intensificação do uso do computador para o desenho, a produção e o controle de estoque? O desenvolvimento da Benetton e o domínio que exerce sobre uma rede de fornecedores parece pouco diferente dos utilizados pelas empresas automotivas japonesas, e seus concorrentes vêm tentando imitá-las na década de 1980. Será a economia Benetton... um mundo de especialização flexível ou um fordismo revitalizado, liderado pelos japoneses? (Wood 1989b: 25)

O que nos leva sem esforço ao próprio Japão, um exemplo freqüentemente citado, como a Benetton, do desenvolvimento pós-fordista e também, como o da Benetton, muito ambíguo. O próprio Sabel denominou o modelo japonês, com sua produção descentralizada mas controle centralizado, de um caso de "produção em massa flexível". Não obstante, ele acredita que as grandes empresas japonesas estão "adotando as formas organizacionais das grandes empresas mais descentralizadas" do Ocidente. Estão partindo para a "quase-desintegração", que as aproximará mais do modelo pós-fordista (1989: 38-9).

Para muitos autores, porém, o Japão, muito longe de estar tomando a estrada do pós-fordismo, constitui o exemplo bem-sucedido mais evidente da *alternativa* ao pós-fordismo: um caso, talvez, de "fordismo revitalizado", mas também, quem sabe, algo inteiramente diferente de qualquer sistema ocidental. Para Andrew Sayer, o Japão não se ajusta nem ao modelo do fordismo nem ao do pós-fordismo. Ele emprega a fórmula de "inflexibilidades flexíveis" de Ronald Dore para descrever um sistema industrial caracterizado por um grau excepcionalmente alto de organização, junto com um grau de igual modo alto de "desintegração vertical" (58% dos empregados no Japão trabalham em empresas com menos de 100 operários e 30% em empresas com apenas 1-4 empregados). No Japão, a desintegração vertical e a produção em massa andam de mãos dadas e os subempreiteiros muitas vezes realizam o mesmo tipo de trabalho rotineiro, repetitivo, associado à produção em massa no ocidente. Nessas condições, conclui Sayer:

> embora as formas organizacionais do capital japonês tenham algumas coisas em comum com a especialização flexível, elas também apresentam características que põem em dúvida não só a natureza da "flexibilidade", mas também o contraste fundamental entre o alegado declínio da produção em massa e o aumento da produção em pequenos lotes, e a associação implícita entre integração vertical e produção em massa. (Sayer 1989: 691; ver também Sayer e Walker 1992: 212-21)

"Quaisquer que sejam as condições da produção em massa no Ocidente, ela está muito bem no Japão" (Sayer 1989: 666). Wood observa também que "a maioria dos produtos associados à ascendência do Japão no comércio mundial é formada de produtos clássicos produzidos em massa, tais como câmeras fotográficas, transistores, televisões e automóveis, e o Japão, mais do que qualquer outro país, abriu mercados para novos produtos de massa, como toca-fitas e aparelhos de videocassete" (1989b: 32). Além disso, a administração japonesa conseguiu, sem romper seu compromisso com a produção em massa, resolver muitos problemas associados à organização taylorista do trabalho, utilizando esquemas bem conhecidos como envolver o trabalhador em círculos de qualidade e adotar, de modo geral, atitudes paternalistas não só com seus próprios empregados, mas com os fornecedores regulares. "Essa orientação 'inverteu' muitos dos aspectos do taylorismo, da forma como em geral é praticado, mas não necessariamente os princípios fundamentais do fordismo" (Wood 1989b: 33).

Continuidade e Mudança

Talvez pareça, depois de tudo o que foi dito acima, que pouco sobrou da teoria do pós-fordismo. *Plus ça change* — como proclamam os títulos de tantas contribuições críticas. Pode-se desintegrar o fordismo em uma série de inovações separadas, que não se somam necessariamente em um conjunto coerente, abrangente, de mudanças — em um novo "regime de acumulação", em uma "revolução" fordista. Se não houve uma revolução fordista, a idéia de uma revolução pós-fordista também parece suspeita.

Houve mudanças na década de 1920 — a implantação da linha de montagem, a aplicação do taylorismo a vários ramos da indústria. Da mesma maneira, ocorreram mudanças nas décadas de 1970 e 1980 — o movimento em direção a produtos sob medida, a fragmentação da força de trabalho, certo grau de desintegração das empresas e descentralização da produção. Ambos os conjuntos de mudança são importantes, mas nenhum deles assinala um rompimento fundamental na ordem do industrialismo capitalista. Tudo isso pode ser interpretado como manifestações do dinamismo tecnológico e de inovações revolucionárias constantes na produção, que eram inerentes, desde o início, à Revolução Industrial. Nos casos em que apareceram aspectos novos, eles podem ser atribuídos principalmente à crescente internacionalização e globalização da produção que, mais uma vez, eram inerentes ao capitalismo desde seus primeiros dias (Sklair 1991; ver também Amin e Robins 1990: 207-13; Hyman 1991: 266).

O perigo, como acontece também com a crítica à idéia da sociedade de informação, é explorar demais o tema da continuidade e recusar-se a reconhecer que novas coisas estão acontecendo. No mínimo, devemos protestar novamente contra a abrangência da categoria "capitalismo" ou mesmo "industrialismo", e insistir em que mudanças "dentro do sistema" — quando é que houve mudança *do* sistema? — não devem ser tratadas como se fossem banais. De qualquer modo, as mudanças no sistema, se continuarem, presumivelmente se transformarão, em algum ponto, em mudanças do sistema. Elas talvez não sejam, em qualquer dado momento isolado, gerais ou óbvias o suficiente para dar a aparência de uma mudança fundamental de princípios ou do surgimento de um novo "paradigma" na vida econômica e social.[10] Podemos imaginar o que observadores de bom senso poderiam ter pensado dos novos cotonifícios que surgiram no norte da Inglaterra em princípios do século XIX. Em um mundo ainda predominantemente agrícola e artesanal, deve ter parecido um absurdo — para todos, menos para alguns profetas, como Saint-Simon e Robert Owen — considerá-los como precursores de uma revolução industrial que transformaria não só a Inglaterra, mas também o mundo.

É cedo demais para julgar os fenômenos do pós-fordismo em termos de acontecimentos que marcam época. Outro aspecto desse paralelo, no entanto, talvez tenha importância mais imediata. A Revolução Industrial, como se tornou cada vez mais claro, não foi apenas de mudanças na economia, uma vez que, de forma gradual, afetou todas as esferas da vida social. A industrialização da produção foi finalmente seguida pela industrialização da mente.

O pós-fordismo, qualquer que seja nossa avaliação de sua credibilidade, também faz alegações que transcendem muito o econômico. A visão limitada da crítica que se concentra apenas na "especialização flexível" ignora esse ponto. Uma das virtudes do grupo "Novos Tempos" foi ter elaborado ousadas extrapolações e dado saltos imaginativos de pensamento a partir de fatos contemporâneos. A especialização flexível talvez seja o núcleo das mudanças que ora ocorrem — ou, quem sabe, o sintoma de mudanças mais vastas. Em nenhum dos dois casos ela pode ser estudada por si só. A mudança na vida de trabalho de um número muito grande de indivíduos — e poucos críticos negarão que ela está afetando grupos importantes de profissionais de nível superior e várias outras categorias de trabalhadores em serviços (ver, por exemplo, Lovering 1990) — faz-se acompanhar de outras alterações na vida familiar, no lazer, na cultura e na política.

Talvez alguns pós-fordistas interpretem essas mudanças de forma otimista demais, como aumentos da liberdade e da criatividade. Para os que os criticam, as mudanças estão introduzindo novas variedades de exploração e privação de liberdade. Deixaremos ao capítulo final a análise dessas alegações. O importante a frisar aqui é a necessidade de estudar as mudanças em conjunto. É improvável, à vista de experiência anterior, que elas estejam ocorrendo de forma independente. Além do mais, é igualmente possível que mudanças na cultura e na política estejam, pelo contrário, pressionando mudanças na economia — ou, pelo menos, que as conexões causais ocorram nos dois sentidos.

Um dos aspectos impressionantes — e problemáticos — da teoria da pós-modernidade é que ela abranje todo o mundo da mudança. Além de sua contribuição característica, ela aborda muitos dos tipos de mudança que estudamos nos dois últimos capítulos. Ao examiná-la, portanto, poderemos estudar mais uma vez, de um ângulo diferente, algumas das questões que surgiram em conexão com essas mudanças.

4

Modernidade e Pós-Modernidade I: A Idéia do Moderno

À parte algumas tentativas anteriores, coube principalmente à nossa época justificar, pelo menos em teoria, a propriedade humana de tesouros antes desperdiçados no céu; mas que época terá o poder de validar esse direito na prática e tornar seus esses tesouros?

G.F.W. Hegel (1971: 159)

Nós, que nascemos no final desta época maravilhosa, somos ao mesmo tempo cultos e críticos demais, intelectualmente sutis e curiosos demais sobre prazeres refinados para aceitar quaisquer especulações sobre a vida, em troca da própria vida.

Oscar Wilde (1975: 41)

Não acreditamos mais..., como os gregos, em felicidade na vida na terra; não acreditamos mais, como os cristãos, em felicidade na vida em outro mundo; não acreditamos mais, como os filósofos otimistas do século passado, em um futuro feliz para a raça humana.

Benedetto Croce (in Hughes 1958: 428)

O Fim do Moderno?

Tal como o pós-industrialismo e o pós-fordismo, o pós-modernismo é basicamente um "conceito de contrastes". Tira seu significado tanto do que exclui ou alega substituir quanto do que inclui ou afirma em qualquer sentido positivo. O significado fundamental, ou pelo menos inicial, do pós-modernismo, tem que ser que não há modernismo, não há modernidade. A modernidade acabou.

Isso não quer dizer, apressam-se a indicar numerosos pós-modernistas, que *ultrapassamos* a modernidade, que estamos vivendo em uma era inteiramente nova. O "pós" de pós-modernidade é ambíguo. Pode significar o que vem depois, o movimento para um novo estado de coisas, por mais difícil que seja caracterizar esse estado tão cedo assim. Ou pode ser mais parecido com o *post* de *post-mortem*: exéquias realizadas sobre o corpo morto da modernidade, a dissecção de um cadáver. O fim da modernidade é, segundo essa opinião, a ocasião de refletir sobre a experiência da modernidade; a pós-modernidade é esse estado de reflexão. Neste caso, não há uma percepção necessária de um novo começo, mas apenas um senso algo melancólico de fim.

Vamos examinar os dois pontos de vista, bem como outras variedades da teoria pós-modernista. O que, contudo, todas elas evidentemente compartilham é de alguma concepção de moderno. Qualquer que seja o significado atribuído ao termo, pós-modernismo tem que referir-se a alguma idéia particular de modernidade. A fim de compreender e examinar o pós-moderno, temos, em primeiro lugar, de compreender o significado do moderno.

Antigo, Medieval e Moderno

"Modernidade" e "modernismo" são dois termos às vezes usados um pelo outro, mas que ocasionalmente recebem significados diferentes. Seguirei aqui o segundo curso. Entendo por "modernidade" uma designação abrangente de todas as mudanças — intelectuais, sociais e políticas — que criaram o mundo moderno. "Modernismo" é um movimento cultural que surgiu no ocidente em fins do século XIX e, para complicar ainda mais a questão, constituiu, em alguns aspectos, uma reação crítica à modernidade. Os dois termos, mesmo nesses sentidos distintos, estão com certeza ligados e nem sempre é possível ser inteiramente coerente mantendo-os separados (o mesmo se aplica ainda mais aos termos paralelos "pós-modernidade" e "pós-modernismo"). Isso acontece em parte porque não há consenso sobre seus significados. Mas parece útil tentar manter a distinção.

Vamos começar, como devemos, com a própria palavra. *Modernus*, derivado de *modo* ("recentemente", "há pouco"), uma palavra de formação tardia na língua latina, seguiu o modelo de *hodiernus* (derivada de *hodie*, "hoje"). Foi usada inicialmente, em fins do século V d.C., como antônimo de *antiquus*. Mais tarde, termos como *modernitas* ("tempos modernos") e *moderni* ("homens de nosso tempo") tornaram-se também comuns, sobretudo após o século X.

A modernidade, por conseguinte, é uma invenção da Idade Média cristã. Esse fato deveria, em princípio, ter estabelecido um contraste tão nítido quanto fosse possível imaginar com o mundo antigo. O mundo antigo era pagão, o moderno, cristão. Isto é, o primeiro estivera envolvido em trevas, o último fora transformado pelo aparecimento de Deus entre os homens sob a forma de seu filho, Jesus Cristo. Com Cristo, todo o significado da história humana foi alterado — ou melhor, deveríamos dizer, pela primeira vez se atribuiu um significado à história.

O cristianismo deu novo alento à idéia de tempo e história. Derrubou a concepção naturalista do mundo antigo, segundo a qual o tempo era visto no espelho da mudança cíclica das estações, na alternância interminável entre dia e noite, ou nos ciclos reprodutivos de nascimento, morte e novo nascimento. Nessa perspectiva, o tempo humano era regular e repetitivo. Compartilhava do caráter cíclico de toda matéria criada. Havia mudança, mas não novidade.

A impossibilidade de haver algo realmente novo no mundo foi ainda mais enfatizada nas especulações cosmológicas daqueles que, tal como Platão, viam no universo criado apenas o símbolo de um Ser Eterno essencialmente imemorial e imutável. Deus dava tempo e movimento ao universo, disse Platão no *Timeu*, mas o criava ainda de acordo com o modelo básico da eternidade, que incluía o ser, mas não o devir, onde não havia nem o "era" nem o "será", mas apenas o "é". Quando organizou os céus, "Deus fez daquilo que chamamos de tempo uma imagem em eterno movimento da eternidade, que permanece para sempre a mesma". O tempo foi feito "tão semelhante quanto possível à eternidade, que lhe servia de modelo". É "cópia" desse modelo e permanece inextricavelmente ligado a ele (Platão 1977: 51-2). Isso significa que o tempo reflete para sempre uma eternidade que está em si mesma fora do tempo e que não muda nunca. As conseqüências dessa opinião são visíveis nos escritos dos historiadores antigos, para os quais os "eventos são importantes sobretudo pela luz que lançam sobre entidades eternas e substanciais, das quais eles são meros acidentes" (Collingwood 1961: 43; mas ver também Momigliano 1977: 179-204).

O cristianismo, utilizando a herança messiânica judaica, infundiu significado e finalidade no tempo ao concentrar-se em um evento, irrepetível e incomparável, ao qual deu uma importância única: a vinda de Cristo. Com Cristo, algo inteiramente novo acontecera no mundo. O tempo, a partir desse momento, estava dividido de forma irrevogável entre o tempo "antes" e "depois de Cristo". O passado, o presente e o futuro foram ligados em uma seqüência compreensível. O aparecimento de Cristo revelara o segredo da história, oculto aos antigos. Os fatos narrados na Bíblia, da criação até a Encarnação, e sua promessa e profecia de uma futura consumação no Segundo Advento e Juízo Final, contam uma história de pecado e redenção que ocorre no tempo. E, além disso, em tempo humano, tempo histórico. A humanidade é erguida acima de todas as demais ordens da criação e transformada no veículo da finalidade divina. A história humana teve, e forçosamente teria que ter, um princípio diferente do da história natural. Toda criação é criação de Deus e sujeita à sua vontade. Mas ele resolveu enviar seu filho aos homens e, dessa maneira, injetou na história humana um valor indescritivelmente mais alto que qualquer outro no mundo não-humano.

O cristianismo não só privilegia a história humana, mas também a dimensão futura dessa história. Adota uma visão escatológica da história. Toda a história é interpretada do ponto de vista de seu fim ou consumação final, tudo mais é preparação ou espera. A ligação entre passado, presente e futuro não é simplesmente cronológica, mas, ainda mais importante, teleológica. É a redenção final da humanidade, através de Cristo, que confere sentido à história humana, com todas as suas vicissitudes e aparentes obscuridades.

Essa opinião cria uma perspectiva peculiar do passado. O passado, como parte do tempo, obtém significado apenas de modo retrospectivo, através de suas contribuições ao futuro. O passado não é neutro, tampouco tem qualquer valor em si e para si mesmo. A história, disse Agostinho, desenvolve-se "à sombra do futuro". O passado pode ser subdividido em períodos ou épocas — ampliando a periodização do "antes" e "depois" de Cristo — cada um deles com caráter e contribuição próprios ao ato cada vez mais importante da redenção humana. Todos são necessários e têm que ocorrer na seqüência certa. A história escatológica utiliza seu conhecimento do futuro para lançar luz sobre o passado, empenha-se em "uma profecia às avessas, demonstrando que o passado foi uma 'preparação' importante para o futuro" (Löwith 1949: 6; ver também Collingwood 1961: 46-56; Manuel 1965: 10-23; Le Goff 1982: 29-42).

Foi útil demorarmo-nos um pouco no estudo do contraste entre os conceitos pagão e cristão do tempo, porque o mesmo revela um aspecto interessante da história da modernidade. Deve estar evidente o quanto do que entendemos como modernidade está contido na filosofia cristã da história. Nela, o tempo é retirado da esfera natural e inteiramente humanizado (mesmo que sob orientação divina). Ele é mostrado como linear e irreversível, ao contrário dos ciclos e recorrências do pensamento antigo. O cristianismo conta uma história com um começo (a criação e o pecado original), um meio (o advento de Cristo) e um fim (o Segundo Advento) — e insiste nessa ordem necessária de eventos. Simultaneamente, inverte a cronologia e interpreta a história de frente para trás, a partir de seu ponto final. É orientada para o futuro. Satura o presente com um senso de expectativa, criando uma tensão permanente entre o presente e o futuro. Considera o passado um simples prólogo para o presente, a caminho de concretizar a promessa do futuro.

Essas são, como veremos, algumas das principais características da modernidade. Elas deveriam ter levado o mundo cristão medieval a interpretar sua distância do mundo antigo com toda a força da oposição comum entre o "antigo" e o "moderno". Ainda assim, embora a Idade Média tenha inventado o *modernus* e o *modernitas*, pouquíssima importância lhes deram. No que interessava à atitude sobre a própria época, a "modernidade" da Idade Média pouco diferia das concepções de tempo dos antigos. Durante mais de um milênio, na verdade, a "modernidade" exibiu em relação ao presente e ao futuro uma indiferença que chegava ao desprezo, o que era um contraste surpreendente com a reorientação radical em relação ao tempo, implícita na filosofia cristã da história. Só em fins do século XVII é que esse conceito de história precipitou a idéia de modernidade como a entendemos hoje — e nessa ocasião apenas alijando o arcabouço religioso que, para começar, tornara possível a sua concepção.

Com certeza alguns indivíduos no mundo medieval foram afetados o bastante pelo novo sentido do tempo para considerar sua própria época como radicalmente diferente de todas as precedentes. Os cristãos dos primeiros séculos após Cristo acreditavam que o Segundo Advento era iminente. O tempo em que viviam era uma época de preparação para esse evento supremo. Para os crentes no Apocalipse, o Segundo Advento inauguraria o reino milenar de Cristo na terra. Mais tarde, os seguidores do monge calabrês Joachim de Fiore, no século XII, prepararam-se também para um novo tempo, a iminente "Terceira Era" do Espírito Santo. Esta, também, seria uma era milenar, um período de amor, paz e alegria na terra. Nos casos e ocasiões em que o milenarismo floresceu na Idade Média, os crentes, na verdade, forçosamente teriam que sentir que seu próprio tempo estava investido de uma significação especial, e agir de acordo com isso.

Mas mesmo no caso dos milenaristas, as épocas em que viviam eram importantes sobretudo porque pressagiavam o fim do tempo. Tinham valor não pelo que eram em si, pelo que criavam, mas porque anunciavam o fim de toda a vida terrena (mesmo se apenas depois do milênio). Hoje, embora haja uma teleologia semelhante na maioria das idéias de modernidade, a diferença crucial é que esta espera a consumação futura nesta terra. Seu sentido de tempo é secular. Este é um ponto óbvio, mas sugere também o motivo pelo qual o cristianismo, mesmo em sua forma mais radical, não conseguiu formular um conceito inequívoco de modernidade.

A Idade Média cristã depreciava o tempo terreno. Na visão ortodoxa, representada por Agostinho, até mesmo as expectativas milenares eram desencorajadas. Agostinho argumentava que, com a vinda de Cristo, o milênio já começara. Não haveria um segundo milênio após o Segundo Advento; tal evento levaria diretamente ao Juízo Final. Tampouco o "milênio" deveria ser entendido de forma literal. Na opinião de Agostinho, a vinda de Cristo iniciara, na verdade, a sexta e última era do homem, mas pertencia a Deus, e não ao homem, saber com exatidão quanto tempo essa época duraria. Conforme declarado em Atos, 1: 7, "Não vos compete conhecer tempos ou épocas que o Pai reservou para Sua exclusiva autoridade." A Igreja era a guardiã do tempo da última era e, assim, a única história importante era a história da Igreja. O dever dos cristãos em toda parte era viver piedosamente no seio da Igreja, o quanto fosse necessário, e cumprir as obrigações da vida terrena. A vida diária deveria ser vivida com estoicismo e suas tribulações suportadas como parte da finalidade de Deus. Por fim, quando achasse conveniente, Deus cumpriria a promessa de redenção anunciada na vinda de Cristo.

O efeito dos ensinamentos de Agostinho foi uma profunda desvalorização do tempo secular em relação ao tempo sagrado. O tempo pertence à alma, disse Agostinho; é uma medida do desenvolvimento espiritual e, como tal, indiferente aos períodos normais do tempo terreno. Há o tempo da Cidade Terrena e o tempo da Cidade Celestial e, entre os dois, um abismo intransponível. Ao contrário da opinião de alguns dos primeiros padres da Igreja, entre eles Orígenes e Eusébio, Agostinho não via progresso em assuntos terrenos; para ele, o próprio conceito não tinha qualquer importância. Em comparação com a eternidade, o tempo da existência do homem era insignificante, e, suas vicissitudes, de nenhuma relevância moral ou filosófica. "Que, com o Senhor, um dia é como mil anos, e mil anos como um dia." (2 Pedro 3: 8) "O tempo terreno é a sombra da eternidade", disse Honorius Augustodunensis. O tempo terreno é apenas uma série de variações do tema fundamental do tempo imutável e eterno das Escrituras. Os tempos mudam, mas a fé é imutável. Desse ponto de vista, a costumeira progressão terrena de passado, presente e futuro é ilusória e irrelevante. Por isso, era possível a Pedro Lombardo declarar que "Cristo nascerá, está nascendo e nasceu" (Gurevich 1985: 113-23; ver também Löwith 1949: 160-90; Mommsen 1951; Manuel 1965: 25-35).

Não é difícil compreender como, a despeito da concepção radicalmente diferente de tempo introduzida pelo cristianismo, essa interpretação bastante aceita da relação entre tempo sagrado e secular poderia culminar em uma visão de tempo terreno não muito diferente da que era aceita pelos antigos. O tempo, mais uma vez, movia-se em torno do ponto fixo da eternidade. E derivava todo o seu valor e significado — ou a falta deles — desse ato. Os conceitos medievais preferidos — *memento mori* (lembra-te que morrerás), *fortuna labilis* (a inconstância da sorte), *theatrum mundo* (o mundo é um palco) — enfatizavam, sem exceção, o caráter ilusório, a transitoriedade da vida humana e a incapacidade dos seres humanos de controlar seu próprio destino. E da mesma maneira que os antigos tendiam a relembrar uma Idade de Ouro, achando que seus próprios tempos sofriam com a decadência da velhice, os pensadores medievais também vieram a considerar a mudança como decadência. *Mundus senescit* — "o mundo envelhece" era uma frase freqüentemente repetida por um cronista merovíngio do século VII. "Tudo que muda perde seu valor", dizia um poema do século XII. A novidade era equiparada a trivialidade e a coisa ainda pior. Refletia exatamente a superficialidade da ordem terrena, em comparação com a divina. Para a Idade Média, condicionada pelo *contemptus mundi*,

> os termos *modernus, novus* e palavras deles derivadas tinham significados depreciativos, e não temporais.. Para o ouvido medieval, o termo *modernitas* tendia a ter um significado abusivo, depreciativo. Tudo que era novo, não consagrado pelo tempo e pela tradição, era visto com suspeita... O valor pertencia exclusivamente ao que era antigo... *Antiquitas* era sinômino de conceitos tais como *auctoritas* (autoridade), *gravitas* (dignidade), *majestas* (grandeza). No mundo medieval, a originalidade de pensamento de nada valia e o plágio não era considerado como pecado. (Gurevich 1985: 124-5; ver também Calinescu 1987: 19)

Dessa maneira, o pensamento cristão medieval fez seu *rapprochement* com o pensamento da Antigüidade clássica. Ao contrário do que poderíamos imaginar, os pensadores cristãos da Idade Média não depreciavam — após um rápido entrevero anterior — seus predecessores pagãos como criaturas imersas nas trevas, carentes da luz da revelação de Cristo.[1] Pelo contrário, a veneração aos grandes pensadores da Antigüidade — Platão, Aristóteles, Virgílio, Cícero — mesmo numa época em que eram conhecidos principalmente por meio de fontes árabes, foi tão grande na Idade Média quanto na Renascença. O ditado que diz que "o anão em pé sobre os ombros do gigante pode ver mais longe que o próprio gigante" foi inventado (ou reinventado) por Bernard de Chartres no século XII. Mas como observou seu quase contemporâneo John de Salisbury, o provérbio tinha o objetivo de deixar claro que "vemos mais e mais longe que nossos predecessores, não porque tenhamos visão mais aguçada ou maior altura, mas porque somos erguidos e conduzidos sobre a gigantesca estatura dos mesmos". O provérbio celebrava os gigantes antigos, e não os pigmeus medievais. William de Conches disse a mesma coisa sem circunlóquios: "Os antigos eram muito superiores aos nossos contemporâneos (*moderni*)" (Gurevich 1985: 125; Calinescu 1987: 15; Klibansky 1936).

A depreciação dos vocábulos *moderni* e *modernitas* continuou durante a Renascença. As palavras e seus cognatos entraram nas línguas vernáculas da Europa nesse período com o significado, como acontece com *modern* em inglês, "de ou referente aos tempos presentes e recentes; originando-se na época ou período atuais" (*Oxford English Dictionary*). Mas ser moderno nesse sentido não era razão para elogio, muito pelo contrário. Em *Assim é se lhe parece*, de Shakespeare, Jacques zomba da "Justiça... cheia de ditos sábios e exemplos modernos". O pouco caso de Shakespeare com o moderno, com o significado de vulgar ou comum, era prática habitual na Renascença.

Esse fato também, como no caso do cristianismo medieval, é à primeira vista surpreendente. Não foi a Renascença o período de nascimento da era moderna? Não foi essa época que presenciou não só o renascimento da civilização européia, mas sua expansão pelo Novo Mundo, o que lhe alargou imensamente os horizontes? Com toda certeza os livros escolares e os tratados universitários de história ainda datam o período moderno a partir da Renascença. A Idade Média pode ser convenientemente delimitada pelos mil anos que separam a fundação de Constantinopla, no século IV, de sua queda em 1453. Antes dessa época, é claro, estende-se a Antigüidade.

Foi a Renascença, na verdade, que pela primeira vez dividiu a história ocidental em três épocas — a Antiga, a Medieval e a Moderna. Atribui-se a Petrarca, o "pai do humanismo", a invenção, no século XIV, da idéia da "Idade das Trevas": um período, um *medium tempus* que transcorreu entre a queda de Roma e o renascimento da sociedade que, para ele, ocorria nos seus próprios dias. Esse fato deu à Idade Média aquele característico aspecto desonroso que a acompanhou até boa parte do século XVIII. O *medium tempus* de Petrarca foi uma era de barbárie, um período de obscuridade e atraso que servia apenas para realçar as realizações da era precedente da Antigüidade e, ao mesmo tempo, assinalar a mudança de direção nos tempos modernos.

> A Antigüidade clássica veio a ser associada à luz resplandecente, a Idade Média tornou-se a "Idade das Trevas", noturna e esquecida, enquanto a modernidade era concebida como uma época de afastamento da escuridão, um tempo de despertar e de "renascença", anunciando um futuro luminoso. (Calinescu 1987: 20; ver também Mommsen 1942: 228, 241)

Mas esse futuro era concebido na maior parte em função do passado. Tal é a razão da incerteza da Renascença sobre seu próprio status, a disposição de encarar seus próprios tempos como imitativos e não criativos. O "renascimento" da Renascença foi precisamente isso — a recuperação de formas mais antigas, do pensamento e dos costumes do mundo clássico. A Antigüidade clássica havia estabelecido os padrões eternos. A Renascença, na verdade, era afortunada em poder recuperar os tesouros daqueles tempos mais antigos, o que a diferenciava da ignorância e superstição da Idade das Trevas. Mas o que ela recuperou, o que reverenciou, não foi algo novo, nem alguma coisa que ela mesma tivesse inventado. Esse fato forçosamente a levava, em um nível, a menosprezar suas próprias realizações como não mais que tentativas de alcançar as alturas já galgadas pelos antigos. Anões modernos, gigantes antigos.

Houve, porém, outra conseqüência da adoração do mundo clássico pela Renascença. Ela trouxe para primeiro plano o interesse pela história secular, em contraste com a história sagrada, que dominara o pensamento medieval. A filosofia cristã da história, embora não ignorada, foi relegada a um plano secundário. Os historiadores e teóricos políticos da Renascença aceitaram que a história da Cidade Celestial tinha a forma linear, predestinada, ensinada por Agostinho, mas, inspirados por escritores clássicos, seus interesses concentraram-se nos padrões de mudança da Cidade Terrena, nos vários Estados e impérios do mundo humano. Para pensadores da Renascença, como Maquiavel e Bodin, os grandes modelos para refletir sobre esse processo eram Platão, Aristóteles e Políbio, juntamente com historiadores romanos, como Lívio. Havia também a história da própria civilização greco-romana, sua ascensão e queda, que se oferecia como uma espécie de paradigma de toda a história mundial. Ambas essas fontes constituíam estímulos poderosos para uma volta à idéia cíclica antiga de mudança. Daí o "lugar-comum de que a redescoberta do *corpus* clássico durante a Renascença fez-se acompanhar da reativação de concepções pagãs cíclicas da história filosófica" (Manuel 1965: 48).

Essa concepção cíclica da história é a responsável por algumas das muitas ambigüidades da idéia de progresso da Renascença. Os novos tempos de fato representavam um rompimento revolucionário com a estagnação da Idade Média, mas esta revolução foi concebida de acordo com o modelo dos antigos, como o movimento de uma roda ou círculo que volta à origem. O novo nascimento prometido pela Renascença foi um retorno a um tempo mais puro, mais luminoso, à Idade de Ouro da Antigüidade. A Idade Média podia ter passado, mas o que estava por vir não seria algo novo e diferente, mas um passado reformado, renascido. "Quando as trevas forem dispersadas", disse Petrarca, "nossos descendentes poderão voltar ao antigo e puro fulgor". Para Petrarca, no início da Renascença, os *moderni* ainda eram homens da Idade das Trevas, embora com uma diferença importante: eles sabiam que o futuro restabeleceria o "puro fulgor" da Antigüidade (Mommsen 1942: 240).

Não é, portanto, na Renascença que devemos procurar as origens da modernidade, como viemos a entendê-la. De forma paradoxal, foi a própria inclinação secular do pensamento histórico da Renascença que a impediu de conceber seu próprio tempo como ligado, de uma forma radicalmente nova, ao futuro. Seu secularismo, ligado à concepção de ciclos dos admirados modelos clássicos, virou o rosto para trás, para o passado. Na medida em que se interessou pela idéia cristã da história, agarrou-se à opinião agostiniana de que o mundo envelhecera e estava em um estado de decadência terminal (Nisbet 1970: 97-103). Era improvável que essa orientação levasse o indivíduo a sentir muito interesse pelo futuro, pelo menos pelo futuro terreno. O pensamento ocidental teve que desenvolver um interesse diferente pela filosofia cristã da história antes de poder dar à modernidade outro significado que não o das atividades secundárias, medíocres, dos *moderni*.

Mas há um sentido no qual, indiretamente pelo menos, a Renascença de fato contribuiu para nosso conceito de modernidade. O próprio vigor e vitalidade da vida na Renascença deram aos europeus uma nova confiança em sua capacidade de, pelo menos, emular os antigos, se não ultrapassá-los. Mais importante que tudo, a Renascença, em seu ataque à autoridade dos pensadores medievais e à igreja medieval, formulou novos padrões críticos e racionais que poderiam ser usados contra todas as formas de autoridade intelectual — a dos antigos incluída. E foi isso o que aconteceu no final do século XVII.

O Nascimento da Modernidade

Houve um tempo em que se pensava de modo geral que foi no século XVII que surgiu o que poderíamos chamar de idéia moderna de modernidade, a nossa idéia de modernidade. Esse fato teria se tornado bem visível, segundo esse argumento, na chamada "discussão entre os antigos e os modernos" em fins do século, da qual os "modernos" saíram vitoriosos e, dessa maneira, abriram o caminho para um conceito plenamente desenvolvido de modernidade. "A história moderna", diz J.B. Bury em um dos melhores e mais claros estudos desse tipo, "começa no século XVII" (1955: 64; ver também Schabert, 1985: 8).

Os marcos miliários dessa estrada são igualmente fáceis de ver, segundo a mesma opinião. Podem ser encontrados em obras como *Ensaios* (1580), de Montaigne, *Advancement of Learning* (1605) e *Novum organum* (1620), de Francis Bacon, e no *Discurso do método* (1637), de Descartes. Vejamos abaixo, por exemplo, o famoso panegírico de Bacon às grandes invenções dos tempos modernos, a imprensa, a pólvora e a bússola, que transformaram o mundo de uma maneira inimaginável para os antigos:

> Pois essas três alteraram a aparência e a existência de todo o mundo: primeiro, na literatura, em seguida na guerra e, por último, na navegação; e inumeráveis mudanças delas derivaram, de tal modo que nenhum império, seita ou astro parecem ter exercido poder e influência maiores sobre os assuntos humanos do que essas descobertas mecânicas. (Bacon 1860: 446)

A essas palavras podemos acrescentar a inteligente réplica de Bacon à opinião de que os antigos eram mais maduros em sabedoria e, por conseguinte, seria melhor prestar atenção ao que diziam. Ao contrário, disse Bacon, nós modernos é que somos os "antigos", pois fomos nós, e não os que erroneamente chamamos de antigos, que tivemos maiores benefícios com a história mais longa do mundo. Se a verdade é a filha do tempo, somos nós, e não os antigos, que devemos ser considerados como mais próximos da verdade.

> A sabedoria, que recebemos principalmente dos gregos, é apenas a meninice do conhecimento e tem a propriedade característica dos meninos: pode falar, mas não pode gerar...
>
> Para dizer a verdade, a Antigüidade, como a denominamos, é o estado jovem do mundo; pois os tempos são antigos quando o mundo é antigo; e não os que vulgarmente chamamos de antigos por contar o tempo para trás; de modo que o tempo presente é a verdadeira Antigüidade. (Bacon 1860: 3, 49-50; cf. também Hobbes, no *Leviatã* [1651]: "Se queremos reverenciar a Idade, o Presente é a mais Velha.")[2]

Por último, podemos citar a "declaração de Independência do Homem", de Descartes (Bury 1955: 65) — sua insistência em que devemos nos preparar para a reconstrução do conhecimento com base, exclusivamente, na razão humana. Essas palavras implicavam a rejeição de todos os sistemas antigos de pensamento. Teria que haver um novo começo, baseado em um novo método para descobrir a verdade. Mais intransigente que Bacon, Descartes não sentia nada da reverência do primeiro pela literatura. Orgulhava-se de ter esquecido o grego que aprendera na juventude. Na primeira parte do *Discurso do método*, diz por que abandonou os antigos:

> Viver com homens de um tempo mais antigo é como viajar por terras estrangeiras. É útil saber alguma coisa sobre os costumes de outros povos, a fim de julgar mais imparcialmente os nossos, e não desprezar e ridicularizar tudo o que difere deles, tal como homens que nunca saíram de seu país natal. Mas os que viajam por tempo longo demais terminam por ser estrangeiros em seu próprio lar, e os que estudam com curiosidade demais os atos da Antigüidade são ignorantes do que é feito hoje entre nós. (Descartes 1968: 30-1)

Todas essas opiniões se combinaram no ataque aos antigos na "discussão entre antigos e modernos", em fins do século XVII. Tomando de empréstimo uma figura de retórica originalmente cunhada por Agostinho (embora em um espírito muito diferente), a história da humanidade coletiva era comparada ao desenvolvimento de um único indivíduo, crescendo da infância até a idade adulta e aumentando em sabedoria e maturidade com o passar dos anos. Nas obras de muitos escritores, em especial dos franceses Pascal, Perrault, Fontenelle e do abade St. Pierre, a velhíssima tirania dos autores antigos foi desafiada e derrubada. Os modernos não eram simplesmente os equivalentes dos antigos; em virtude da educação progressiva da raça durante seu desenvolvimento desde os tempos antigos, os pensadores modernos eram capazes de ir muito além de seus predecessores. Além disso, Fontenelle acrescentou um pensamento adicional à famosa defesa dos tempos modernos por Bacon. Ao contrário do homem individual, o homem coletivo

> não terá velhice; será sempre igualmente capaz daquelas coisas para as quais sua mocidade é apropriada e será sempre mais e mais capaz daquelas coisas que são apropriadas à sua maturidade; isto é, para abandonar a alegoria, homens nunca degenerarão e não haverá fim ao crescimento e desenvolvimento da sabedoria humana. (Citado em Nisbet 1970: 104; ver também Bury 1955: 69-153; Jones 1961)

Mas era rara essa valente afirmação de fé no futuro. Muito mais comum era a crença em que, quaisquer que fossem as realizações dos modernos, estas não os isentavam da tendência geral do mundo para a decadência. O próprio instrumento que dera a vitória aos modernos sobre os antigos sugeria esse destino. Isso porque, se o "tempo presente é a verdadeira Antigüidade", então não será também o prelúdio da senilidade do mundo? Não estaríamos nós na velhice da humanidade? É isso o que Bacon parece ter pensado. "As artes mecânicas e o comércio", disse ele, "florescem na idade declinante do Estado." O saber tem sua infância, sua mocidade, sua maturidade e sua velhice, quando "seca e se exaure". O mundo fizera grandes progressos em conhecimento, técnica, comércio e indústria, mas o tempo estava acabando. Tal como qualquer pensador clássico ou da Renascença, Bacon não acreditava no progresso sem fim, mas nas "vicissitudes das coisas" (Bacon 1906: 234).

Durante todo o século XVII e maior parte do século XVIII persistiu a idéia de que decadência e degeneração eram partes tão integrantes da história humana como o crescimento e o progresso. A cultura, a ciência e mesmo as artes poderiam progredir, mas isso em geral acontecia ao custo do progresso moral e espiritual. Para os moralistas escoceses, como Hume, Ferguson e Smith, como também para pensadores franceses como Voltaire e Rousseau, o mundo moderno de modo algum havia escapado dos ciclos de crescimento, corrupção e declínio que haviam sido o destino de todas as civilizações do passado. *Ruins* (1791), de Volney, não foi simplesmente um exemplo encantador de criação romântica, mas expressava um sentimento geral. "Assim", escreveu Volney, contemplando as ruínas de Palmira, "perecem as obras dos homens e assim nações e impérios desaparecem... Quem nos pode assegurar que uma desolação como essa não será um dia o destino de nosso país?" (Manuel 1965: 67-9; Nisbet 1970: 125-30; Koselleck 1985: 14-6).

Idéias clássicas e cristãs de tempo e história continuaram a dominar a mente ocidental até a segunda metade do século XVIII. Enquanto persistisse essa situação não poderia haver um autêntico conceito de modernidade. O século XVII presenciou um poderoso ressurgimento do pensamento apocalíptico e milenarista, atingindo inclusive, como é fato hoje bem conhecido, cientistas como Isaac Newton. Da mesma forma que na Idade Média, essa visão do tempo limitava o interesse pelo presente a um período de espera e preparação; o elo com o futuro esperado era obra da providência, não resultado de ação humana consciente.

A predominância de conceitos clássicos da história atuou analogamente contra uma visão do mundo orientada para o presente. Empregando a figura de retórica de Agostinho sobre as Duas Cidades, pensadores até a época de Bossuet e depois encontraram pouca dificuldade em fundir conceitos pagãos de história, aplicados a assuntos terrenos, com o conceito cristão linear que descrevia o caminho da humanidade para a salvação na Cidade Celestial. No que dizia respeito ao mundo humano — a natureza era outra questão — não havia necessidade de acrescentar muita coisa à sabedoria dos antigos. *Historia magistra vitae,* "a história é a mestra da vida" — essa máxima de Cícero expressou a opinião dominante sobre história até meados do século XVIII. A história, pensava-se, era um rico manancial de exemplos para instrução em assuntos morais e políticos. Essa tese pressupunha uma visão da vida humana como basicamente uniforme e imutável, de tal modo que a experiência de gerações passadas poderia fornecer lições para finalidades presentes. "A humanidade", disse David Hume em *Enquiry Concerning Human Understanding* (1748), "é tão igual, em todos os tempos e lugares, que a história não nos informa coisa alguma de novo ou estranho neste aspecto. Seu principal uso consiste em descobrir os princípios constantes e universais da natureza humana."

Ou como afirmou Reinhart Koselleck:

> A história pode instruir contemporâneos ou seus descendentes sobre como se tornarem mais prudentes ou relativamente melhores, mas apenas enquanto as suposições e condições dadas são em essência as mesmas. Até o século XVIII, o uso de nossa expressão (*Historia magistra vitae*) permaneceu como indicador inconfundível de uma suposta constância da natureza humana, versões da qual podem servir como meios repetitíveis para a prova de doutrinas morais, teológicas, jurídicas ou políticas. De igual maneira, a utilidade de nosso *topos* dependia de uma constância real dessas circunstâncias, que admitiam a similitude potencial de eventos terrenos. Se ocorria algum grau de mudança social, isso acontecia com tal lentidão e a um tal ritmo que a utilidade de exemplos passados era mantida. A estrutura temporal da história antiga delimitava um espaço contínuo de experiência potencial. (Koselleck 1985: 23; ver também Collingwood 1961: 76-85)

Essa visão de tempo e história foi solapada de forma gradual na segunda metade do século XVIII, abrindo caminho para um novo conceito de modernidade. Um papel importante nesse particular coube à filosofia cristã da história, que finalmente sugeriu a idéia de modernidade, que lhe era inerente desde o começo. Mas só podia assim fazer tornando-se secularizada por completo. O que Kant chamou de "terrorismo moral" do cristianismo — a expectativa apocalíptica do fim do mundo — tinha que ser, primeiro, exorcizado. E isso aconteceu sobretudo com a forma milenarista, tão vigorosa no século XVII. Ao refletir sobre ela, e sobre a relação que a mesma guardava com as novas perspectivas científicas da época, pensadores de fins do século XVII em diante converteram as crenças milenaristas em uma idéia secular de progresso. O milênio tornou-se científico e racional, o alvorecer de uma era de progresso humano infindável na terra. A idéia de progresso, da forma concebida por Kant, Turgot, Condorcet e outros no século XVIII, foi a base da nova idéia de modernidade (Tuveson 1964; Becker 1932; Koselleck 1985: 241-2).

O século XVIII não trouxe apenas a Cidade Celestial para a terra. Secularizou o conceito cristão de tempo e transformou-o em uma filosofia dinâmica de história. As divisões, então convencionais, de Antiga, Medieval e Moderna foram elevadas à categoria de "estágios" da história mundial e estes, por sua vez, aplicados a um modelo evolucionário da humanidade, que concedeu especial urgência e importância ao estágio mais recente, o moderno. Os tempos modernos finalmente ganhavam vida. Não eram mais considerados simples cópias inferiores de tempos mais antigos, mais gloriosos; nem, também, apenas o último estágio de uma existência humana empobrecida que, ainda bem, acabaria com a história humana sobre a terra. Ao contrário, modernidade significava rompimento completo com o passado, um novo começo baseado em princípios radicalmente novos. E significava também o ingresso em um tempo futuro expandido de forma infinita, um tempo para progressos sem precedentes na evolução da humanidade. *Nostrum aevum*, nossa era, transformou-se em *nova aetas*, a nova era.[3]

Os tempos modernos tornaram-se o ponto decisivo da história humana. A modernidade adquire status messiânico. O passado carece de sentido, exceto como preparação para o presente. Não nos ensina mais pelo exemplo. Sua única utilidade é ajudar-nos a compreender aquilo em que nos tornamos. A história, escreveu em 1815 Friedrich von Savigny, jurista alemão, "não é mais simplesmente uma coletânea de exemplos, mas sim o único caminho para o verdadeiro conhecimento de nossa própria condição". Essas palavras sugerem que não cabia mais a velha suposição de constância da natureza humana e de uniformidade básica da vida humana ao longo das épocas. O passado é, na verdade, um *outro* país, diferente.

Os modernos são diferentes dos antigos. A história muda a natureza humana, bem como as formas da vida social. Quanto mais recente no tempo, maior é a mudança.

O passado não deve apenas ser interpretado, e constantemente reinterpretado, da perspectiva do presente. Ao mesmo tempo sua autoridade é abolida. A idade não enobrece causas, mas sim lança um véu de suspeita sobre elas. Elas são, com toda probabilidade, produto de superstição e ignorância. Quanto mais recente melhor, porque mais esclarecido. Mesmo nos casos em que essa conclusão não foi aceita, havia pelo menos o acordo geral de que não poderíamos mais olhar para o passado em busca de esclarecimento e instrução. Os modernos vivem em um novo mundo e dependem apenas de si mesmos para descobrir maneiras de pensar e agir. Foi apropriado que coubesse à república radicalmente nova da América convencer de forma definitiva o jovem Alexis de Tocqueville.

> Recuo de uma era a outra até a Antigüidade mais remota e não encontro paralelo com o que está acontecendo diante de meus olhos... o passado deixou de lançar sua luz sobre o futuro... (Tocqueville 1988: 702; e, em geral, consultar Koselleck 1985: 231-66; Habermas 1981: 4).

O senso de um novo começo infundiu novo significado em velhos conceitos. A Revolução Francesa de 1789 foi a primeira revolução moderna. Ela transformou o conceito de revolução. Revolução não significava mais o giro de uma roda ou um ciclo que sempre fazia algo retornar a seu ponto de partida. Nesse momento passou a significar a criação de alguma coisa inteiramente nova, algo nunca visto antes no mundo. A Revolução Francesa, tornou-se comum dizer, levara o mundo para uma nova era da história. Marcou o nascimento da modernidade — isto é, de uma época que está em constante formação e reformação diante de nossos olhos.

A modernidade em geral é concebida como um conceito aberto. Implica a idéia de continuação ininterrupta de novas coisas. Isso está implícito em sua rejeição do passado como fonte de inspiração ou exemplo. A modernidade não é apenas produto da revolução — em especial da Americana e da Francesa, mas é em si basicamente revolucionária, uma revolução permanente de idéias e instituições. No fim, essa característica levaria a modernidade a um relativismo sem objeto. Em sua fase formativa, porém, os profetas da modernidade estavam convencidos de que nela havia um significado. A era moderna era vista, de várias maneiras, como ponto culminante do desenvolvimento humano. Anunciava o segredo da história humana, até então oculto dos olhos dos que dela participavam.

Neste particular, como em muitas outras maneiras, o conceito de modernidade mostrava sua derivação e dependência da filosofia cristã da história, sobretudo em suas formas milenarista e joaquimita. Esse fato é especialmente marcante em pensadores alemães de fins do século XVIII e princípios do século XIX — Lessing, Fichte, Schelling, Hegel — que foram responsáveis por algumas das mais influentes formulações do credo moderno. Esses pensadores, sobretudo Hegel, transformaram a religião cristã em filosofia secular de história. A história, segundo eles, é um processo de revelação progressiva e auto-realização do espírito humano. A tarefa da modernidade consiste em nada menos que na descoberta da finalidade de Deus para o homem e na construção consciente de Seu reino na terra.[4] Sem dúvida, a olhos cristãos, isso é a mais chocante heresia — o marxismo, disse certa vez Arnold Toynbee, é a última grande heresia cristã — mas, como todas as heresias, pode alegar fundamentar-se na inspiração original.

> O esquema cristão de história e o esquema particular de Joachim criaram um clima intelectual e uma perspectiva nos quais apenas algumas filosofias da história tornavam-se possíveis, já que são impossíveis no arcabouço do pensamento clássico. Não teria havido revoluções e constituições americana, francesa e russa sem a idéia de progresso, e nenhuma idéia de progresso secular para a realização do homem sem a fé inicial em um Reino de Deus... (Löwith 1949: 212)

Para os filósofos da modernidade, a Revolução Francesa foi uma das principais expressões, como também um dos principais veículos, da nova consciência. Ela anunciou o objetivo do período moderno como a obtenção de liberdade sob a orientação da razão. Esse foi o significado da Revolução Francesa. Depois dela, declarou Condorcet em 1793, no ponto culminante do desenvolvimento da revolução, "a palavra revolucionário só pode ser aplicada a revoluções que tenham a liberdade como objetivo". Robespierre, dirigindo-se a seus concidadãos no mesmo ano, ligou o destino da liberdade à vitória da razão e ambos à vitória da Revolução. "O progresso da razão humana lançou os alicerces desta grande Revolução e o dever particular de apressá-la coube a vós." Mais tarde, Hegel deu cunho filosófico a esse momento, descrevendo-o como "um glorioso alvorecer intelectual".

> Nunca, desde que o sol surgiu no firmamento, com os planetas girando em volta, fora percebido que a existência do homem centraliza-se em sua cabeça, isto é, em seu Pensamento, a inspiração pela qual ele constrói o mundo da realidade. (Hegel 1956: 447; ver também Kumar 1971: 18, 93; *Social Research* 1989)

Se a Revolução Francesa deu à modernidade sua forma e consciência características — uma revolução baseada na razão —, a Revolução Industrial forneceu-lhe a substância material. É estranha a raridade com que esse ponto óbvio é reconhecido na literatura sobre a modernidade. Talvez porque parte tão grande dela seja discutida por filósofos e historiadores da cultura, e não por sociólogos, a modernidade é em geral considerada um caso de idéias: uma ideologia, um estilo cultural. Mas, ainda assim, será realmente possível pensar no mundo moderno sem considerar que ele é também *industrial*?

Claro que é difícil separar o industrialismo das correntes mais amplas da modernidade, das quais faz parte. Suas raízes fincam-se na revolução científica do século XVII e, mais anteriormente, no protestantismo do século XVI. Assim, a modernidade é tanto uma questão de idéias e atitudes quanto de técnicas. Além disso, na medida em que se relaciona com o capitalismo, e não com o industrialismo em sentido mais estreito, a associação entre modernidade e as formas da vida econômica teria, mais uma vez, que remontar ao século XVI e ao sistema de capitalismo comercial que surgiu nessa época (ver, por exemplo, Wallerstein 1974).

Não obstante, parece razoável argumentar que só com a Revolução Industrial britânica, em fins do século XVIII, é que a modernidade recebeu sua forma material. Isso aconteceu em parte por causa do caráter sumamente explosivo do fenômeno — uma aceleração da evolução econômica até um ponto em que acabou por assumir proporções revolucionárias. A modernidade possui um aspecto de antes-e-depois que é também uma marca característica das revoluções. Com a Revolução Industrial, esse aspecto tornou-se cada vez mais evidente para os seus contemporâneos, na medida em que, para muitos deles, a única divisão importante na história humana parecia ser a que havia entre as civilizações pré-industrial e industrial (Kumar 1978: 45-63). Dessa maneira, a ligação entre modernidade e revolução mais uma vez sugere-se por si mesma tanto na esfera econômica como nas esferas política ou intelectual.

Mas há uma razão mais forte para ligar modernidade a industrialismo. Só com a industrialização é que a sociedade ocidental tornou-se, com uma clareza crescente, uma civilização mundial. É difícil saber, e talvez inútil especular, se, sem a tecnologia industrial, a "superioridade" do Ocidente sobre todos os demais países teria se tornado tão manifesta. O capitalismo comercial foi uma força inegável, e o Ocidente, desde o princípio, se colocara à sua frente. Mas a palma poderia muito bem ter passado para outras mãos, se não tivesse ocorrido o fortalecimento imensurável tornado possível pela tecnologia industrial. O industrialismo transformou sociedades ainda na maior parte pobres e agrárias em centros concentrados de poder, cujas mercadorias, canhões e navios esmagaram a resistência de todos os povos não-industriais. Se os exércitos de Napoleão levaram as idéias da Revolução Francesa a toda a Europa, as marinhas de guerra britânica e francesa levaram a mensagem da Revolução Industrial a todo o mundo. A mensagem era simples: em nossos tempos, tempos modernos, só há uma maneira de sobreviver: industrializar-se. Para o mundo como um todo, tornava-se cada vez mais claro que ser uma sociedade moderna era ser uma sociedade industrial. Modernizar era industrializar — isto é, tornar-se igual ao Ocidente (Kumar 1988c; cf. Gellner 1988: 162).

Em ainda outra maneira, modernidade e industrialismo estão estreita, se não intrinsecamente ligados. Nossa própria imagem de modernidade é formada em um bom grau por elementos industriais. É difícil pensar no mundo moderno sem nos lembrarmos de aço, vapor e velocidade. Desde a Grande Exposição de 1851 na Inglaterra até as Feiras Mundiais da década de 1930 nos Estados Unidos, o industrialismo trombeteou suas realizações e proclamou-se como salvação da humanidade. As grandes cidades da modernidade, especialmente cidades norte-americanas como Nova York e Chicago, são inconcebíveis sem tecnologia industrial. Arranha-céus majestosos, pontes enormes, túneis de trinta quilômetros sob montanhas e mares, viagens aéreas supersônicas, satélites no espaço, tudo isso entra em nossa idéia de modernidade e tudo isso é fruto do industrialismo. Escritores como H.G. Wells aproveitaram esses símbolos de modernidade e os transformaram em um novo tipo de ficção, a ficção científica, uma fábula de nossos tempos e para os nossos tempos. Para a ficção científica, e para a imagem popular de progresso que ela promovia, não havia nem presente nem futuro que não fossem repletos das maravilhas tecnológicas da civilização industrial.

Imagens podem ser tão perigosas quanto são inevitáveis. A estreita associação entre modernidade e industrialismo é uma razão por que há hoje pensadores que proclamam o fim da modernidade. O industrialismo, pelo menos da forma convencionalmente entendida, parece ter-se esgotado, ter chegado a seus limites.

Descobre-se, no entanto, que essas alegações baseiam-se em uma concepção muito estreita de industrialismo, inspirada por sua imagem popular. Industrialismo não é simplesmente tecnologia em grande escala ou crescimento econômico, ou mesmo ciência aplicada em geral. Inclui essas características, é claro, mas vai além delas. Identifica-se com a modernidade no sentido de ter desencadeado no mundo um sistema que está em um estado permanente de crise e renovação. "As mudanças revolucionárias na produção, a perturbação ininterrupta de todas as condições sociais, a incerteza e agitação eternas... Todas as relações fixas, imobilizadas... são varridas para longe, todas as recém-formadas tornam-se antiquadas antes de poder enraizar-se." Foi nesses e em termos semelhantes que, em uma passagem famosa do *Manifesto comunista* (1848), Marx e Engels descreveram a sociedade industrial capitalista. A destruição, e mesmo a morte, como Joseph Schumpeter em particular esforçou-se mais tarde para provar, fazem parte tão intrínseca do sistema industrial quanto a criação e o crescimento. Essa situação inclui elementos importantes do próprio sistema, em sua luta constante pela sobrevivência. Nada, ao que parece, pode ser dispensado. Aqueles que, com uma pressa excessiva anunciam o fim do industrialismo talvez não estejam vendo mais do que o último período das dores de parto, o mais recente dos ciclos de renovação e decadência, que têm sido característicos do industrialismo ao longo de toda a sua história ainda relativamente curta. Esta, também, pode ser uma das razões por que muitos dos grandes teóricos do industrialismo no século XIX — Tocqueville, Marx, Weber, Simmel e Durkheim — ainda parecem ter muito a nos dizer sobre nós mesmos e nossos tempos (ver, por exemplo, Berman 1983; Frisby 1985; Sayer 1991).

História e progresso, verdade e liberdade, razão e revolução, ciência e industrialismo, tais são os termos principais das "narrativas grandiosas" da modernidade que os pós-modernistas desejam destinar à lata de lixo da história. Esses termos atingiram o ponto de cristalização nas grandes teorias sociais dos séculos XVIII e XIX. As Revoluções Francesa e Industrial são seus marcos históricos, reunindo em apenas dois acontecimentos suas tendências e aspirações. Não foi no vigor da Alta Idade Média, nem na explosão criativa da Renascença, tampouco na Revolução Científica do século XVII, mas sim na Idade da Razão, na segunda metade do século XVIII, mais de duzentos anos depois de o monge romano e erudito Cassiodorus traçar a primeira distinção entre os *antiqui* e os *moderni*, que nasceu a idéia de modernidade.

Modernidade e Modernismo

Modernidade não é "modernismo". A idéia de modernidade, uma vez formulada no final do século XVIII, enfrentou uma complexa reação em fins do século XIX. Isso aconteceu sob a forma do movimento cultural denominado modernismo, que simultaneamente afirmava e negava a modernidade, mas dava continuidade a seus princípios e desafiava-a em seu próprio núcleo.

"*Il faut être absolument moderne*", é necessário ser absolutamente moderno, escreveu Rimbaud, o poeta francês — mas moderno em que sentido? Matei Calinescu identificou "duas modernidades diferentes e ferozmente conflitantes", cuja oposição se tornou evidente em algum ponto na primeira metade do século XIX. Foi então que ocorreu uma cisão na alma da modernidade, entre seu caráter de projeto social e político e como conceito estético. De um lado, a ciência, a razão, o progresso, o industrialismo; do outro, a refutação e rejeição apaixonadas dos mesmos, em favor do sentimento, da intuição e do uso livre da imaginação. Por um lado, a modernidade "burguesa"; por outro, a modernidade cultural, "com sua total rejeição da modernidade burguesa, com sua consumidora paixão negativa" (Calinescu 1987: 41-2).

Sem dúvida é possível argumentar que a cultura da modernidade foi, desde o início, subversiva para a idéia de modernidade. A literatura e as artes constituíram o centro daquela "cultura inimiga" — aquela "violenta frente de hostilidade contra a civilização (moderna)" — que Lionel Trilling considera o símbolo da era moderna, que se iniciou em fins do século XVIII (1967: 12, 19; cf. Kolakowski 1990: 11). Daniel Bell, de forma semelhante, vê uma separação radical entre a "racionalidade funcional" da "ordem tecno-econômica" da sociedade moderna e o impulso anárquico e hedonista para a "individuação e auto-realização", que constitui o princípio de sua cultura. Na busca incessante por uma "nova sensibilidade", por modos cada vez mais intensos e completos de auto-realização, a modernidade cultural subverte a ordem disciplinada racional que forma a base da economia e da sociedade organizada (Bell 1976: 14,34).

A prova mais óbvia dessa velha inimizade — o que Bell denomina de "contradições culturais" da modernidade capitalista — foi o movimento do romantismo europeu, que pode ser datado do final do século XVIII até meados do século XIX. A reabilitação da Idade Média e do passado em geral nos romances de sir Walter Scott e nas obras de Friedrich Schlegel, Burke, Chateaubriand e de Maistre; nas declarações em defesa do sentimento e da imaginação na poesia de Blake, Wordsworth, Coleridge, Shelley, Keats e Byron; no fascínio pela violência e pelo exótico na pintura de Géricault e Delacroix: todos esses aspectos conhecidos do romantismo se reuniram contra os princípios dominantes da modernidade, da forma exposta pelo Iluminismo. A razão era combatida pela imaginação, o artifício pelo natural, a objetividade pela subjetividade, o cálculo pela espontaneidade, o mundano pelo visionário, a visão mundial da ciência pelo apelo ao fantástico e ao sobrenatural. A sensibilidade romântica era a base essencial de toda a linhagem da crítica moral e cultural ao industrialismo que, na Inglaterra, perpassou de Blake a Coleridge, passando por Carlyle, Dickens, Arnold e Ruskin, para chegar a Morris e Lawrence (Williams 1963). Um aspecto importante dessa tradição foi a recuperação de formas antigas da experiência de vida da sociedade pré-moderna, especialmente da Idade Média. Se modernidade significava um rompimento brutal com o passado e uma orientação decisiva para o futuro, o romantismo parecia inclinado a encontrar no passado os recursos com os quais poderia criticar o presente inumano e não-criativo.

Alguns críticos julgaram o romantismo uma contra-ofensiva à modernidade tão poderosa e abrangente que tenderam a considerar movimentos posteriores, como o modernismo, e mesmo o pós-modernismo, como meras notas de rodapé ao ataque inicial. Frank Kermode, por exemplo, considera o poeta W.B. Yeats, que na maioria das descrições é uma figura central no cânone do modernismo, como o romântico exemplar (Kermode 1961). Esse fato, porém, pode levar-nos a ignorar alguns outros aspectos igualmente característicos do romantismo, que, cabe lembrar, era revolucionário não só em suas inovações formais, mas em boa medida, com certeza em seus primeiros estágios, também nos seus pontos de vista social e político. Muitos dos poetas românticos, tais como Wordsworth e Shelley, foram entusiastas da Revolução Francesa e ansiavam fervorosamente por um futuro de liberdade, igualdade e justiça. Byron, lutando pelos gregos contra os turcos, deu a vida pela nova causa do nacionalismo e tornou-se um herói nacionalista em toda a Europa. Havia no romantismo uma forte corrente utópica, mesmo milenarista, que considerava sua época um tempo de novos começos e possibilidades ilimitadas. Em tudo isso, o romantismo não combateu, mas fez causa comum com as idéias e sentimentos da modernidade. Até o destaque à subjetividade e ao indivíduo, que alguns julgaram como mais típico do espírito romântico, em absoluto era estranho à mente moderna. Muito pelo contrário, para alguns teóricos, foi exatamente a elevação pela modernidade do ideal do indivíduo autônomo, autodirigido, renovando-se de forma constante, que resultou no dilema que ela impôs a si mesma (Bell 1976: 16).

Em algumas de suas manifestações, o romantismo aproximou-se ainda mais do que muitos consideraram uma atitude caracteristicamente moderna, isto é, compreendê-lo como expressão dos aspectos esteticamente relevantes da civilização cristã, em contraste com a civilização pagã. Em obras como *O gênio do cristianismo* (1802), de Chateaubriand, os elementos poéticos e sublimes da arte e do pensamento cristãos — como vistos, por exemplo, no estilo gótico — foram comparados com vantagem com o formalismo e o racionalismo abstrato, pautado por regras, do mundo da Antigüidade clássica. O neoclassicismo do século XVIII, ou seja, o estilo cultural da "Era Augustana", havia resumido a ânsia por ideais universais de beleza, característicos do pensamento antigo. Ao reagir contra o mesmo, o romantismo, pegando sua deixa nos romances de cavalaria, nas lendas e narrativas épicas da Idade Média cristã, deu destaque ao "interessante", ao peculiar, ao individual e ao heróico. Focalizou-se no historicamente específico e concreto, em toda a variedade e particularidade da vida dessa época. Em oposição ao universal e ao eterno, interessou-se pelo relativo e pelo temporal. Nesse sentido, o romantismo era, disse o romancista francês Stendhal, "*le beau idéal moderne*". Era a consciência da vida contemporânea, da modernidade. Em seu livro *Racine e Shakespeare*, (1823), Stendhal definiu o "*romanticisme*" como "a arte de apresentar aos povos obras literárias que, tendo em vista o estado atual de seus costumes e crenças, lhes proporciona o maior prazer possível".

Calinescu considerou essas palavras como "uma espécie de primeiro esboço da teoria da modernidade de Baudelaire... Para Stendhal, o conceito de romantismo corporificava as idéias de mudança, relatividade e, acima de tudo, contemporaneidade, o que faz com que seu significado coincida em grande parte com o que Baudelaire denominaria, quatro décadas depois, '*la modernité*'. O romantismo, em palavras simples, é o sentido do presente transmitido artisticamente." (Calinescu 1987: 39-40). Acrescente-se a isso que Stendhal pensava que o artista romântico encontraria grandes preconceitos e precisaria de "muita coragem" para enfrentar as pedras de toque artísticas de sua época, e podemos perceber que quase chegamos ao conceito da *avant-garde*, que em geral é associado com tanta firmeza ao modernismo de fins do século XIX. O resultado de tudo isso é paradoxal. Faz com que o romantismo pareça — como argumenta também Kermode — o progenitor do modernismo. Mas, ao mesmo tempo, ambos são considerados como próximos dos aspectos característicos da modernidade — da contemporaneidade, como a vida diária comum — contra os quais geralmente se sustentava que ambos protestaram de forma tão veemente.

O paradoxo, ou ambigüidade, está relacionado à grande importância de Baudelaire, o crítico e poeta francês, na teoria da modernidade. Marshall Berman diz que "ele fez mais do que qualquer outro no século XIX para tornar os homens e mulheres de seu século conscientes de si mesmos como modernos" (Berman 1983: 132). Em trabalhos sobre modernidade, nenhuma obra é mais citada e transcrita do que seu notável ensaio, "O pintor da vida moderna" (1863). Ainda assim, de igual maneira, nenhuma obra foi tantas vezes tão mal-interpretada. Diz-se que Baudelaire celebrou a condição de modernidade. Que teria sido um glorificador de seus próprios tempos, o "poeta lírico da era do alto capitalismo". Teria sido o paladino do pintor da vida moderna, em oposição aos pintores acadêmicos de cenas históricas e mitológicas. Teria se deleitado com a vida na cidade moderna, com seus tipos característicos, tais como o *flâneur* e o dândi. Teria estado, segundo essa opinião, ao lado dos modernos contra os antigos e poderia ser incluído nas fileiras dos profetas da modernidade, junto a seus concidadãos como Condorcet, Constant, Saint-Simon e Comte.

Essa descrição, porém, combina muito mal com o Baudelaire admirador de Edgar Allan Poe e autor de *As flores do mal*, o esteta e decadente que, nos seus últimos anos, tornou-se bem conhecido pela implacável hostilidade ao positivismo e à idéia de progresso. Essas características dificilmente o colocam ao lado da modernidade do Iluminismo. Colocam-no, se é que em algum lugar, mais corretamente entre os modernistas, para os quais ele sempre foi, sem dúvida, um herói. Mas isso sugere tanto repulsa como exaltação à modernidade. Mais uma vez, somos levados a examinar a interação complexa entre modernidade e modernismo, a fé positiva e a paixão negativa.

Para Baudelaire, o moderno é o romântico. Nesse aspecto ele segue Stendhal; parece glorificar o moderno. Em "Salon de 1846", diz ele que "o romantismo pode ser definido como a mais atualizada e mais moderna expressão da beleza". O grande artista da época será aquele que demonstrar "o maior grau de romantismo possível". Essas palavras implicavam a rejeição terminante do passado: "Chamar a si mesmo de romântico e fixar sistematicamente o olhar no passado é contraditório." O mundo moderno e, em especial, a cidade moderna, oferecia "uma nova e particular espécie de beleza, que não era nem a de Aquiles nem a de Agamenon. A vida parisiense é rica em temas poéticos e admiráveis. O maravilhoso nos envolve e satura, como a atmosfera..." Nas linhas finais de "Salon de 1846", ele se queixa de que os pintores da época continuavam fascinados por temas tradicionais e ignoravam "o heroísmo da vida moderna, que nos cerca e nos abraça". "O pintor autêntico que estamos procurando será aquele capaz de arrancar da vida de hoje sua característica épica e nos fazer sentir como somos grandes e poéticos em nossas gravatas e sapatos de verniz." O "Salon de 1846" termina com um louvor a um escritor moderno que fez justamente isso e que, por conseguinte, serve como exemplo para os pintores modernos sobre como retratar "a beleza moderna".

> Os heróis da *Ilíada* não chegam sequer aos vossos tornozelos... Oh! Honoré de Balzac, sois o mais heróico e o mais notável, o mais romântico e o mais poético de todos os personagens que tirastes do coração. (Baudelaire 1981: 107; ver também 46, 51-2)

Mas se Balzac era romântico, Delacroix também o era, o pintor que Baudelaire promoveu por toda a sua vida como o mais romântico e, por conseguinte, o maior dos pintores modernos. Ainda assim, Delacroix não pintava cenas da vida moderna. Escolhia, em vez disso, temas literários, tirados sobretudo das obras de Virgílio e Dante. Ou pintava cenas exóticas, orientais, algumas históricas, outras baseadas em suas visitas ao norte da África. Às vezes, ignorava inteiramente a vida humana, preferindo retratar a vida heróica do mundo animal. Em que sentido, então, Delacroix é um romântico e de que maneira isso se relaciona com a modernidade?

Temos a resposta quando Baudelaire observa que "é possível fazer românticos de romanos e gregos, se nós mesmos somos românticos" (Baudelaire 1981: 52). Há aqui um sentido diferente, mais profundo, de romantismo do que o interesse pela vida moderna, ou melhor, expressa de maneira diferente o interesse pela vida moderna. Nessa concepção, o romantismo não é tanto um período, uma época histórica, e nem mesmo um estilo. É, sim, um estado de espírito e, ainda mais, de sentimento, peculiar à era moderna. Delacroix é romântico e moderno porque exibe qualidades de seriedade, imaginação e paixão — demonstradas sobretudo em seu brilhante uso da cor — que falam diretamente à experiência e pontos de vista modernos (Baudelaire 1981: 59-76). Dada essa atitude, e essas habilidades, o pintor pode demonstrar sensibilidade romântica moderna no tratamento de quase qualquer assunto, antigo ou moderno, tirado da literatura ou da vida, da natureza ou da sociedade.

E é com esse conceito dual de romantismo em mente que precisamos abordar a discussão feita por Baudelaire de modernidade em "O pintor da vida moderna". Nesse ensaio ele tece muitos elogios ao pintor Constantin Guys por uma pintura viva de cenas contemporâneas — de senhoras parisienses elegantes em suas atividades cotidianas, de multidões nas ruas, ou de militares na Criméia durante a guerra contra a Rússia. Parte do prazer que sentimos com a representação do presente, diz Baudelaire, deve-se "à característica fundamental de ser o presente". Guys nos dá esse prazer. Lembra-nos que a beleza não é algo "único e absoluto", mas "sempre e inevitavelmente composta de dois elementos". Há um elemento "eterno e invariável" e também "um elemento circunstancial, relativo, que poderíamos chamar de... contemporaneidade, moda, moralidade, paixão. Sem esse segundo elemento, que é semelhante à cobertura engraçada, provocante, que desperta o apetite do bolo divino, o primeiro elemento seria indigerível, sem gosto, inadaptado e impróprio à natureza humana" (Baudelaire 1981: 392). Guys serve o bolo divino devidamente açucarado. Homem do mundo, amante da vida, "ele observa o fluxo de vida passar, majestoso e estonteante. Admira a beleza eterna e a espantosa harmonia da vida nas capitais..." (Baudelaire 1981: 400).

Guys, no entanto, é elogiado por mais do que apenas sua visão da superfície deslumbrantemente diversificada da vida moderna. Baudelaire diz que seus quadros incluem uma "fecundidade moral" que revela a verdade das coisas por baixo das aparências; ele está interessado em mostrar o ideal ou o tipo por trás de uma cena particular da vida pública ou privada. A certa altura, Baudelaire compara-o a Balzac, que descreve como "o pintor do momento evanescente e de tudo que ele sugere do eterno" (1981: 394). É isso o que o pintor moderno procura, ou deveria procurar. "Seu objetivo é extrair do padrão a poesia que reside em seu envoltório histórico, extrair o eterno do fugaz" (1981: 402).

O que isso parece significar é que a modernidade constitui apenas um aspecto daquilo pelo que o pintor, ou qualquer outro artista, deve se interessar. Isso fica claro na citação famosa e muito repetida que aparece logo depois: "Modernidade é o transitório, o passageiro, o contingente, é uma das metades da vida, e, a outra, o eterno e o imóvel." Essa definição não somente separa o moderno do eterno, deixando ao artista o trabalho de unir os dois na obra de arte realizada, mas também deixa evidente que, para Baudelaire, modernidade é essencialmente uma categoria estética, e não histórica. *Todas* as eras têm sua "modernidade". "Houve", diz ele, "uma forma de modernidade para todo pintor do passado." Todos os artistas, em todos os tempos, têm que procurar representar o moderno, a aparência e o sentimento específicos de sua própria época. Todo artista tem que incorporar à sua obra o "elemento transitório, efêmero" ou então arriscar-se a cair "no vazio de uma beleza abstrata e indefinível" (1981: 403).

Precisamos compreender que, por mais aceitável que tudo isso seja como teoria estética, é claramente problemático como elemento integrante da maioria das teorias gerais de modernidade. Estas se focalizam na modernidade como período histórico, como uma era — nossa era —, com características históricas e sociológicas. Mas, como diz Berman, o conceito de Baudelaire "esvazia a idéia de modernidade de todo o seu peso específico, de seu conteúdo histórico particular. Torna cada um e todos os tempos 'tempos modernos' e, ironicamente, ao espalhar a modernidade por toda a história, leva-nos para longe das características específicas de nossa própria história moderna" (Berman 1983: 133).

É claro que devemos evitar impor nossas próprias pré-concepções de modernidade aos demais. É perfeitamente compreensível que Baudelaire tenha se interessado pela modernidade como problema estético, embora nem ele nem nós possamos separá-la por completo do caráter da época. É interessante observar que, quase na mesma ocasião, o crítico e poeta inglês Matthew Arnold estava propondo um conceito similar de eternidade do moderno, embora com um conteúdo social e cultural mais amplo que no caso de Baudelaire. Em sua aula inaugural como professor de poesia em Oxford, intitulada "Sobre o elemento moderno em literatura" (1857), Arnold identificou o moderno com certas virtudes intelectuais e cívicas gerais, que disse ter feito parte de várias épocas da história européia. O elemento moderno na literatura, argumentava, não era produto de mera contemporaneidade, mas de atitude, a atitude de uma "época importante, altamente desenvolvida, culminante" (Arnold 1970: 60). A sociedade é moderna quando tolerante, racional, crítica e possuidora de um número suficiente das conveniências da vida para permitir o desenvolvimento do bom gosto. Por essa definição, Arnold achava a Atenas do tempo de Péricles — "a despeito de sua antigüidade" — mais moderna que a Inglaterra de Elizabeth, e Tucídides um historiador mais moderno que Raleigh. Por essa definição, poderíamos também julgar o século XVIII mais moderno que o século XIX, e ambos mais modernos que nosso século XX. Arnold, ao formular um conceito tão normativo, ou prescritivo, do moderno, evidentemente pensava em impor as qualidades do mesmo à sociedade e à cultura de seus próprios dias. Mas o que ele não fez, e que seu conceito não nos permite fazer, é identificar o moderno com a "era moderna", isto é, com as características específicas do período histórico que surgiu mais recentemente.

Mas, como no caso de Baudelaire, Arnold não pode ser criticado por isso. O perigo surge quando caracterizações estéticas ou normativas de modernidade como essas são tiradas do contexto e oferecidas como descrições históricas ou sociológicas da era moderna. Que isso não tenha acontecido tanto com Arnold deve-se em parte ao fato de que seu conceito é menos conhecido, mas, com maior probabilidade, porque é menos útil para a maioria das finalidades correntes. Baudelaire, por outro lado, sofreu muito com esse destino. Seja visto como panegirista ou crítico de sua era, ou ambas as coisas, ele é considerado uma fonte eminentemente conveniente de comentários importantes sobre a mesma. Repetidas vezes, trechos de "O pintor da vida moderna" e outros escritos são citados em apoio à opinião de que a sociedade moderna é fragmentada e desorganizada, que fez alguma ruptura radical com o passado, que é o teatro do "transitório, do passageiro e do contingente". Mais recentemente, e com uso de grande parte dos mesmos trechos, Baudelaire foi convocado a serviço das teorias da pós-modernidade.

Não há dúvida quanto à importância de Baudelaire na teoria da modernidade. Mas é preciso uma conscientização muito maior da complexidade de sua atitude em relação ao moderno. Ele, em certa ocasião, admirou e amaldiçoou o burguês. Lutou pela república, e mesmo pelo socialismo, e em seguida virou-se contra ambos. Deleitava-se com a vida da cidade e, como Guys, imergia nas multidões, "como se em um enorme manancial de eletricidade". Mas podia descarregar na mesma cidade e nas mesmas multidões seu implacável *spleen* (Clark 1973: *passim*; Berman 1983: 131-71).

Certamente não havia modo de endossar com facilidade a sua própria era. Cada vez mais, na verdade, Baudelaire se distanciou do que considerava as tendências dominantes da época. Ao encontrar uma alma-irmã no escritor americano Edgar Allan Poe, ele se considerou atacado pelas mesmas forças que haviam derrotado Poe. A América era o exemplo mais notável do novo tipo de sociedade moderna. Era utilitária e materialista. Adorava a democracia e o governo da "opinião pública" — criando, de acordo com Baudelaire, "uma nova forma de tirania, a tirania dos animais, ou zoocracia". Acreditava na idéia do progresso, "essa grande heresia da decrepitude", "uma espécie de êxtase de idiotas". Baudelaire, como Poe, temia a "maré montante de democracia, que se espalha por toda parte e reduz tudo ao mesmo nível".

Proeminente entre suas vítimas figuraria aquele admirado tipo social, o dândi, que Baudelaire via como "o último bruxuleio de heroísmo em eras decadentes". Foi essa crença no herói, que ele compartilhava com Balzac, que, segundo Walter Benjamin, pôs ambos "em oposição ao romantismo" — contra, em outras palavras, o espírito de sua era (Benjamin 1973: 74; ver também Baudelaire 1981: 163-6, 191-4, 421-2; Berman 1983: 138-42; Calinescu 1987: 55-8).

A Ambivalência da Modernidade

A ambivalência de Baudelaire em relação ao moderno — o que Berman chama de suas imagens "pastorais" e "antipastorais" da modernidade — mais aumenta do que diminui sua importância na teoria da modernidade. A modernização — ou seja, os processos sociais e econômicos da modernidade — deu, desde o início, origem ao modernismo, ou seja, à crítica cultural da modernidade. Rousseau, freqüentemente tido como o primeiro pensador a corporificar a sensibilidade moderna, é mais bem lembrado por sua apaixonada revolta contra as tendências racionalizantes da modernidade. Marx, o grande teórico da modernidade capitalista, impressionou-se com o paradoxo de que "em nossos dias, tudo parece conter em si o seu oposto": progresso material lado a lado com empobrecimento espiritual, conhecimento científico acompanhado de ignorância em massa, conquista da natureza seguida de escravidão de seres humanos. "Poderíamos mesmo dizer", observa Marshall Berman em seu esplêndido estudo sobre esse paradoxo, "que ser inteiramente moderno é ser antimoderno: dos tempos de Marx e Dostoiévski aos nossos, tem sido impossível compreender e abranger as potencialidades do mundo moderno sem aversão e sem luta contra algumas de suas realidades mais palpáveis" (Berman 1983: 14; cf. Anderson 1984: 104-6; Jameson 1992: 304).

Lionel Trilling chamou atenção para a mutabilidade do conceito de moderno; sua fluidez é tanta, na verdade, que pode dar uma volta completa em significado até ficar virada para a direção oposta (Trilling 1967: 29). Mas este, de modo algum, tem sido um processo unilinear. As primeiras revoltas contra a modernidade, em Rousseau, no romantismo e em outros fenômenos de princípios do século XIX, nada perdem em força e clareza para exemplos posteriores. Mas, conforme vimos com o romantismo, há um sentido real no qual eles não renunciaram à esperança. O mundo moderno pode ser redimido e isso acontecerá em parte com o uso das próprias ferramentas da modernidade, a razão e a revolução. Durante a primeira metade do século XIX, essa confiança permaneceu forte. Nas obras, por exemplo, de Hegel e seus sucessores, incluindo Marx, o mundo moderno é submetido a um exame rigoroso e crítico. Suas fraquezas são expostas e denunciadas, mas tudo isso é acompanhado da descoberta de tendências, igualmente modernas, que superarão essas falhas e levarão a humanidade para um novo mundo de liberdade e auto-realização.

A crítica cultural à modernidade aumentou em intensidade com o decorrer do século XIX, ou talvez fosse melhor dizer que o elemento de esperança pareceu diminuir e que houve um aumento correspondente no elemento de desespero, equivalendo algumas vezes a uma espécie de niilismo. Essa tendência pode ser vista em parte nas obras de Kierkegaard e Nietzsche, embora elas tivessem que esperar até o fim do século XIX para serem realmente compreendidas. Pode ser encontrada também nas obras de Dostoiévski, embora, neste caso, o contexto russo torne menos fácil vê-lo como representativo de correntes que fluíam na Europa como um todo. Mais relevante nesse sentido foi o poeta e crítico inglês Matthew Arnold, com seu medo da democracia e alarme ante os efeitos sobre a cultura da dominação da sociedade pela classe média comercial, os "filisteus". Temores semelhantes foram manifestados por Jakob Burckhardt, historiador suíço da cultura. A melancolia desses pensadores, o estoicismo diante do que eles claramente consideravam uma causa perdida, iam muito além do que poderíamos nos sentir inclinados a denominar de melancolia "estética" de românticos como Byron.

Mas foram os franceses, nas obras e pessoas de romancistas e poetas como Flaubert, Baudelaire, Rimbaud e Verlaine, que expressaram de forma mais vigorosa o novo estado de espírito de pessimismo, cinismo, repulsa e desespero. Na vida pessoal, esses sentimentos muitas vezes assumiam a forma da prática do que Rimbaud chamou de "desordem dos sentidos", implicando excessos alcoólicos e experiências com drogas e formas pouco ortodoxas de comportamento sexual. Em seus trabalhos artísticos, esses sentimentos tiveram expressão em experimentos radicais com o estilo e novos tipos de temas. Aos seus sucessores, eles legaram o simbolismo, o imagismo, o naturalismo e mesmo, nas últimas obras de Flaubert, alguma coisa que chegava ao "anti-romance". Eles, junto com seus equivalentes na pintura, os impressionistas, podem, em outras palavras, ser justificadamente considerados pais do modernismo que floresceu entre 1890 e 1930.

Jean Baudrillard considera "O pintor da vida moderna", de Baudelaire, como "a ponte entre o romantismo e a modernidade contemporânea". O modernismo pode, conforme notamos, ser visto como um romantismo tardio. Mas vai tão mais longe em seu ataque à modernidade que temos o direito de considerá-lo algo quase qualitativamente diferente. Há uma abrangência em sua rejeição maciça de todos os ídolos da modernidade que assinala algo novo. Em tom e maneira, observamos uma nova seriedade e ferocidade, um desejo selvagem e deliberado de escarnecer e ofender. Baudelaire, diz Baudrillard, cria uma "estética da ruptura", a libertação da subjetividade e a busca incessante do novo. É também o responsável pelo fenômeno da *avant-garde* cultural, com sua hostilidade a todas as formas reveladas na arte e, em termos mais gerais, contra a "autoridade e legitimidade dos modelos revelados na moda, sexualidade e conduta social" (Baudrillard 1987a: 68).

Mas o que é modernismo? Podemos formar uma idéia inicial apenas listando os principais nomes e aspirações no período normalmente associado a esse movimento, da década de 1890 a 1920. Na poesia temos Mallarmé, Valéry, Rilke, Yeats, Eliot, Pound e Stevens. Eles estão ligados à nova métrica e estilos, como o *vers libre*, e desenvolveram radicalmente o símbolo e a imagem. Expressaram também um sentimento de crise na linguagem — característico também de romancistas modernistas, entre os quais incluiríamos Proust, Kafka, Musil, Joyce, Woolf, Lawrence e Faulkner. Os romancistas colocaram questões sobre as representações tradicionais da realidade. Romperam com o realismo e o naturalismo — que em geral eram considerados invenções da modernidade — para criar técnicas tais como a do "fluxo de consciência" e se oporem às idéias padronizadas sobre trama e narrativa. No teatro, Ibsen, Strindberg, Pirandello e Brecht contestaram as convenções técnicas do palco e, mais ainda, os temas tradicionalmente explorados pelos dramaturgos. Rejeitaram a idéia padrão de personagem como completo e acabado, mostrando, em vez disso, níveis múltiplos, muitas vezes contraditórios, de personalidade e estado de espírito. No prefácio a *Miss Julie* (1888), Strindberg disse que, uma vez que suas figuras eram "personagens modernos", ele os havia deliberadamente feito "ambíguos, desintegrados".

> Meus personagens são conglomerados de estágios passados e presentes da civilização, fragmentos de livros e jornais, recortes de humanidade, andrajos e trapos de roupas finas remendados, como acontece com a alma humana. (in McFarlane 1976: 81)

A fragmentação foi também o efeito, se não exatamente a intenção, das inovações musicais da "Segunda Escola Vienense", de Schoenberg, Berg, e Webern. A atonalidade e a dissonância dissolveram as esperadas regularidades da harmonia, deixando o ouvinte perturbado e perdido; o sistema de 12 notas produziu um efeito que se chocava de frente com a leveza e fluxo melódico tanto do classicismo como do romantismo. A fragmentação — da figura, da personalidade — parecia ser também o objetivo da revolução cubista na pintura, liderada por Picasso e Braque. Nos quadros e colagens desses pintores, figuras humanas eram compostas literalmente de "pedaços de livros e jornais"; na relação com os ambientes social e natural, mostravam essas figuras não como separadas do meio, como convenções e representação naturalistas, mas fundidas e dissolvidas no fundo — se, na verdade, eram em absoluto reconhecíveis como figuras humanas.

Mas, é claro, não foi apenas nas artes que as tendências modernistas fincaram raízes. Em todo o reino do pensamento filosófico, psicológico, social e político podia-se ouvir o chão tremendo e rachando. As correntes dominantes do racionalismo, positivismo e utilitarismo foram atacadas. Nas obras de Pareto, Mosca, Sorel, Le Bon, William James e Wallas, todas as suposições costumeiras sobre motivação e comportamento político foram questionadas. O homem estava longe de ser simplesmente a criatura egoísta, interesseira, maximizadora do prazer, racional, da teoria política e econômica padrão do século XIX. O ataque à razão, o dogma central da modernidade, aprofundou-se ainda mais nos casos de Freud e Bergson. O "destronamento da razão", a revelação das forças do irracional e do inconsciente, foi talvez o golpe mais devastador infligido pelo modernismo à modernidade. Deixou aberto o caminho para a investigação e, em certa medida, para a relegitimação, das forças da religião e da mitologia e de outras formas "pré-modernas", nos trabalhos de Frazer, Durkheim e Weber. A sociedade moderna não era mais considerada tão diferente assim das sociedades "primitivas", ou arcaicas. Freud, além disso, colocou um gigantesco ponto de interrogação em seguida à idéia moderna de progresso. A civilização e, *a fortiori*, a civilização moderna, foi, sugeriu ele, construída ao custo de enorme sofrimento psíquico e de debilitamento. Esta, em forma diferente, fora também a mensagem de Friedrich Nietzsche. Na maior parte ignorado até essa ocasião, Nietzsche teve um destaque extraordinário quando, em fins da década de 1880, sua obra foi levada à atenção do público europeu erudito pelo crítico dinamarquês George Brandes. As idéias características de Nietzsche pareciam resumir alguns dos principais temas do movimento modernista em filosofia moral e social.

> Sua visão apocalíptica, sua convicção profunda de que a história do homem chegara a um ponto do destino, ao término de uma longa era de civilização, e que todos os valores humanos deviam ser submetidos a uma revisão total, encontraram um eco reverberante nas aspirações do homem ocidental nesses anos. Com o violento ataque aos dogmas do cristianismo, a defesa do que Brandes... definiu como seu "radicalismo aristocrático", o questionamento implacável das *idées reçus* do século XIX, o repúdio total da moralidade tradicional, ele obteve uma reação das gerações do *fin-de-siècle* e da Primeira Guerra Mundial, que lhe conferiu um papel excepcionalmente influente no período modernista. (McFarlane 1976: 79; ver também, para informações gerais, Hughes 1958; Masur 1966; Bullock 1976; Biddiss 1977; Anderson 1984; Hobsbawm 1987: 219-75)[5]

É preciso que nos lembremos das alegações de que Nietzsche foi o profeta do modernismo quando o encontrarmos, como freqüentemente acontece, como profeta do pós-modernismo. Isso sugere um certo grau de continuidade, talvez mesmo de identidade entre os dois estilos, o que é fortemente sugerido por alguns outros movimentos característicos do modernismo — aqueles em que a revolta contra a modernidade adquiriu caráter mais espetacular e mais empolgaram a imaginação popular. O dadaísmo, que surgiu durante a Primeira Guerra Mundial, refletia alguma coisa do estado de desencantamento da época, mas se transformou em um exuberante e chocante ataque a todas as idéias e instituições oficiais que haviam conspirado para produzir aquela confusão. A fúria, contudo, era dirigida não contra a política, mas contra a arte, a vaca sagrada do sistema. O objetivo era desestabilizar a arte, questionar seu objetivo e até sua viabilidade nesses tempos modernos. Nos "*ready-mades*" de Marcel Duchamp, na representação de homens e mulheres como máquinas sem função de autoria de Francis Picabia e na iconoclastia agressiva dos manifestos de Tristan Tzara, o desejo de escarnecer e chocar o gosto e a sensibilidade burgueses foi levado a dimensões extravagantes. Ironia e absurdo, escândalo e subversão, eram as técnicas com as quais os dadaístas procuravam curar a época de sua loucura e restabelecer a pureza perdida.

O surrealismo, que tomou de empréstimo pessoas e técnicas do dadaísmo, deu a essas idéias uma orientação mais política. Para os surrealistas, o mais odioso na modernidade era seu utilitarismo e sua capitulação ao que Freud denominou de "princípio da realidade", contra os direitos do "princípio do prazer". O princípio desumanizara a existência por sua aceitação da rotina e sua renúncia ao desejo e ao prazer. Havia endeusado a razão e a ciência e relegado a fantasia e a imaginação às margens da sociedade, como a esfera das crianças, dos primitivos e dos insanos. De modo um tanto semelhante ao dos românticos, surrealistas como Breton, Aragon, Dali e Buñuel tinham por objetivo demonstrar que o fantástico era tão real quanto a realidade revelada pela ciência moderna. Aproveitaram as idéias de Freud sobre os sonhos e transformaram-nas em paradigma da dualidade da existência humana, um composto de lógica e fantasia, de processos conscientes e inconscientes. Louvaram o prazer e a imaginação, explorando o erótico e o sensual e descobrindo na magia e na loucura forças e recursos reprimidos.

Um autor argumentou que, "a despeito de todas as suas afinidades com o passado", o surrealismo foi "uma aspiração basicamente moderna" (Short 1976: 308). Isso se revela em parte pelo compromisso de alguns de seus seguidores com o comunismo. E certamente permaneceu potente e duradouro o suficiente para reemergir como principal inspiração dos situacionistas, que, unindo os pensamentos de Marx e Freud, elaboraram uma idéia inteiramente moderna de revolução nos acontecimentos de maio de 1968 em Paris (Kumar 1988d). De modo geral, é correto salientar que o modernismo não constituiu uma simples rejeição da modernidade, mas sim uma reação, uma resposta crítica à mesma. Em alguns de seus aspectos, como no futurismo e no construtivismo, demonstrou fascínio, quase obsessão, pelo moderno (Nash 1974). A acusação feita, neste caso, era que a sociedade moderna não era moderna *o bastante*. Era "falsamente" moderna, cautelosa demais, covarde demais, para aceitar todas as implicações da modernidade. Preferia conservar relíquias do passado, impedindo, dessa maneira, a concretização de todo o potencial da modernidade.

Em parte alguma essa crítica foi feita de forma tão convincente, e praticada com tanta eficácia, quanto no movimento moderno na arquitetura. Ela era o elo mais claro entre o modernismo cultural e a idéia de modernidade do século XVIII. Denunciava a época por sua timidez e nostalgia, pela ressurreição constante de estilos do passado, como acontecia no neoclássico e no neogótico. Teria que haver uma arquitetura para a era moderna, que estivesse sintonizada com a vida e a tecnologia modernas. Inspirada, estranhamente, por William Morris e pelo movimento Artes e Ofícios — em geral considerado uma reversão ao medievalismo —, os arquitetos modernos voltaram-se para novos materiais e novas idéias de desenho arquitetônico.[6] Queriam trabalhar com materiais realmente modernos — aço, vidro, concreto. Queriam que seus prédios, e as cidades que planejassem, refletissem a idéia moderna de razão; seriam baseados em princípios científicos e universais. A forma deveria refletir a função, sem ornamentação inútil. Na obra de Sullivan, Wright, Loos, Le Corbusier, Gropius e Mies van der Rohe, grande parte dela incorporada à prática da Bauhaus, fundada por Gropius em 1919, em cidades como Chicago e Nova York, os prédios modernos assumiram os aspectos conhecidos e característicos do "Estilo Internacional": geométricos, retangulares, aerodinâmicos (Scully 1961; Hitchcock 1968; Pevsner 1975).[7]

O modernismo na arquitetura é importante para o nosso argumento porque foi sobretudo nesse campo que surgiram, pela primeira vez, alegações favoráveis ao "pós-modernismo". Dessa forma podemos entender até certo ponto o pós-modernismo como reação contra o tipo de modernismo representado pela arquitetura modernista. A arquitetura, porém, também é importante na história do próprio modernismo. Ela indica da forma mais clara possível a diversidade do modernismo, sua mistura de tendências conflitantes e, não raro, contraditórias. Ela poderia denunciar a "falsidade" do presente em nome do futuro, como no futurismo e no construtivismo, e com igual força fazer isso em nome do passado, como o apelo pela volta a um tempo de totalidade perdida nos romances de Proust, ou a uma antiga "comunidade orgânica" na poesia de T.S. Eliot (sem mencionar grande parte da teoria social da época, em especial a alemã). Poderia atacar a razão e a ciência, como no dadaísmo e no surrealismo e aceitá-las com paixão, como no suprematismo de Malevich e nos movimentos *de stijl* e Bauhaus. Seria capaz de simultaneamente rejeitar a tecnologia moderna e o estilo industrial de vida, como na pintura primitivista de Henri Rousseau e nos romances de D.H. Lawrence e, ao mesmo tempo, glorificar-se neles, como no futurismo e na arquitetura moderna. Poderia cantar a vida da cidade moderna, como em parte tão grande da pintura e arquitetura da época, e igualmente nelas encontrar desolação, isolamento e alienação, como nos quadros de Munch e nas obras de Joyce e Eliot. Tinha por objetivo tirar a arte e a cultura da história, torná-las eternas e, simultaneamente, proclamava que suas obras eram as expressões mais intensas de seus próprios tempos modernos.[8]

Em 1893, o poeta austríaco Hugo von Hofmannsthal escreveu: "Hoje, duas coisas parecem ser modernas: a análise da vida e a fuga da vida..." Havia uma ânsia de dissecar, de compreender todos os fenômenos da natureza e da mente da forma cientificamente mais implacável. Ao mesmo tempo, observava-se uma profunda aversão a tudo isso, a "rendição instintiva, quase sonambúlica" ao sonho e à fantasia, o desejo de escapar do mundo moderno (McFarlane 1976: 71). A situação era ainda mais complicada pelo fato de que as duas tendências freqüentemente coexistiam na mesma pessoa, ou no mesmo movimento. Poderia haver, na mesmíssima expressão, a aceitação da modernidade e a rejeição da mesma. Joyce e Baudelaire deleitavam-se com a vida urbana que também amaldiçoavam. O cubismo foi tanto uma crítica à modernidade como uma exploração fascinada dos modos modernos, científicos, de ver a vida. Frazer e Freud mostraram que a razão estava sempre empenhada em uma luta eterna com o irracional e insistiram em que respeitássemos os direitos do mito e do inconsciente. Eles mesmos continuaram a ser racionalistas firmes, convencidos da correção da razão e da necessidade de que ela prevalecesse. O modernismo, tal como o romantismo, havia cindido a alma. Mas a cisão era mais profunda e mais neurótica, como era apropriado a um estado de espírito de *fin de siècle,* que não podia escapar de um senso de crise, da convicção de que teria de haver um fim cataclísmico das coisas, mesmo que isso fosse o prelúdio de um novo começo.

> Se há uma persistente visão do mundo, é a que teremos que denominar de apocalíptica. O modernismo da década de 1890 teve um toque reconhecível disso, se decadência, esperança de renovação, senso de transição, de um fim ou o tremor da dissimulação são aceitos como seus sinais. Em ocasiões como essas, observa-se uma notável urgência na proclamação de um rompimento com o passado imediato, de um estimulante senso de crise, de uma licença histórica para o Novo. (Kermode 1968: 2)

O modernismo, então, contava com seu próprio tipo de confiança, com um sentimento de euforia em meio ao desespero cultural. Seu fascínio pelo novo o colocou ao lado do progresso e dessa forma ligou-o a uma das idéias básicas da modernidade. Mas alega-se que a própria obsessão com a novidade acabou por romper a conexão. A mudança veio a ser considerada desejável por si mesma, e não um meio para a obtenção de maior liberdade ou de auto-expressão mais completa. A modernidade, que fora definida como um "rompimento com a tradição", tornou-se em si uma tradição, a "tradição do novo". Sob a força do modernismo, a modernidade veio a tornar-se nada mais do que inovação sem fim: mudanças intermináveis de estilo, ciclos intermináveis de modas. "Aos poucos", diz Baudrillard, "a modernidade perde todo o valor substancial de progresso que lhe deu fundamento no início, a fim de tornar-se uma estética de mudança pela mudança... No limite, ela se funde pura e simplesmente com a moda, que é ao mesmo tempo o fim/objetivo (*la fin*) da modernidade" (Baudrillard 1987a: 68-9; ver também Rosenberg 1970: 23-4).

Fim da modernidade? Da pós-modernidade? Essas perguntas evidentemente exigem um novo capítulo.

5

Modernidade e Pós-Modernidade II: A Idéia da Pós-Modernidade

É consolador... e motivo de profundo alívio, pensar que o homem constitui apenas uma invenção recente, uma figura que ainda não tem dois séculos de idade, uma novidade em nosso conhecimento, e que ele voltará a desaparecer logo que o conhecimento descobrir uma nova forma.

Michel Foucault (1970: xxiii)

Declaremos guerra à totalidade; sejamos testemunhas do irrepresentável; ativemos as diferenças e salvemos a honra do nome.

Jean-François Lyotard (1984b: 82)

Pós-modernidade é modernidade sem as esperanças e os sonhos que a tornaram suportável.

Dick Hebdige (1988: 195)

Pós-Modernidade e Pós-Modernismo

Para a modernidade, é possível, sem forçar demais o uso comum, estabelecer uma distinção entre "modernidade" e "modernismo". Isso é útil para separar um conceito de modernidade em sua maior parte político ou ideológico de outro acima de tudo cultural e estético. Eles coincidem em parte, é claro, como vimos especialmente nos casos da arquitetura e do urbanismo. Mas há tensão suficiente entre eles, equivalendo às vezes a uma divergência frontal, para tornar útil estudar a modernidade nesse aspecto duplo.

O mesmo, porém, não se aplica à idéia de pós-modernidade. Não há uma tradição de uso a que possamos recorrer para diferenciar de forma coerente "pós-modernidade" e "pós-modernismo". Ambos são usados mais ou menos um pelo outro. Poderíamos preferir, na analogia com modernidade, reservar pós-modernidade para o conceito social e político mais geral, e pós-modernismo para seu equivalente cultural. Mas isso se chocaria com o uso corrente, que se recusa a fazer uma distinção analítica tão nítida — se recusa, na maioria dos casos, a fazer qualquer distinção.

Esse fato em si nos diz algo importante sobre a idéia de pós-modernidade. Ela apaga as linhas divisórias entre os diferentes reinos da sociedade — político, econômico, social e cultural. Em princípio, nada há de novo nesse fato. A sociologia do século XIX, nas obras, por exemplo, de Marx e Durkheim, deu sua principal contribuição ao insistir justamente nessa interconexão de reinos. A "base" e a "superestrutura" de Marx, ligando política, religião e cultura à vida econômica da sociedade, é o mais claro exemplo disso.

A teoria pós-moderna, porém, vai mais adiante. Isso porque, a despeito do interesse da sociologia pelo organismo social ou pelo sistema social como um todo, na prática era possível considerar a sociedade moderna diferenciada o bastante para tornar útil considerar-lhe as partes, ou "subsistemas", como relativamente autônomos. Para alguns sociólogos, como Herbert Spencer e Talcott Parsons, na verdade uma das grandes realizações da modernidade foi diferenciar de tal maneira a sociedade que diferentes princípios poderiam ser aplicados a diferentes reinos. O princípio da "realização" e o *ethos* do utilitarismo, por exemplo, poderiam dominar o sistema econômico, enquanto que, na família e no sistema de parentesco, "atribuição de qualidades" e expressividade teriam primazia. Na opinião de Parsons e seus seguidores — criticando de forma implícita nesse ponto os marxistas — era exatamente nessa diferenciação e separação de esferas que a sociedade moderna conseguia liberdade e flexibilidade. Era nisso que ela se distanciava com maior nitidez da "solidariedade mecânica", a integração rígida de partes em torno de um núcleo central de valores que, seguindo a influente descrição feita por Durkheim, supostamente caracterizava as sociedades tradicionais.

A teoria pós-moderna inverte essa tendência, fundindo, mais uma vez, os diferentes reinos (cf. Lash 1990: 11). Mas a maneira como consegue isso difere do modo convencional de estudar a sociedade tradicional e da descrição dada pela sociologia da natureza funcionalmente integrada da sociedade moderna. Não são negados o pluralismo e a diversidade irredutíveis da sociedade contemporânea. É isso o que a torna moderna, em contraste com a tradicional. Esse pluralismo, contudo, não é organizado e integrado de acordo com qualquer princípio discernível. Não há, ou pelo menos não há mais, qualquer força controladora e orientadora que dê à sociedade forma e significado — nem na economia, como argumentaram os marxistas, nem no corpo político, como pensaram os liberais, nem mesmo, como insistiram os conservadores, na história e na tradição. Há simplesmente um fluxo um tanto aleatório, sem direção, que perpassa todos os setores da sociedade. As fronteiras entre eles se dissolvem, resultando, contudo, não em uma totalidade neoprimitivista, mas em uma condição pós-moderna de fragmentação.

Se há um setor privilegiado, ou pelo menos um discurso privilegiado, entre os pós-modernistas, parece que é o cultural. Talvez esse seja o motivo pelo qual, na literatura, encontramos com mais freqüência o termo "pós-modernismo" do que "pós-modernidade". Isso sugere, o que é na maior parte verdade, que o impulso para a teoria pós-moderna veio inicialmente da esfera cultural e que seu principal interesse era o modernismo cultural. Em seguida o termo foi adotado por outros pensadores — para não mencionar os meios de comunicação —, levando a que um círculo cada vez mais amplo da vida social fosse rotulado de pós-moderno.

No processo, elementos de outras teorias, concebidos em outras esferas, foram incorporados à teoria pós-moderna. A teoria da sociedade pós-industrial, em geral associada ao nome de Daniel Bell, foi uma das primeiras a ser absorvida. Esse fato destacou o papel fundamental do conhecimento acumulado na sociedade pós-moderna, embora os pós-modernistas interpretem isso de maneira muito diferente da visão altamente modernista e racionalista de Bell a esse respeito. Eles, de forma semelhante, se distanciam da euforia que caracteriza a maioria das versões — a de Bell, inclusive — da sociedade de informação, embora compartilhem da opinião manifestada na teoria sobre a importância dos computadores e das novas formas de comunicação. O pós-fordismo figura também com grande destaque na teoria pós-moderna, sobretudo na ênfase que dá à descentralização e dispersão e à renovada importância de local. Uma vez mais, porém, os pós-modernistas rejeitam o arcabouço marxista que, em geral, acompanha esse enfoque.[1]

Seria errado considerar a teoria pós-moderna um simples caso de cínica apropriação de idéias. Como poderosa corrente de pensamento, ela contribuiu diretamente para o sentido de fim, ou de nova direção, encontrados em outras teorias. O problema que a aflige é de caráter diferente. A teoria pós-moderna é tão chocantemente eclética em suas origens como é sintética e mesmo sincrética em suas manifestações. Temos aí uma das razões de sua popularidade. Mas essa é também a razão da dificuldade de submetê-la a teste ou analisá-la à maneira habitual ou mesmo de discuti-la criticamente. Isso porque, para cada aspecto que escolhemos para exame, pode-se oferecer com igual segurança outro relacionado com a questão, mesmo que aponte em uma direção inteiramente diferente ou mesmo contrária. Estudos sérios da compatibilidade entre teoria e realidade são recebidos com um sorriso irônico. Contradição e circularidade, longe de serem considerados como falhas na lógica, são, em algumas versões da teoria pós-moderna, realmente louvadas.

Precisamos verificar se essa generosidade em uma teoria é justificável, e não, como acontece muitas vezes, motivo para desconfiança. O pós-modernismo, para sermos justos com a teoria, deve ser até certo ponto analisado em seus próprios termos pós-modernistas, de acordo com a maneira como ele mesmo se considera. Inicialmente, porém, precisamos ser mais modernos e menos pós-modernos em nosso método. Temos que fazer perguntas de natureza histórica sobre origens e fontes. Devemos formular indagações sociológicas sobre a plausibilidade e validade das afirmações feitas sobre a sociedade contemporânea: a teoria pós-moderna é *verdadeira*? Precisaremos até, quem sabe, fazer perguntas políticas e morais sobre as atitudes e intenções dos teóricos pós-modernos. O fato de que muitas delas seriam consideradas irrelevantes e despropositadas pelos próprios teóricos pós-modernos não pode impedir que elas surjam na mente da maioria de nós.

Origens e Desenvolvimento

É útil começar com alguma definição razoavelmente clara do pós-moderno. Tal orientação é, reconhecemos, contrária à maior parte da prática pós-modernista. Os pós-modernistas têm horror a definir, em parte porque "é difícil evitar dar uma definição moderna do pós-moderno; na verdade, virtualmente toda definição de pós-modernismo acabará por ser modernista" (Nederveen Pieterse 1992: 26; ver também Alexander 1994: 182). Definições entram em choque com as próprias características de racionalidade e objetividade que os pós-modernistas se esforçam para negar. Não obstante, no interesse da promoção e da propaganda, alguns resolveram correr o risco. Entre eles figura Charles Jencks, um dos profetas mais ilustres da "era pós-moderna" e um de seus mais ardentes defensores.

> A era pós-moderna é um tempo de opção incessante. É uma era em que nenhuma ortodoxia pode ser adotada sem constrangimento e ironia, porque todas as tradições aparentemente têm alguma validade. Esse fato é em parte conseqüência do que se denomina de explosão das informações, o advento do conhecimento organizado, das comunicações mundiais e da cibernética. Não são apenas os ricos que se tornam colecionadores, viajantes ecléticos no tempo, com uma superabundância de opções, mas quase todos os habitantes das cidades. O pluralismo, o "ismo" de nossa época, é, ao mesmo tempo, o grande problema e a grande oportunidade: quando Todo Homem se torna cosmopolita e, Toda Mulher, um Indivíduo Liberado, a confusão e a ansiedade passam a ser estados dominantes de espírito, e o *Ersatz,* uma forma comum de cultura de massa. Este é o preço que pagamos pela era pós-moderna, tão pesada à sua maneira como a monotonia, o dogmatismo e a pobreza da época moderna. Mas, a despeito de numerosas tentativas feitas no Irã e em outros países, é impossível voltar a uma forma de cultura e de organização industrial anteriores, impor

> uma religião fundamentalista ou mesmo uma ortodoxia modernista. Uma vez tendo surgido, o sistema mundial de comunicações e a forma de produção cibernética criam suas próprias necessidades e são, à parte a eclosão de uma guerra nuclear, irreversíveis. (Jencks 1989: 7)

Essa descrição é útil por várias razões. Ela mostra de forma clara a coincidência parcial entre as teorias do pós-modernismo e as da sociedade de informação. A ênfase em opção e pluralismo lembra também um dogma fundamental do pós-fordismo. Mais importante ainda, Jencks não deixa dúvida de que o pós-modernismo é principalmente uma reação ao modernismo cultural. Seu ecletismo constitui uma aceitação da tradição, ou pelo menos de tradições, e não, como acontece com o modernismo, uma rejeição desafiadora das mesmas. Em vez da "tradição do novo", há uma "combinação de muitas tradições", "uma notável síntese de tradições".

> Entre combinação inventiva e paródia confusa, o pós-modernista veleja, muitas vezes perdendo o rumo e arrependendo-se, mas, ocasionalmente, cumprindo a grande promessa de uma cultura pluralista, com suas muitas liberdades. O pós-modernismo é em essência a eclética mistura de qualquer tradição com a do passado imediato: é tanto uma continuação do modernismo quanto sua transcendência. Seus melhores trabalhos são, caracteristicamente, de dupla codificação e irônicos, dando destaque à amplitude de opção, conflito e descontinuidade das tradições, porque tal heterogeneidade capta com a maior clareza possível nosso pluralismo. (Jencks 1989: 7)

O modernismo, porém, conforme vimos, mantém um relacionamento complexo com a modernidade. Alguns de seus aspectos, como no dadaísmo e no surrealismo, parecem negar traços fundamentais da modernidade e, na verdade, antecipar-se ao pós-modernismo. Outros aspectos, como na arquitetura e no urbanismo, são continuações do racionalismo básico da modernidade. O que, então, significa modernismo, que é ao mesmo tempo continuado e transcendido pelo pós-modernismo?

Aqui, mais uma vez, Jencks é útil, dada sua condição de historiador da arquitetura, e é ela que com mais clareza nos permite compreender o que muitas pessoas entendem por pós-modernismo. Em um trabalho mais antigo sobre teoria arquitetônica, Jencks, como se fosse um eco direto de algumas famosas observações sobre o início do modernismo,[2] declarou que

> a arquitetura moderna faleceu em St. Louis, Missouri, no dia 15 de julho de 1972, às 15:32h (ou por aí), quando o infame projeto Pruitt-Igoe, ou melhor, vários de seus blocos de lajes, receberam o *coup de grâce* dado por uma carga de dinamite. (Jencks 1977: 9)

A dinamitação do Pruitt-Igoe é considerada um antigo e muito dramático exemplo da reação contra o modernismo arquitetural. O Pruitt-Igoe foi um caso típico — na verdade, premiado — do tipo de arranha-céu que, desenvolvendo-se a partir do Estilo Internacional, dominou as cidades da Europa e da América do Norte no período que se seguiu a 1945. Foi um estilo de urbanismo que, cada vez mais, passou a sofrer fortes críticas, nas décadas de 1960 e 1970, por seu elitismo e autoritarismo. Foi acusado pela indiferença aos contextos de bairro e comunidade de seus prédios despojadamente modernistas, de desprezo pelas preferências do homem comum, e da arrogância com que alçava o arquiteto-projetista à posição de demiurgo corbusiano (Jacobs 1965; Coleman 1985; Hall 1988).

A rejeição final desse estilo iniciou, para Jencks e outros, a era do pós-modernismo arquitetônico e urbano. Este se caracterizava por aquele ecletismo e pluralismo, aquela divertida mistura e combinação de tradições que muitos consideram típicos do pós-modernismo em geral. Não raro, percebe-se um ar de teatralidade ou espetáculo; a cidade é tratada como um palco, um lugar para desfrute e exercício da imaginação, tanto quanto um sistema utilitarista de produção e consumo. É um local de fantasia e corporifica "não só a função, mas também a ficção". Os exemplos freqüentemente citados, muitos deles norte-americanos, incluem o Faneuil Hall Marketplace, em Boston, um projeto semelhante à beira-mar, o Harbor Place, em Baltimore, o Westin Bonaventure Hotel, em Los Angeles, o Piazza d'Italia, em Nova Orleans, o Neue Staatsgalerie, em Stuttgart, o novo Lloyds Building (talvez), em Londres, o Musée d'Orsay, em Paris (mas *não* o Centro Pompidou). Em termos mais gerais e mais a propósito, arquitetos pós-modernistas como Robert Venturi exaltaram o "populismo estético" da Disneylândia e o "populismo urbano" de Las Vegas (Jencks 1989: 16-9; Hall 1988: 347-51; Harvey 1989: 59-60, 66-98; Jameson 1992: 39-44).

Muitos teóricos acham que a arquitetura representa o pós-modernismo não só porque mostra a reação mais clara ao modernismo, mas porque exibe de forma mais palpável os aspectos pós-modernistas.[3] É a maneira como e onde a maioria das pessoas provavelmente entra em contato com o pós-modernismo na vida diária. E esta característica de coisa comum é em si mesma importante para o pós-modernismo. Em seus prédios e desenhos urbanos (não "projetos"), procura apagar distinções modernistas entre a "alta" e "baixa" cultura, entre arte de "elite" e de "massa". Em vez de imposição autocrática de um gosto monolítico, aceita uma diversidade de "culturas de gosto", cujas necessidades tenta satisfazer, oferecendo uma pluralidade de estilos. No Faneuil Hall Market há cinemas de arte e salas para os filmes das grandes distribuidoras; há restaurantes destinados a gourmets e lanchonetes; lojas de roupas de griffe e as que vendem artigos produzidos em massa. Há a suposição de que não só pessoas diferentes vão querer coisas diferentes, mas que as mesmas pessoas, em ocasiões diferentes, vão querer coisas diferentes.

Um impulso "democratizador" semelhante ocorreu em numerosos movimentos culturais na década de 1960. Daí não é de surpreender que o termo "pós-modernismo" tenha se firmado inicialmente na crítica cultural desses anos. Neste aspecto, inverteu na maior parte um uso anterior, associado sobretudo ao historiador Arnold Toynbee. Nos últimos volumes de *A Study of History* (1954), Toynbee havia identificado um período da história mundial, iniciado no último quartel do século XIX, que denominou de "pós-moderno". A "era pós-moderna" assinalava uma ruptura com a "era moderna" clássica, que durara aproximadamente da Renascença até fins do século XIX. Em contraste com a crença no progresso e na razão da era moderna, a era pós-moderna caracterizava-se pelas crenças e sentimentos de irracionalidade, indeterminação e anarquia. Essas características estavam ligadas ao advento da "sociedade de massa" e da "cultura de massa" em nossa época. Na filosofia da história de Toynbee, a era pós-moderna era um exemplo representativo de um "Tempo de Crises", um período de desintegração e desmoronamento, embora ele entrevisse alguma esperança de redenção da civilização ocidental em um Estado Mundial baseado em uma síntese das "religiões mais nobres" (Toynbee 1954: vol.9, 182-9; ver também Toynbee 1948).

A avaliação e conotação negativas do "pós-moderno" continuaram em algumas esferas durante a década de 1960. Para defensores do modernismo, como Irving Howe e Clement Greenberg, o pós-modernismo era uma capitulação ao kitsch e ao comercialismo. Em seu populismo declarado, repudiava a austeridade e a integridade, a luta pelo objeto estético por si mesmo, que havia sido a característica do alto modernismo (Howe 1970; Greenberg 1980, 1993; cf. também Eagleton 1985). Outros autores, como Harry Levin e Lionel Trilling — seguidos mais tarde por Daniel Bell — viam no "antinomianismo" e "antiintelectualismo" do pós-modernismo, no seu hedonismo sem reservas, uma ameaça aos valores da cultura humanista (burguesa), que havia mantido até então sob controle as correntes potencialmente desintegradoras da modernidade (Levin 1966; Trilling 1967; Bell 1976: 51-4, 120-45; 1980c).

A corrente mais forte, no entanto, fluía em direção diferente, para longe desse medo e suspeita e aproximando-se de um endosso enfático do que veio, cada vez mais, a ser denominado de cultura pós-moderna. A "contracultura" da década de 1960 adotou entusiasticamente a bandeira do pós-modernismo. Seus proponentes se consideravam aguerridos corifeus contra tudo que o modernismo representava, fosse em cultura ou em política. A pop art e a música pop, a "nouvelle vague" no cinema e o "nouveau roman" na literatura, o "happening" e o ser "in", os protestos de massa e a contestação, o apagamento das fronteiras entre a "arte" e a "vida", o cultivo da sensibilidade através do sexo e das drogas, e não a contemplação estética ou o estudo intelectual, o enobrecimento das reivindicações do "princípio do prazer" sobre as do "princípio da realidade", de todas essas maneiras a contracultura atacou o que considerava o mundo elitista, esotérico e autocrático do modernismo. Em um eufórico ensaio intitulado "Os novos mutantes"(1965), o crítico americano Leslie Fiedler declarou que o mundo dos novos movimentos não era simplesmente "pós-modernista", mas também "pós-freudiano", "pós-humanista", "pós-protestante", "pós-branco", "pós-macho", além de vários outros "pós". Em contraste com a "análise, a racionalidade e a dialética anti-romântica" do modernismo, ele celebrava o "apocalíptico, o anti-racional, o caráter descaradamente romântico e sentimental" da nova cultura. Em um ensaio posterior, datado de 1970, ele escreveu:

> Estamos vivendo, estivemos vivendo, nas duas últimas décadas — e nos tornamos realmente conscientes desse fato em 1955 — nas vascas da agonia do Modernismo e nas dores de parto do pós-modernismo. O tipo de literatura que se arrogou o nome de Moderna (com a presunção de que representava o último avanço em sensibilidade e forma, que além dela nenhuma novidade era possível) e cujo momento de triunfo durou de um ponto pouco antes da Primeira Guerra Mundial até pouco depois da Segunda, está *morto*, isto é, pertence à história, não ao presente. (Fiedler 1971: 461; ver também 379-400; e cf. Berman 1992: 43-4).

Em uma veia analogamente laudatória, embora com intenção mais sistemática, outro crítico americano, Ihab Hassan, também celebrava nessa época a distinção entre modernismo e pós-modernismo. Hassan, que se tornaria um dos principais profetas do pós-modernismo, via no modernismo o princípio da "Autoridade" e, no pós-modernismo, o da "anarquia". Este último implicava a tendência para a "indeterminação", um composto de pluralismo, ecletismo, aleatoriedade e revolta. A indeterminação encerrava também a conotação de "deformação", uma ênfase na descriação, na diferença, na descontinuidade e na "destotalização" que, em conjunto, se somavam em "uma vontade enorme de desfazer, afetar o corpo político, o corpo cognitivo, o corpo erótico, a psique de cada indivíduo — afetando, em suma, todo o reino do discurso humano no Ocidente". Acompanhando a indeterminação e promovendo também a "anarquia e a fragmentação em tudo", havia a tendência para o que Hassan chamava de "imanência" (os dois em conjunto produzindo a condição pós-moderna de "indetermanência"). A imanência é associada a palavras tais como dispersão, difusão, disseminação e difração — mas também integração, interdependência e interpenetração. Hassan parece repetir aqui algo da idéia da "morte do homem-como-objeto", de Foucault, e sua reconstituição em discursos, símbolos e imagens. Por isso, para Hassan, como também para Bell e outros autores, a importância da mídia e de toda a gama da tecnologia da informação na criação de uma nova realidade "desmaterializada" para o homem pós-moderno. De qualquer modo, a indeterminação e a imanência tendiam para o mesmo fim, a anarquia sobre a autoridade, "os Muitos afirmando seu primado sobre o Único" (Hassan 1985: 126; trata-se de uma discussão que resume muitas das contribuições de Hassan nas décadas de 1960 e 1970; para referências, ver 1985: 130).[4]

O problema com tudo isso é óbvio. Se aceitamos as descrições de pós-modernismo feitas por teóricos como Fiedler e Hassan — bem como, em tom mais hostil, de críticos como Bell e Trilling — é dificil entender de que maneira houve qualquer desvio real do modernismo. O caráter antinomiano, anárquico, anti-sistêmico do pós-modernismo parece compatível com a forma e o espírito de muito do que entendemos como modernismo, em especial aquele seu aspecto associado à teoria e prática da *avant-garde*.

É bem verdade que, se escolhermos algumas correntes modernistas — o movimento moderno na arquitetura e o construtivismo na pintura, por exemplo —, poderemos descrever razoavelmente o pós-modernismo, como faz Jencks, como uma reação contra a racionalidade e a funcionalidade tipicamente modernas de ambos. Uma das faces do modernismo é, na realidade, hierática e hierárquica, austera e autoritária. Mas, neste caso, o que de fato fazemos é lançar um lado do modernismo contra o outro, uma vez que ficou claro para muitos autores que grande parte do que foi proclamado como pós-modernista pode ser encontrado prefigurado em alguns dos movimentos básicos do modernismo, tais como o dadaísmo e o surrealismo. Por isso mesmo, Matei Calinescu podia argumentar que o "antielitismo, o antiautoritarismo, a gratuidade, a anarquia e, por fim, o niilismo, estão claramente implícitos na doutrina dadaísta da 'antiarte pela antiarte' (a fórmula de Tristan Tzara)" (Calinescu 1987: 143; ver também Huyssen 1992: 49). Peter Wollen, da mesma forma, vê o pós-modernismo não como rejeição ou substituição do modernismo, mas como "a subida tardia ao primeiro plano de aspectos subordinados do modernismo que sempre estiveram presentes". Eles incluíam o surrealismo e tendências exóticas, como o orientalismo e a mexicanidade, os quais, embora controlados e aliviados de grande parte de seu caráter subversivo, conservaram identidade própria suficiente para formar os elementos de uma contratradição que "implicitamente contestava as normas vigentes" do modernismo ortodoxo (Wollen 1993: 205-10).

Mais impressionante é o exemplo de Jean-François Lyotard, um dos fundadores do pós-modernismo. Vigorosamente, ele rejeita muitas das conhecidas descrições do pós-modernismo, como a de Jencks ("Li em algum lugar que, sob o nome de pós-modernismo, arquitetos estão rejeitando o projeto Bauhaus, jogando fora o bebê da experimentação com a água de banho do funcionalismo"). Para Lyotard, a experimentação, a rejeição do conforto e do consolo do realismo e da arte representativa era a essência do pós-modernismo. Essa idéia de certa forma iguala o pós-modernismo à teoria da *avant-garde* — um conceito modernista fundamental, como ele mesmo reconhece. Mas, para Lyotard, o modernismo deixou-se ossificar, burocratizar e comercializar. Não mais desafia ou ameaça, como deveria. O pós-modernismo foi a forma assumida pelo modernismo depois de este perder seu *élan* revolucionário. É esse aspecto do modernismo que constantemente lhe lembra seu objetivo essencial de subversão e ruptura. Dessa maneira, o pós-moderno "é sem dúvida parte do moderno. Tudo que foi aceito como certo, mesmo que apenas ontem... deve ser motivo de suspeita". O pós-modernismo representa a ruptura interminável com o passado, por mais radical que este tenha sido em sua própria época; é o que dá ao modernismo o seu significado. Uma obra torna-se modernista ao repudiar seu passado, ao ser "pós" alguma coisa. Cézanne é moderno porque pós-impressionista, da mesma maneira que Duchamp, por ser pós-cubista. Na linguagem paradoxal tão característica dos franceses, Lyotard escreve: "Uma obra pode se tornar moderna apenas se for, antes de mais nada, pós-moderna. O pós-modernismo assim compreendido não é modernismo em seu fim, mas no estado nascente, e esse estado é constante" (Lyotard 1984b: 79).

Mais adiante voltaremos a falar em Lyotard. Sem dúvida, no entanto, há nessas palavras alguma coisa que constitui um grande desafio às versões de pós-modernismo que vimos discutindo até agora. Descobrimos que são variedades de modernismo ou, como diz combativamente Lyotard, seu próprio princípio constituinte. Enfrentando esse fato, alguns teóricos, Jencks entre eles, tentaram estabelecer uma distinção entre pós-moderno e "modernismo tardio". O que Fiedler, Hassan e os críticos conservadores das décadas de 1960 e 1970 discutiam — a contracultura da década de 1960 e seu legado — era, argumentavam eles, não tanto pós-moderno como moderno tardio. É isso o que faz Bell afirmar, por exemplo, que "na década de 1960 desenvolveu-se uma poderosa corrente de pós-modernismo que levou a lógica do modernismo às suas últimas conseqüências" (Bell 1976: 51). Uma suposição semelhante, alegam alguns autores, serve de base ao conceito vanguardista de pós-moderno de Lyotard. Todos eles entendiam o pós-modernismo como uma "tradição do novo" — um princípio modernista —, ao passo que o pós-modernismo propriamente dito mantinha uma "relação complexa com o passado". Interessava-se por contexto e continuidade — e comunidade, também — e não por ruptura e descontinuidade. O passado, disse Umberto Eco, "devia ser revisitado: mas com ironia, não inocentemente" (Eco 1992: 73). E foi isso o que ele fez em um romance pós-modernista, *O nome da rosa* (1980), no qual utilizou a forma moderna da história policial em um ambiente de fins da Idade Média. De modo análogo, o arquiteto pós-modernista Paolo Portoghesi comentou com ironia o passado na sua Casa Baldi, que é uma paródia direta — "ironicamente diferente", "uma revisita crítica", "uma repetição com distância irônica"— da capella Sforza, de Michelangelo, na igreja de Sta. Maria Maggiore, em Roma (Hutcheon 1988: 29; Portoghesi 1992). O pós-modernismo não repudiava nem imitava o passado; recuperava-o e "expandia-o" para enriquecer o presente. Teóricos como Barth, Jencks, Hutcheon e Hassan, igualmente, em trabalhos posteriores, falaram da "síntese" ou "hibridização" do velho e do novo, a "negação" dialética do passado e seu aproveitamento em um novo plano pós-modernista que aceitava "a presença do passado". A cultura da *avant-garde* cedia lugar à cultura do "pós-*avant-garde*". Se o modernismo — incluindo o "modernismo tardio" — se encantava com o "choque do novo", era mais provável que o pós-modernismo se apaixonasse pelo "choque do velho" (Jencks 1992c: 222; ver também Jencks 1989: 32-8; 1992b; Hutcheon 1988: 22-36: Hassan 1992: 197; Barth 1992).

Essa tentativa de salvar o pós-modernismo mediante a identificação de uma categoria de "modernismo tardio" ganhou algum apoio nos comentários críticos dos movimentos culturais da década de 1960. Escrevendo nessa época, Frank Kermode, por exemplo, traçou uma distinção entre "paleomodernismo" e "neomodernismo", a cultura da década de 1890 e a da década de 1960. O modernismo é para Kermode uma questão de "opostos que se reconciliam". O paleomodernismo cultivava o oculto; o neomodernismo negava-o; "o modernismo inicial tendeu para o fascismo, o modernismo posterior para o anarquismo". Ambas as fases, no entanto, eram extremistas, ambas compartilhavam do estado de espírito apocalíptico e da determinação de romper de vez com o passado. A cultura da década de 1960, portanto, não representou uma rejeição do modernismo, como alegam Fiedler e outros autores. Não era pós-modernismo, mas neomodernismo, e as bases teóricas do segundo não eram revolucionárias, mas "desenvolvimentos marginais do modernismo mais antigo". "Houve apenas uma Revolução Modernista", concluiu Kermode, e "ela aconteceu há muito tempo... Certos aspectos do modernismo primitivo foram tão revolucionários que não devemos esperar — mesmo com as coisas tão aceleradas como são agora — experimentar as dores e prazeres de outro movimento comparável tão cedo" (Kermode 1968a: 23-6; ver também 1989: 130-3).

Kermode, no entanto, fez uma importante confissão, a de que "o fato de que definir o moderno é uma tarefa que agora se impõe a muitos e ilustres estudiosos pode ser um sinal de que o período moderno passou" (Kermode 1968a: 28). O que nos leva, mais uma vez, de volta à idéia de alguma descontinuidade, de algum novo fenômeno, ou fenômenos, que exigem uma reavaliação do moderno. É fácil irritar-se com os debates entre críticos literários e historiadores culturais quanto a se estamos vivendo em uma fase ou período "moderno", "moderno tardio", "pós-moderno" ou algum outro analogamente rotulado. Se isso fosse apenas uma questão de cultura, no sentido de fenômenos artísticos, poderíamos — pelo menos como teóricos sociais — nos sentir inclinados a deixar todo o assunto aos críticos culturais, se não a programas de televisão de fim de noite nos canais de cultura. O que continua a tornar os debates relevantes e interessantes é que eles são parte de uma discussão muito mais ampla sobre as condições contemporâneas e a direção futura das sociedades industriais.

Originando-se sobretudo na esfera cultural, o conceito de pós-modernismo (ou pós-modernidade) espalhou-se para abranger um número cada vez maior de áreas da sociedade. Fala-se não só em pintura, arquitetura, literatura e cinema pós-modernos, mas também de filosofia pós-moderna, política, economia, família e mesmo em pessoa pós-moderna. A sugestão é que as sociedades industriais sofreram uma transformação tão vasta e fundamental que merecem um novo nome. A questão, portanto, torna-se a seguinte: estamos vivendo não apenas em uma cultura pós-moderna, mas em uma sociedade cada vez mais pós-moderna.

Cultura Pós-Moderna e Sociedade Pós-Moderna

Alguns autores pensariam que esta questão foi mal colocada. Embora não neguem que as mudanças culturais que os interessam estão, de alguma maneira, associadas a mudanças na sociedade, eles desejam reservar o termo pós-moderno — na linguagem que usam, um "posmoderno" sem hífen — somente para a esfera cultural. A cultura posmoderna estaria portanto ligada a alguma nova forma de sociedade, sendo "pós-industrial" o conceito geralmente preferido. O posmoderno seria então para o pós-industrial o que a cultura é para a sociedade. O posmodernismo é a cultura da sociedade pós-industrial.

Dessa maneira, a "condição posmoderna", que constituiu o tema do respeitado estudo de Lyotard, refere-se à "condição do conhecimento" no estado presente, posmoderno da cultura, que por sua vez está ligada à emergência da sociedade pós-industrial. Sua "hipótese de trabalho" é que "o status do conhecimento é alterado à medida que as sociedades ingressam no que é conhecido como era posmoderna" (Lyotard 1984a: 3). Portoghesi, de forma análoga, diz que "antes de uma cultura posmoderna, existia... uma 'condição posmoderna', produto da sociedade 'pós-industrial'" (Portoghesi 1992: 208).[5]

Uma variante mais sofisticada, de procedência mais diretamente sociológica, não raro marxista, consiste em considerar o posmodernismo a face cultural do capitalismo em seus estágios mais desenvolvidos. Daniel Bell, que considera o posmodernismo um simples prolongamento do modernismo, identifica-o como uma parte da cultura (antiburguesa, hostil) do capitalismo na era do consumo de massa (Bell 1976: 65-72). Para Fredric Jameson, recorrendo à descrição de Ernest Mandel de "capitalismo tardio", o posmodernismo é a "lógica cultural do capitalismo tardio" (Jameson 1992; Mandel 1978). Scott Lash, para quem o posmodernismo é "estritamente cultural", um "paradigma cultural", rejeita a idéia de "lógica" e prefere falar em uma "relação de compatibilidade" entre o posmodernismo e "uma economia capitalista importante, pós-industrial" (Lash 1990: 4; ver também Eagleton 1985).[6]

Isso poderia parecer uma solução elegante para problemas persistentes de nomenclatura. O pós-modernismo pode ser para a sociedade pós-industrial ou do capitalismo tardio o que o modernismo é para a sociedade industrial em sua fase moderna ou classicamente capitalista. Cultura e sociedade podem ser vistas como esferas complementares mas distintas, sensíveis a análises separadas. Este, na verdade, é o costume geral da maioria dos críticos literários e historiadores culturais que estudam os fenômenos do modernismo e do pós-modernismo. E tem sido também a tendência da prática de sociólogos, como Lash, convencidos do surgimento de um novo paradigma cultural pós-modernista.

Infelizmente, esse paralelo conveniente entre modernismo e pós-modernismo não se sustenta. O modernismo foi em geral uma reação cultural às principais correntes da modernidade. Em algumas de suas formas, teve o caráter de uma rejeição apaixonada. O mesmo não se pode dizer, contudo, da relação entre pós-modernismo e sociedade pós-industrial (ou de capitalismo tardio). Todos os teóricos, se de fato levam em conta essa relação, vêem uma convergência ou complementaridade entre a cultura pós-moderna e a sociedade pós-industrial. Enquanto, por conseguinte, possa ser correto tratar a cultura modernista como algo distinto da sociedade moderna, no sentido em que foi um rompimento, ou descontinuidade, com a ordem geral da modernidade, não se pode aplicar a mesma estratégia ao pós-modernismo.

Mas o problema é ainda mais sério, pois não só é mais difícil estudar a cultura pós-modernista à parte seu contexto social, mas, na maioria das tentativas de assim proceder, tornou-se claro que muito do conteúdo do pós-modernismo deriva da maneira particular como a teoria entende a sociedade contemporânea. Cultura e sociedade apenas na aparência são tratadas separadamente. Na realidade, elas se fundem uma na outra.

Assim, o estudo de Lyotard sobre o caráter mutável do conhecimento — a "condição posmoderna" — baseia-se explicitamente em uma visão da sociedade na qual "o conhecimento tornou-se a principal força de produção" e a "computadorização da sociedade" é considerada como a realidade subjacente. Lyotard aceita, em outras palavras, como deixam claro as referências que fez, o pensamento de Bell, Nora e Minc e outros teóricos da sociedade de informação pós-industrial (Lyotard 1984a: 3-7, 85-7). O conhecimento, em sua forma posmoderna, não seria apenas uma extrusão cultural da sociedade pós-industrial, mas sim, de forma mais exata, um aspecto da "sociedade do conhecimento".

De igual maneira, Portoghesi vinculou firmemente seu conceito de posmodernismo à "era da informação", tornada possível pela "nova tecnologia eletrônica". Os próprios termos da arquitetura posmodernista foram por ele definidos pela nova realidade "orgânica" criada pela rede de informação e comunicação. A arquitetura posmodernista refletiria a sociedade de informação no sentido de ser uma "arquitetura de comunicação". As estruturas desenraizadas e abstratas do modernismo eram substituídas pela redescoberta dos "arquétipos arquitetônicos", que refletiriam a vida diária e a memória coletiva da humanidade. Estas se tornariam literalmente os blocos constituintes do restabelecimento de uma relação de comunidade — "comunicando-se"— entre prédios e usuários (Portoghesi 1992: 211-2).

Nem Lyotard nem Portoghesi entendem conhecimento da mesma maneira que Bell e os demais teóricos da sociedade de informação. No caso de Lyotard em especial, conforme veremos, conhecimento pós-moderno é algo inteiramente diferente da maneira modernista de entendê-lo na teoria da sociedade de informação. O importante, porém, é que para ambos as novidades que identificam — no conhecimento, no caso de Lyotard; na arquitetura, no de Portoghesi — constituem parte da própria substância da sociedade, da forma como a descrevem.

Algo semelhante aplica-se às teorias marxistas de pós-modernismo. Jameson alega compreender o pós-modernismo como a cultura de um estágio particular do capitalismo, do "capitalismo tardio". Fala em capitalismo tardio, e não em pós-industrialismo, diz ele, porque quer mostrar a continuidade básica do novo sistema com o que o precedeu e não, como aconteceu com a teoria pós-industrial, "um rompimento, uma ruptura, uma mutação".[7] "O posmodernismo não é o elemento cultural dominante de uma ordem social inteiramente nova... mas apenas o reflexo e o concomitante de mais uma modificação sistêmica do próprio capitalismo". De forma geral, e seguindo as análises de marxistas como Mandel, Jameson afirma que os aspectos do capitalismo tardio são a empresa transnacional, a nova divisão internacional do trabalho, "uma nova e vertiginosa dinâmica na atividade bancária internacional e nas bolsas de valores", "novas formas de inter-relacionamento da mídia", computadores e automação, e "fuga da produção para áreas avançadas do Terceiro Mundo" (juntamente com as conseqüências sociais, como "a emergência dos *yuppies*" e a "emigração para os subúrbios, agora em escala global") (Jameson 1992: xii, xix; ver também 260-78).

Simultaneamente, Jameson confessa que sente certo mal-estar com a categoria "capitalismo tardio". Admite usar em seu lugar "sinônimos apropriados", tais como "sociedade do espetáculo ou da imagem", "capitalismo da mídia", "sistema mundial" e mesmo o próprio "posmodernismo". Mais importante, do ponto de vista de manter alguma distância entre a cultura posmoderna e a sociedade capitalista (tardia), a descrição que oferece do novo estágio do capitalismo sugere uma relação radicalmente nova entre cultura e sociedade. O capitalismo tardio opera em um ambiente no qual o que Bell chamou de "jogo contra a natureza" foi substituído pelo "jogo entre pessoas". Seu correlato cultural, o posmodernismo, seria, de acordo com Jameson, "o que acontece quando o processo de modernização termina e a natureza desaparece para sempre". Esse fato, porém, instala também a cultura no centro da sociedade, uma sociedade na qual a "cultura" tornou-se uma verdadeira "segunda natureza". A cultura, nesse momento, dificilmente pode ser considerada "o reflexo e concomitante" da sociedade e do sistema econômico. No estágio do capitalismo tardio, a cultura em si torna-se o principal determinante da realidade social, econômica, política e mesmo psicológica. Houve, diz Jameson, "uma expansão prodigiosa da cultura por todo o reino social, ao ponto em que tudo em nossa vida social — do valor econômico e poder do Estado às práticas e à propria estrutura da psique — pode ser considerado como tendo se tornado 'cultural' em algum sentido original e ainda não codificado em teorias". Somos testemunhas de uma "dilatação imensa" da esfera do cultural, "uma imensa e historicamente original aculturação do real", "um salto quântico no que Benjamin... chamou de 'esteticização' da realidade". A cultura tornou-se um "produto por direito próprio", o processo de consumo cultural não é mais simplesmente um apêndice, mas a própria essência do funcionamento capitalista (Jameson 1992: ix-x; 48).

Poderemos, se desejarmos, continuar a chamar isso de capitalismo e a considerar o pós-modernismo como sua expressão cultural ou "estrutura de sentimento", para usar o termo de Raymond Williams, que Jameson aliás aprecia. Mas teremos que reconhecer que é um capitalismo profundamente diferente de suas encarnações anteriores. É um capitalismo em que, como diz o próprio Jameson, a cultura "apega-se quase que demais à pele do econômico para poder ser arrancada e examinada por si mesma... não muito diferente do pé-sapato, de Magritte". É uma forma de capitalismo na qual o que marxistas teriam tradicionalmente denominado de "superestrutura" — conhecimento e cultura — parece ter se mudado para o núcleo da sociedade, se é que não, na verdade, se tornou a sua "base". No mínimo, como Jameson mais uma vez reconhece, na fase do capitalismo tardio, ou posmodernista (visto como aspectos gêmeos do mesmo fenômeno), os dois termos "cultural" e "econômico" se "fundem novamente e dizem a mesma coisa, em um eclipse da diferença entre base e superestrutura"... (Jameson 1992: xv, xxi).

O exemplo de Jameson é importante, uma vez que suas tentativas são as mais conhecidas e sofisticadas de interpretar o pós-modernismo como cultura de um tipo particular de sociedade, cujo princípio é encontrado, inicialmente pelo menos, fora do próprio pós-modernismo. Outras versões, porém, também na maior parte da variedade marxista, demonstram a mesma tendência para o inflacionamento da cultura que constitui uma característica tão marcante de todos os escritos pós-modernistas. Um tipo de imperialismo cultural afirma sua força. O que começa como a parte — a cultura pós-modernista — acaba transformando-se no todo — na sociedade pós-modernista.

Scott Lash constitui outro exemplo. Ele começa ("não sou posmodernista" — protesto este que já é um aviso) seu estudo do posmodernismo com a intenção desafiadora de manter "distinções eminentemente modernistas" entre o cultural, por um lado, e o econômico e o social, por outro. O posmodernismo será interpretado como a cultura da "sociedade pós-industrial". Mas, não desejando parecer determinista em excesso, Lash fala em uma relação de "compatibilidade", ou de "afinidade eletiva", entre cultura posmoderna e sociedade capitalista contemporânea. Utilizando-se de seu trabalho anterior em colaboração com John Urry (ver o capítulo 3), ele diagnostica o capitalismo contemporâneo como "desorganizado", em comparação com o capitalismo "organizado" da última parte do século XIX e primeira parte deste século. O capitalismo desorganizado inclui a maioria dos aspectos que examinamos antes sob os títulos de "pós-fordismo" e "sociedade de informação". Lash deseja frisar aqui especialmente a fragmentação das culturas e comunidades da classe trabalhadora, a descentralização das cidades e dos movimentos sociais, e o ressurgimento do individualismo. Deseja também chamar a atenção para a emergência de "uma nova burguesia pós-industrial 'yuppificada'", com sua base na mídia, na educação superior, nas finanças e na publicidade. Essa nova classe média está disputando a primazia na sociedade com a velha burguesia do capitalismo organizado. Cultiva e promove sua própria cultura, a cultura do posmodernismo, que, ao contrário da cultura da burguesia mais antiga, não faz distinção entre elite e massa, entre alta e baixa. Da mesma forma que o modernismo foi a cultura do capitalismo organizado e de sua classe burguesa dominante, ou pelo menos compatível com eles, o posmodernismo é a cultura do capitalismo desorganizado e da nova classe média pós-industrial (Lash 1990: 3, 16-8, 20-1, 37-8; ver também Lash e Urry 1987: 285-313; Lash e Urry 1994).

Até agora, tudo muito claro. Mas, quando compreendemos o que Lash entende por posmodernismo, vemos que essa imagem nítida, como aconteceu com Jameson, se desfaz. Lash caracteriza a cultura posmodernista — no que alega ser uma descrição cultural — sobretudo por uma série de oposições ao modernismo. Formas culturais modernistas — da pintura e literatura realistas ao trabalho de arte "autônomo" do alto modernismo — dependeriam de um processo de diferenciação: o cultural do social, o estético do teórico (ou científico), o sagrado do secular, a ciência da religião. Cada fase sucessiva da cultura moderna envolveria um grau cada vez maior de diferenciação, culminando nas alegações "feitas em proveito próprio, autojustificadoras" da arte no movimento modernista de fins do século XIX (1990: 5-11; ver também Habermas 1981: 9-10).

O posmodernismo inverte essa situação. É resultado de um processo contínuo de "des-diferenciação", cujas origens são encontradas nas mudanças sociais e culturais das décadas de 1950 e 1960. Em primeiro lugar, as diferentes esferas culturais — a estética, a ética, a teórica — perdem sua autonomia, "por exemplo, o reino estético começa a colonizar as esferas teórica e moral-política"(cf. a "esteticização da realidade", de Jameson). Em segundo, "o reino cultural... não é mais separado sistematicamente do social". Há uma "nova imanência no social da cultura": por exemplo, as distinções sociais, da forma exibida nas alegações da nova classe média, dependem cada vez mais não do poder econômico ou político, mas da exibição de símbolos culturais. Igualmente e em terceiro lugar, a cultura não é mais separada do econômico. Cultura e comércio se fundem e se alimentam de forma recíproca. Isto é visto com maior clareza no papel decisivo da publicidade na cultura contemporânea e também na maneira como eventos artísticos e esportivos, tais como festivais de música pop e jogos nacionais e internacionais de futebol, tornam-se veículos para promover as grandes empresas. Talvez fosse melhor dizer: *tornam-se* grandes empresas, porque boa parte dos negócios da economia pós-industrial é em si cultura, interessada na produção de bens e serviços culturais. Houve, em outras palavras, não só a conhecida "mercantilização da cultura", estendendo-se não apenas à cultura de "massa" mas também à de "elite", assim como a um movimento na direção oposta, no qual a cultura coloniza a economia. Daí a importância para a economia das "indústrias da cultura": educação, meios de comunicação de massa, turismo, lazer, esporte.

Tal como Jameson, e condicionado pela mesma lógica da análise, Lash conclui que "é menos útil neste contexto falar em termos da idéia de base-superestrutura de 'articulação' e, em vez disso, considerar cultura como parte integrante da economia... O novo regime de acumulação (isto é, o modo de produção econômico) está se tornando cada vez mais um regime de significados (ou seja, um modo ou paradigma cultural)... Os meios de produção estão se tornando cada vez mais culturais e as relações de produção, também. Isto é, as relações de produção... não são agora mediadas com tanta freqüência pelos meios materiais de produção; são, em vez disso, questões de discurso, de comunicação entre patrões e empregados..." (Lash 1990: 38-9; ver também 43-5; Lash e Urry 1994: 60-110).

De modo geral, há muito a elogiar nessa comparação entre modernismo e posmodernismo. Ela indica boa parte do que está acontecendo na cultura e na sociedade contemporâneas. Mas ela é, claro, muito problemática do ponto de vista do estabelecimento daquela distância crítica entre cultura e sociedade — o ponto de vista "modernista" — com que começou o próprio Lash. A cultura, longe de manter sua distância ou ser apenas "compatível" com a sociedade capitalista pós-industrial, parece ter praticamente tomado conta da sociedade. Esse fato destaca-se de forma ainda mais forte no ponto final da comparação de Lash entre modernismo e posmodernismo. O modernismo, diz ele, "problematizou" e "desestabilizou" a representação da realidade, ao passo que o posmodernismo problematiza e desestabiliza a própria realidade. O que isso significa é que a arte modernista questionou toda a maneira de representar a realidade, em especial a corporificada nas tradições realista e naturalista. Ela não negou a "natureza" ou a "realidade objetiva", simplesmente argumentou que a arte tem uma realidade autônoma própria, seus próprios estilos e formas, e que estas devem ser a única preocupação do artista. O posmodernismo, por outro lado, que de certa forma reativou os modos realista e naturalista de representação (como, por exemplo, na pop art), questiona a própria natureza da realidade representada. Sugere que essa realidade nada mais é do que outro conjunto de representações ou imagens — simulacros, para usar o termo de Jean Baudrillard. As representações em silk-screen de Andy Warhol, por exemplo, mostram objetos que, por si mesmos, se transformam em imagens.

Nessa concepção, cultura e sociedade tornam-se, mais uma vez, uma única coisa, ou pelo menos aspectos gêmeos da mesma (e insubstancial) coisa. "Nossa vida diária", diz Lash, "torna-se saturada por uma realidade — na TV, anúncios, vídeo, computadores, o *walkman*, toca-fitas em automóveis e... CDs, CDV e DAT — que, cada vez mais, são representações." Não há distinção, ou distância, entre o "significador"(a imagem) e o "referente" (a coisa ou realidade externa que supostamente representa). Cada um invade o espaço do outro, ambos assumem a função do outro. A imagem, ou ilusão, imita o real e o real é ilusório, composto de imagens. O real é tão imaginado como o imaginário. O posmodernismo "introduz o caos, a inconsistência, a instabilidade em nossa experiência da própria realidade" (Lash 1990: 15; e, em geral, 12-4).

Qualquer que seja nossa avaliação desse ponto de vista, o importante é que, mais uma vez, ele solapa toda a separação entre cultura e sociedade que Lash, tal como Jameson, estava tão ansioso para provar. Se a cultura posmoderna deveria ser "conduzida" pelo sistema econômico e social do capitalismo pós-industrial, parece agora que esse sistema foi tão infiltrado pela cultura posmoderna que se tornou o mais frágil dos veículos. Ou dizendo a mesma coisa em termos diferentes, a cultura posmoderna tem que se "puxar para cima" por suas próprias forças. A "realidade" social que supostamente dava alicerce ao reino "ilusório" da própria cultura dissolve-se em uma ilusão. Base e superestrutura se fundem numa só.[8]

É a própria plausibilidade das explicações de Jameson e Lash que aconselha abandonar os modelos marxista convencional ou sociológico da relação entre cultura e sociedade. Mais do que Lyotard ou Portoghesi, eles fazem uma tentativa séria e sistemática para demonstrar a adequação de seus modelos. O fracasso de ambos, à luz de suas próprias análises, constitui testemunho ainda mais convincente da necessidade de estudar a relação em termos diferentes. Nós, de fato, parecemos estar em uma era na qual a cultura assumiu um poder extraordinário na vida social. Se essa situação está levando ou não a um novo tipo de sociedade, a uma sociedade pós-moderna, é algo ainda a ser verificado. Mas se queremos estudar seriamente essas alegações, o melhor modelo pareceria ser algo que poderíamos chamar de antropológico. Falemos ou não de cultura pós-moderna, sociedade pós-moderna, situação pós-moderna ou, em termos mais gerais, temperamento ou sensibilidade pós-modernos, devemos supor que estamos tratando de uma maneira completa de pensar, sentir e agir: de cultura, como os antropólogos entendem geralmente a palavra. Outra maneira de transmitir a mesma idéia seria dizer que, nas presentes circunstâncias pelo menos, deveríamos preferir Hegel a Marx. Ao contrário de Marx, que privilegiou a "base" econômica, deveríamos seguir Hegel e considerar cultura e sociedade como permeadas por um "espírito" comum, o espírito do pós-modernismo (como quer que seja definido). Se seguimos a lógica da maioria das teorias, é enganador até mesmo falar de convergência, complementaridade ou mesmo correspondência entre cultura pós-moderna e sociedade pós-industrial. O que temos, sim, é uma fusão das duas. O pós-modernismo aparece como um atributo de todos os aspectos da sociedade, e parece imprudente, pelo menos de início, privilegiar uma parte como causa ou determinante. Para os pós-modernistas, o que parece que estamos presenciando é uma explosão em cadeia, ou implosão, que ocorre em todos os setores da sociedade. Esse é o motivo por que eles, ou outros estudiosos atraídos para esse enfoque, julgam-se capazes de aplicar perspectivas pós-modernistas em uma faixa tão grande de disciplinas como política, geografia, antropologia, história e até biologia e física — além das afetadas mais comumente, como a filosofia, a sociologia e os estudos culturais (ver, por exemplo, Gibbins 1989; Nederveen Pieterse 1992; Soja 1989; Rabinow 1986; Stone 1991; Griffin 1988).[9]

Charles Jencks e David Harvey figuram entre aqueles que adotaram a estratégia de tratar o pós-modernismo como uma categoria abrangente de cultura e sociedade. A riqueza de suas versões, os amplos elos que estabelecem entre diferentes áreas da sociedade, demonstram a fecundidade desse enfoque. No fim, pouco importa se aceitamos suas alegações ou argumentos. Em comparação com as versões literárias e culturais de base estreita, intelectualmente introvertidas, eles nos apresentam uma série de hipóteses ousadas e instigantes, abordando questões de interesse para estudiosos de todas as ciências humanas. Para Jencks, o pós-modernismo é "uma mudança geral na visão mundial e na civilizacão", "uma nova era da cultura e organização social". Inclui, além da reação cultural ao modernismo, todos os elementos do que Bell denominou antes de sociedade pós-industrial e, mais tarde, de sociedade de informação. E inclui também muito do pós-fordismo e aquilo que, de quebra, Toffler amontoou junto sob o título geral de "Terceira Onda" (Jencks 1989: 43-56; ver também Jencks 1992: 15, 34-6).

Harvey, de igual maneira, trata "a condição de posmodernidade" através de uma série de contrastes entre o que denomina de "modernidade fordista" e "posmodernidade flexível". Como sugerem esses termos, ele confrontou os conceitos e análises de teóricos pós-fordistas (tais como Lash e Urry) com teóricos pós-modernistas (como Hassan) para elaborar uma descrição geral de nossa situação atual. A despeito do subtítulo de seu livro, "An Inquiry into the Origins of Cultural Change" — "Uma pesquisa sobre as origens da mudança cultural" — a situação posmoderna que descreve tem dimensões igualmente culturais, econômicas, políticas, filosóficas e mesmo psicológicas (Harvey 1989: 338-41).

A explicação de Harvey é ainda importante por outra razão. Demonstra que assumir a visão abrangente de pós-modernidade não impede o indivíduo de adotar um enfoque marxista ou de qualquer outro tipo sobre a mesma. Estes, simplesmente, terão que ser modificados de acordo com o novo estado de coisas. Se não temos que ficar presos nas categorias do pós-modernismo cultural, tampouco somos forçados a adotar a separação de cultura e sociedade no modelo base-superestrutura. A pós-modernidade pode ser considerada um tipo de capitalismo (como acontece com Harvey), ou um tipo de industrialismo (como para Jencks). A análise pode recorrer a todos os instrumentos teóricos disponíveis aos estudiosos desses conhecidos sistemas. O que tem de ser reconhecido, contudo, é que os sistemas mudaram de forma radical. Absorveram novas forças e assumiram novas configurações. As velhas categorias não podem simplesmente ser pespegadas nas novas formas. Por mais que as sociedades modernas possam reter seus antigos princípios — e os próprios termos pós-moderno e pós-industrial indicam uma certa continuidade — esses princípios funcionam em um novo ambiente.

A Situação Pós-Moderna

Ao estudar a questão sobre até que ponto estamos seguindo na direção para a sociedade e a cultura pós-modernas, devemos começar esboçando um quadro amplo da pós-modernidade, tal como ela é apresentada por seus principais teóricos, tratando dos aspectos mais conhecidos, muitos dos quais já observamos nos capítulos sobre a sociedade de informação e o pós-fordismo.

A maioria dos teóricos afirma que as sociedades contemporâneas demonstram um novo ou reforçado grau de fragmentação, pluralismo e individualismo. Isso se relacionaria em parte com as mudanças ocorridas na organização do trabalho e na tecnologia, destacadas pelos teóricos pós-fordistas. Pode ser associado também ao declínio da nação-estado e das culturas nacionais dominantes. A vida política, econômica e cultural é agora muito influenciada por fatos que ocorrem no nível global. Esse fenômeno teve como um de seus efeitos, inesperadamente, a renovada importância do local e uma tendência para estimular culturas subnacionais e regionais.

As instituições e práticas típicas da nação-estado são correspondentemente debilitadas. Os partidos políticos de massa cedem lugar a "novos movimentos sociais" baseados em sexo, raça, localização, sexualidade. As "identidades coletivas" de classe e experiências compartilhadas de trabalho dissolvem-se em formas mais pluralizadas e específicas. A idéia de uma cultura e de uma identidade nacionais é atacada em nome de culturas "minoritárias"— as culturas de grupos étnicos, de seitas religiosas e comunidades específicas, baseadas em idade, sexo ou sexualidade. O pós-modernismo destaca sociedades multiculturais e multiétnicas. Promove a "política da diferença". A identidade não é unitária nem essencial, mas fluida e mutável, alimentada por fontes múltiplas e assumindo formas múltiplas (não há distinções tais como "mulher" ou "negro").

A sociedade pós-moderna associa tipicamente o local e o global. Os acontecimentos globais — a internacionalização da economia e da cultura — são refletidos para as sociedades nacionais, minando as estruturas nacionais e promovendo as locais. A etnicidade recebe um impulso renovado. Ocorre um ressurgimento do regionalismo e dos "nacionalismos periféricos" — o nacionalismo de pequenas nações que foram incorporadas a unidades mais amplas, como o Reino Unido, a França, a Espanha e outros grupamentos nacionais históricos. "Pense globalmente, aja localmente", o lema da década de 1960, aplica-se a um bom número de novos movimentos sociais, sobretudo aos movimentos feminista e ecológico. Uma vinculação semelhante ocorre em alguns dos novos movimentos de revivescência religiosa, tais como o fundamentalismo protestante e o islâmico.

O pós-modernismo inverte ou ressalva alguns dos movimentos espaciais e formas de organização típicos da modernidade. A concentração de populações em grandes cidades se opõe a um movimento de desconcentração, descentralização e dispersão. Grande parte disso relaciona-se com fenômenos pós-fordistas. É também resultado da "desindustrialização" de muitas regiões das sociedades ocidentais — com exportação de grande parte da indústria de transformação para sociedades não-ocidentais — e uma "reindustrialização" pós-industrial baseada em alta tecnologia, em empresas concentradas em pesquisa que preferem novas localizações em áreas suburbanas ou ex-urbanas, especialmente as que ficam perto de cidades universitárias. Empregos e pessoas deixam as grandes cidades. Pequenas cidades e aldeias são repovoadas. A arquitetura pós-moderna reverte a tendência para arranha-céus de apartamentos e escritórios. A ênfase agora é em projetos em pequena escala, ligando pessoas a bairros e objetivando cultivar o *ethos* de determinados lugares e culturas locais. Uma nova ou renovada importância é atribuída ao local. Ocorre uma redescoberta de identidades territoriais, tradições locais, histórias locais — mesmo nos casos em que, como acontece com o nacionalismo, estas são imaginadas ou inventadas.

Esses aspectos da sociedade pós-moderna constituem um amálgama de vários elementos derivados de algumas descrições bem conhecidas da sociedade ocidental contemporânea. A sociedade pós-moderna é, portanto, bem congruente, se não idêntica à sociedade pós-fordista, à sociedade de informação e ao capitalismo "tardio" ou "desorganizado" encontrado em algumas teorias.[10] Embora muitos desses teóricos nada queiram com conceitos de pós-modernidade, eles provavelmente não achariam muito a que objetar na descrição até agora esboçada. O que torna o pós-modernismo tão diferente como enfoque é que ele transcende esses aspectos conhecidos para fazer alegações abrangentes e, para muitas pessoas, chocantes, sobre a própria natureza da sociedade e da realidade objetiva. Faz afirmações não só sobre a nova sociedade ou a realidade social, mas sobre nossa maneira de compreender a própria realidade. Passa da história e da sociologia para questões filosóficas sobre verdade e conhecimento.

Mais uma vez, podemos começar com o conhecido, mas com um "jeito" novo. A maioria das teorias sobre a sociedade contemporânea atribui um importante papel aos meios de comunicação de massa, sobretudo na era das telecomunicações e do computador. Esse fato é ainda mais claro na teoria da sociedade de informação, mas forte também nas teorias do pós-fordismo e nas teorias marxistas de capitalismo tardio.

Para a maioria desses teóricos, do mesmo modo que a informação realmente informa — por mais distorcidos que sejam seus usos — os meios de comunicação de massa realmente comunicam, por mais repugnantes que sejam seus produtos ou nocivos seus efeitos. Os pós-modernistas — seguindo aqui o pensamento de Marshall McLuhan — consideram os efeitos dos meios de comunicação de massa de uma maneira inteiramente diferente. Para eles, hoje a mídia não apenas comunica como constrói. Em sua pura escala e ubiqüidade, ela está construindo um novo ambiente para nós, um ambiente que exige uma nova epistemologia social e uma nova forma de resposta. A mídia criou uma nova "realidade eletrônica", saturada de imagens e símbolos, que obliterou todo e qualquer sentido de realidade objetiva por trás dos símbolos. Na situação que Jean Baudrillard chama de "êxtase da comunicação", o mundo, nosso mundo, torna-se puramente um mundo de "simulação", "a geração, através de modelos, de um real sem origem ou realidade: um hiper-real". Na hiper-realidade não é mais possível distinguir o imaginário do real, nem o signo de seu referente, e ainda menos o verdadeiro do falso. O mundo da simulação é um mundo de simulacros, de imagens. Mas, ao contrário das imagens convencionais, os simulacros são cópias que não têm originais ou de originais que foram perdidos. São imagens "assassinas do real, assassinas de seu próprio modelo". Nessa situação, não pode haver conceito de ideologia, nenhuma idéia da "traição da realidade" por signos ou imagens. Há apenas signos e imagens, apenas o hiper-real. "A história deixou de significar, de referir-se a alguma coisa — chamemos a ela de espaço social ou o real. Entramos em um tipo de hiper-real onde as coisas estão se reproduzindo *ad infinitum*" (Baudrillard 1987b: 69; 1988b: 166, 170, 182).

Com o crescimento da realidade eletronicamente mediada, o hiper-real está se tornando a situação de todo o mundo moderno. Os pós-modernistas, porém, sentem-se atraídos em especial pela América como a capital, por assim dizer, da hiper-realidade, o modelo de nosso futuro (mais uma vez). Em monumentos à América como o Hearst Castle, em San Simeon, ou o cemitério Forest Lawn, na Califórnia, na Disneylândia e na Disneyworld, nas cidades erigidas no meio de desertos como Las Vegas e Los Angeles, eles encontram os exemplos mais claros do reino do hiper-real. Nesses casos, a cópia (ou contrafação) substitui o real, torna-se mais real do que o próprio real. "A imaginação americana", diz Umberto Eco, "exige a coisa real e, para consegui-la, tem que fabricar o falso absoluto." Na ilusão extraordinária de realismo criada nesses lugares, em sua extravagante *bricolage* de estilos e objetos tirados de todos os países e de todas as histórias, há uma "fusão da cópia e do original", e a cópia, na verdade, "parece mais convincente que o modelo" (Eco 1987: 8, 19).

Para Eco, como para muitos teóricos, a Disneylândia é a apoteose do hiper-real, "ao mesmo tempo absolutamente realista e absolutamente fantástica", de "um mundo de fantasia mais real do que a realidade". É a obra de arte mais autêntica da América, sua "capela Sistina" (Eco 1987: 43-8). Para Baudrillard, também, a "Disneylândia é um modelo perfeito de todas as emaranhadas ordens de simulação". Ela nos permite traçar o "perfil objetivo" dos Estados Unidos, a terra por excelência dos simulacros. Mas ela é mais do que um "resumo do estilo de vida americano".

> A Disneylândia existe para ocultar o fato de que ela é o país "real", que toda a América "real" *é* a Disneylândia (da mesma maneira que as prisões existem para ocultar o fato de que o social em seu todo, em sua onipresença banal, é carcerário).
>
> A Disneylândia é apresentada como imaginária a fim de levar-nos a acreditar que o resto é real, quando, na verdade, toda Los Angeles e a América que a cerca não são mais reais, mas da ordem do hiper-real e da simulação. (Baudrillard 1988b: 171-2; ver também Marin 1984)

Essa ênfase na Disneylândia não apenas como representação, mas como representativa da (hiper) realidade da América é repetida nas observações sobre o que são consideradas as cidades americanas tipicamente pós-modernistas. Da mesma maneira que teorias anteriores de modernidade interpretavam todo o mundo através de cidades-chaves modernistas, como Paris e Nova York, as atuais teorias de pós-modernidade interpretam o mundo contemporâneo por meio de cidades norte-americanas como Las Vegas e Los Angeles, que, para elas, corporificam com mais clareza os modelos pós-modernos. Las Vegas é para Eco (acompanhando aqui Robert Venturi), "um fenômeno inteiramente novo em planejamento urbano, uma cidade 'mensagem', inteiramente constituída de signos, não uma cidade como as outras, que se comunicam para poder funcionar, mas, sim, uma cidade que funciona para poder se comunicar" (Eco 1987: 40).

O aspecto fantasmagórico de Las Vegas, sua aparência de "miragem" no deserto, é repetido, na opinião de Baudrillard, por Los Angeles, "uma cidade cujo mistério é o fato de nada mais ser do que uma rede de circulação interminável, irreal, uma cidade de proporções formidáveis, mas sem espaço ou dimensões" (Baudrillard 1988b: 172; ver também 1989: 102-4, 123-8). Para Edward Soja, Los Angeles é um "mesocosmo de posmodernidade", tanto a expressão concentrada e, através de sua vida econômica e cultural, a principal contribuinte para a pós-modernidade global. Mais do que qualquer outra cidade no mundo, Los Angeles exibe a forma urbana da pós-modernidade. Seu "hiperespaço" é constituído de "um estonteante... mosaico de retalhos" de mais de quatrocentas comunidades oficialmente reconhecidas. Muitas delas — Venice, Naples, Hawaiian Gardens, Ontario — têm nomes e grupos étnicos que lembram outras culturas, outras histórias. O Primeiro Mundo (capital empresarial) e o Terceiro Mundo (mão-de-obra migrante) misturam-se em promiscuidade, e história e geografia são embrulhadas em um só pacote. "O tempo e o espaço, o 'passado' e o 'futuro' estão sendo cada vez mais manipulados e acondicionados para servir às necessidades do aqui e agora, tornando a experiência vivida do urbano cada vez mais indireta, filtrada através de simulacros..."

Mais uma vez, o ilusório não imita o real, torna-se o real. Los Angeles, diz Soja, desafia as descrições convencionais de urbano e suburbano, de comunidade e bairro. "A cidade vem, na realidade, desconstruindo o urbano e transformando-o em uma colagem confusa de signos que anunciam o que, com freqüência, pouco mais são do que comunidades imaginárias e exóticas representações de localidade urbana." Por baixo do "cobertor semiótico" de Los Angeles há, na verdade, uma ordem econômica — a mais avançada do mundo —, mas "quando tudo que se vê é tão fragmentado e cheio do extravagante e do pastiche, as arestas duras da paisagem capitalista, racista e patriarcal como que desaparecem, desmancham-se no ar".

> Com refinada ironia, a Los Angeles contemporânea veio a parecer-se mais do que nunca com uma gigantesca aglomeração de parques temáticos, um espaço vital composto de Disneyworlds. É um reino dividido em vitrines de culturas de aldeias globais e paisagem miméticas americanas, alamedas de compra que a tudo envolvem, ruas comerciais ardilosas, reinos mágicos patrocinados por empresas, comunidades-protótipo experimentais do amanhã, de alta tecnologia, lugares atraentemente embrulhados para repouso e recreação... (Soja 1989: 245-6)[11]

O estado de hiper-realidade significa não só a dissolução da realidade objetiva, de algo que "existe" e ao qual se referem os signos e as imagens. Significa também a dissolução do sujeito humano, o ego individual que a modernidade julgou ser o pensador autônomo e o ator no mundo. Para Baudrillard, assim como para Foucault, o sujeito individual — o "homem" — foi um constructo temporário, que perdurou nos poucos séculos do período moderno. Ele — e era um conceito quase puramente masculino — era o herói faustiano ou prometéico das "narrativas" de Bacon e Descartes sobre a modernidade (Foucault 1973: Abercrombie et al. 1986).

O "êxtase da comunicação tornou impossíveis essas suposições de indivíduo autônomo, soberano". O indivíduo, diz Baudrillard, deixou de existir em um relacionamento objetivo, até mesmo "alienado", com seu ambiente. Ele não é mais "um ator ou dramaturgo, mas... um terminal de redes múltiplas", como um astronauta em sua cápsula, através da qual circulam mensagens eletrônicas, controladas por computador. "Com a imagem da televisão — que é o objeto final e perfeito desta nova era — nosso próprio corpo e todo o universo circundante tornam-se uma tela de controle" (Baudrillard 1983: 127-8).

Baudrillard, ao contrário de alguns entusiastas da "realidade virtual" e do "ciberespaço", não se rejubila com essa situação. Considera-a "obscena", porque "pôe um fim a toda representação", oblitera qualquer diferença e distância entre o *self* e o ambiente. Os opostos sujeito/objeto, público/privado, perdem todo o significado e se fundem. Não sobra nenhum segredo, nenhuma vida interior, nenhuma intimidade. Tudo, incluindo o indivíduo, "se dissolve completamente em informação e comunicação". Este é o "êxtase da comunicação", "todas as funções abolidas em uma única dimensão, a da comunicação". Para Baudrillard, isso significa criar "uma nova forma de esquizofrenia". Induz a "um estado de terror próprio do esquizofrênico: proximidade grande demais de tudo, a promiscuidade suja de tudo que toca, investe e penetra sem resistência, sem nenhum halo de proteção privada, nem mesmo seu próprio corpo para protegê-lo mais".

> O que o caracteriza é menos a perda do real, os anos-luz de afastamento do real, o *pathos* da distância e a separação radical, como se diz habitualmente, mas, muito pelo contrário, a proximidade absoluta, a instantaneidade total das coisas, o sentimento de que não há defesa, não há nenhum abrigo. É o fim da vida interior e da intimidade, a exposição excessiva e a transparência do mundo que o atravessa sem encontrar obstáculo. Ele não pode mais criar os limites de seu próprio ser, não pode mais brincar ou representar, não pode mais produzir a si mesmo como espelho. Ele é nesse momento apenas uma tela nua, um centro de comutação para todas as redes de influência. (Baudrillard 1983: 132-3; ver também 1987b: 70-1)

Essa imagem de desespero — embora, reconheçamos, Baudrillard não a apresente sempre em seus escritos — deve nos lembrar de que muitos teóricos da pós-modernidade não são entusiastas da situação que diagnosticam. A atitude que adotam é, em geral, mais de resignação, não raro tingida de irônico pesar, pelo desaparecimento de uma era moderna mais confiável. Martin Jay (1993) comparou os sentimentos desses teóricos aos da melancolia crônica, da forma analisada por Freud. Certamente há pouco neles da exuberância exibida por Marshall McLuhan (1967) em reflexões semelhantes sobre os efeitos do novo ambiente eletrônico, e ainda menos a euforia dos novos exploradores da ficção científica do ciberespaço (por exemplo, Gibson 1984).

A análise de Baudrillard sobre o impacto da nova tecnologia da comunicação evidentemente o leva em uma direção muito diferente da tomada por teóricos da sociedade de informação, como Bell, Stonier e Masuda. Nos casos em que estes vêem uma ampliação da capacidade e do poder humanos, uma expansividade prometéica em escala global, ele nota o desaparecimento do indivíduo nas redes de informação. Mas, para alguns teóricos da pós-modernidade, essa mesma supressão do indivíduo contém as sementes de uma possível emancipação futura. Para eles, é errado ou impossível voltar às teorias de modernidade centralizadas no sujeito. Temos que construir sobre as potencialidades da nova era, a fim de conquistar nossa liberdade de uma nova maneira.

Mark Poster, por exemplo, tal como Baudrillard, rejeita a teoria de sociedade de informação de Bell. Considera-a "totalizante" de uma antiquada maneira modernista e não atenta o suficiente para a dimensão lingüística da informação e da comunicação. E concorda em grande parte com Baudrillard na maneira como este vê os efeitos da nova mídia eletrônica sobre a concepção tradicional do indivíduo. No que denomina de "modo de informação" — acompanhando o modo de produção, de Marx —, foi alcançado um novo estágio de "intercâmbio eletronicamente mediado", acompanhando e em boa medida substituindo os intercâmbios mediados pela fala e pela palavra impressa. Nesse terceiro estágio eletrônico, "o *self* é descentrado, dispersado e multiplicado em uma instabilidade contínua... Nas comunicações eletronicamente mediadas, os sujeitos agora flutuam, suspensos entre pontos de objetividade, sendo constituídos e reconstituídos em diferentes configurações em relação aos arranjos discursivos da ocasião".

> No [novo estágio] do modo de informação, o sujeito não está mais localizado em um ponto no tempo/espaço absoluto, desfrutando de um ponto de observação físico, fixo, do qual possa racionalmente calcular suas opções. Em vez disso, é multiplicado por bancos de dados, dispersado por mensagens e conferências em computador, descontextualizado e reidentificado por anúncios de TV, dissolvido e materializado continuamente na transmissão eletrônica de símbolos... O corpo não é mais um limite eficaz da posição do sujeito. Ou talvez seja melhor dizer que os meios de comunicação estendem o sistema nervoso por toda a Terra, até o ponto em que ele envolve o planeta em uma noosfera de linguagem, para usar o termo de Teilhard de Chardin. Se posso falar diretamente ou por correio eletrônico com um amigo em Paris enquanto estou sentado em minha cadeira na Califórnia, se posso presenciar eventos políticos e culturais no momento em que ocorrem no planeta sem deixar minha casa, se um banco de dados de localização remota contém meu perfil e o informa a órgãos do governo, que tomam decisões que afetam minha vida sem que eu tenha

> conhecimento de meu papel nesses fatos, se posso fazer compras de minha casa usando meu aparelho de TV ou o computador, então onde estou e quem sou eu? Nessas circunstâncias, não posso me considerar centrado em uma subjetividade racional, autônoma, ou limitado por um ego definido, mas sou despedaçado, subvertido e dispersado pelo espaço social. (Poster 1990: 6, 11, 15-16)

Seria de se esperar que tal análise levasse Poster a um estado de melancolia semelhante ao de Baudrillard e, é claro, ele não se mostra complacente, em absoluto. Mas ele ataca Baudrillard por ser, como Bell, totalizante. O fenômeno do hiper-real é ilegitimamente expandido para incorporar a totalidade da vida social. "A posição totalizante de Baudrillard exclui a possibilidade de novos movimentos. Afundado em uma hipérbole deprimente do hiper-real, ele ultrapassa a linha do discurso crítico em pronunciamentos abrangentes, sombrios, como se soubesse o resultado de uma história que não foi ainda imaginada e muito menos escrita." A disssolução do sujeito no novo modo de informação tem para Poster um potencial emancipativo. Nos anúncios na TV, por exemplo, embora o indivíduo seja em parte reconstituído como espectador/consumidor, ele é também desconstruído como "agente centrado, original". Uma vez que esse agente, na teoria modernista clássica, tende a ser "o homem burguês racional", esse ato de desconstrução é liberador. "Como linguagem/prática, o anúncio de TV mina o tipo de sujeito antes associado ao modo capitalista de produção e às formas associadas de patriarquia e etnocentrismo." Isso não é garantia de emancipação, claro. Mas "no anúncio de TV foi construída uma linguagem que deixa/insiste que os telespectadores considerem sua própria subjetividade uma estrutura constituída, que se vejam como membros de uma comunidade de autoconstituidores... Na medida em que os anúncios da TV (e, tendencialmente, a mídia em geral) constituem sujeitos como autoconstituidores, as formas hegemônicas de autoconstituição são questionadas" (Poster 1990: 66-8).

Poster, explicitamente, toma por base o pensamento dos pós-estruturalistas e sua explicação reflete a ambivalência em relação à pós-modernidade demonstrada por teóricos do pós-estruturalismo e desconstrucionismo. Trata-se de um grupo que supostamente inclui pensadores franceses como Foucault, Derrida, Barthes, Lacan, Kristeva, Lyotard e Baudrillard. Mas dele faz parte também um grupo de americanos, principalmente críticos literários — entre eles Paul de Man, Stanley Fish, J. Hillis Miller — que foram influenciados por esses pensadores franceses e pelas obras do teórico russo Mikhail Bakhtin.

Desde o início, isto é, da década de 1960 em diante, os pós-estruturalistas estiveram ligados às teorias do pós-modernismo e da pós-modernidade. Estudá-los neste contexto, porém, criaria muitos problemas. Em primeiro lugar, eles tenderam a se restringir a questões de literatura e filosofia, deixando a outros autores o trabalho de estudar as implicações para a sociedade e a política. Em segundo, muitos deles — como, por exemplo, Baudrillard — aceitam o pós-estruturalismo ou o desconstrucionismo sem se comprometerem com uma postura pós-modernista. As ligações são, mais uma vez, estabelecidas por outros pensadores. Em terceiro, é preciso notar, seus trabalhos, em especial no caso dos pensadores franceses, são densos e difíceis, e citações, sobretudo quando traduzidas, nem sempre são esclarecedoras.

A vinculação entre esses pensadores e as teorias de pós-modernidade tem a ver principalmente com a proclamação dos mesmos da "morte do homem" (Foucault) ou da "morte do sujeito" (Derrida), ou ainda "a morte do autor" (Barthes). Na versão de Foucault do desenvolvimento das ciências humanas, o homem, como tema da ciência, não é, como em geral se pensa, uma preocupação que remonte aos gregos antigos. Retroaje apenas a uma data tão recente como o nascimento da era moderna, em fins do século XVIII e princípios do XIX. A partir dessa época, o homem teria sido colocado no centro das explicações que supostamente revelam a verdade de seu ser, história e destino futuro.

Para Foucault, esse desenvolvimento do conhecimento foi ilusório, baseado em uma falsa "antropologização" da realidade. Não é o homem, o "sujeito conhecedor", que deve ser o fundamento das ciências humanas. O que precisa ser estudado são as práticas discursivas das ciências humanas, que constituem e constroem o homem. Foucault manifesta sua admiração incondicional por Nietzsche, que "matou o homem e Deus na mesma ocasião". Questiona todo o status do homem como agente e sujeito, demonstrando que o problema essencial é uma questão de linguagem. O homem é construído por práticas lingüísticas, não pelo fundamento essencial de conhecimento e valor.

> A todos aqueles que ainda desejam falar sobre o homem, sobre seu reino ou libertação, a todos aqueles que ainda se fazem perguntas sobre o que o homem é em sua essência, a todos aqueles que desejam tomá-lo como ponto de partida em suas tentativas de chegar à verdade... a todas essas formas deformadas e contorcidas de reflexão podemos responder apenas com uma risada filosófica... (Foucault 1970: 342-3)

Foucault espera ansioso pelo tempo em que a linguagem terá recuperado seu primado no estudo da condição humana. Nessa ocasião, "poderemos certamente apostar que o homem será apagado, como uma face desenhada na areia à beira-mar".

> Como a arqueologia de nosso pensamento facilmente demonstra, o homem é uma invenção recente. E uma invenção que talvez esteja se aproximando do fim... O homem está no processo de perecer, enquanto o ser da linguagem

> continua a brilhar cada vez mais sobre nossos horizontes. Uma vez que o homem foi constituído em um tempo em que a linguagem estava condenada ao desaparecimento, ele não desaparecerá quando a linguagem recuperar sua unidade? (Foucault 1970: 386-7).

O ataque de Foucault ao caráter centralizado no homem das ciências sociais corresponde ao de Derrida sobre o caráter centralizado no sujeito da filosofia moderna e do pensamento ocidental moderno em geral. Derrida, tal como Foucault, reconhece sua dívida com Nietzsche e também com Heidegger. Seu alvo é definido precisamente na observação seguinte de Heidegger em seu estudo sobre Nietzsche:

> O período que denominamos moderno... é definido pelo fato de que o homem se torna o centro e a medida de todos os seres. O homem é o *subjectum*, aquilo que está na base de todos os seres, isto é, em termos modernos, a base de toda objetificação e representação. (in Habermas 1987: 133)

A reação de Derrida ao paradigma moderno de conhecimento é propor um radical "descentramento do sujeito". A linguagem não tem oradores com identidades coerentes, estáveis. Textos não têm autores com objetivo e intenção definidos. O sujeito ou o autor, tanto quanto o texto, são produtos lingüísticos — ou como diz Paul de Man, "corretamente reduzimos" o sujeito ao "status de mero pronome gramatical". Não há distinção entre literatura e filosofia; todos os discursos fluem e se interpenetram; todos são igualmente "fictícios", produtos iguais de práticas significadoras específicas. Não pode haver uma leitura privilegiada de um texto ou de qualquer outra prática cultural, nenhum significado universal ou autêntico a eles atribuídos. Os textos são abertos, estruturas "dialógicas", trespassadas por "aporias" (contradições que se ramificam) e "heteroglossia" (pluralidade de vozes). Acordos sobre significados podem ser alcançados, se é que o podem, apenas em "comunidades interpretativas" — de críticos ou cidadãos — e se permanecerem internos a elas. De qualquer modo, nenhum autor ou leitor, nenhum agente ou sujeito, pode ser o vetor privilegiado do significado. Da mesma forma que para Baudrillard o *self* não é mais do que a intersecção de mensagens eletronicamente transmitidas, e, para Foucault, o ponto de encontro de fluxos (ou discursos) de poder; para Derrida e os desconstrucionistas o *self* é o lugar onde a linguagem se entrecruza em um arco (ou abismo) espiralante de indeterminação.[12]

Haverá uma conexão clara entre tudo isso e a política e a teoria social pós-modernas? Alguns autores duvidam. O desconstrucionismo, alegam, é tão implacavelmente subversivo que acaba por subverter a si mesmo. A despeito de sua insistência na diferença, evoca um mundo achatado, sem profundidade, entrópico, destituído de toda energia. Sua rejeição radical do conceito de sujeito, ou agente, deixa a sociedade e a história sem uma força que lhes dê direção. Conduz ao desapego e resignação apolíticos, a uma atitude de ironia e divertimento ante o cômico drama humano (Alexander 1994: 181).

Além disso, embora proclame que o conceito de "textualidade" aplica-se ao mundo, e não apenas ao livro, sua esteticização da realidade e obsessão, na prática, com a linguagem escrita pareceram a alguns levá-lo para mais perto do modernismo do que do pós-modernismo. Parece que aceita o princípio modernista de mundo autônomo, separado, de cultura (Huyssen 1992: 60; cf. Connor 1989: 226). Não surpreende, portanto, descobrir um alto grau de ambigüidade e incerteza nas opiniões políticas de muitos dos principais desconstrucionistas — Derrida, por exemplo (Poster 1990: 104-6; mas cf. Derrida 1994).

Contudo, não é tão difícil assim, pelo menos em princípio, ligar pós-estruturalismo e desconstrucionismo à teoria social da pós-modernidade. Eles aceitam a ênfase geral na fragmentação e pluralismo e na ausência de qualquer força centralizadora ou "totalizadora", que constitui um aspecto característico de todas as teorias de pós-modernidade. O que eles tendem a ver no nível individual, a teoria pós-moderna enxerga no nível de sociedade. A dissolução desconstrucionista do sujeito tem paralelo — seja como causa ou efeito — na dissolução pós-moderna do social: não no sentido de negar a sociedade como tal, mas em negar-lhe poder como coletividade corporificada. Da mesma maneira que não há um agente responsável ou ativo no desconstrucionismo — nenhum autor de um texto, por exemplo — na teoria pós-moderna a sociedade não pode agir, pelo menos não da maneira suposta por Marx ou Durkheim.

Esse fato pode levar os teóricos posmodernos a um individualismo radical, que não é possível distinguir facilmente do individualismo da direita radical contemporânea. Mas levou também alguns deles, da esquerda, a reconstruir conceitos tradicionais como democracia. A democracia não pode mais, argumentam, basear-se em uma idéia "essencialista" de um agente racional unitário e universal, o titular de direitos universais, como na teoria liberal clássica. Ela tem que aceitar, no estilo pós-moderno, a pluralidade de perspectivas e as identidades diferenciadas que constituem os indivíduos (ou o que poderia ser denominado de "não-individualidade de indivíduos"). A democracia terá que se adaptar a esse pluralismo irredutível — abandonando a idéia de política consensual, no mínimo, ou a opinião de que o Estado nacional "soberano" é a única arena da política. Esse conceito de democracia deve ser, e foi, atraente para vários grupos interessados na política da identidade e da diferença — feministas, especialmente, mas também outros indivíduos ativos em defesa de grupos étnicos marginalizados e povos pós-coloniais. Seu apelo é no sentido de que não abandonem os objetivos esquerdistas tradicionais de libertação, mas esforcem-se para dar um novo significado aos mesmos e proponham meios diferentes de alcançá-los (Laclau e Mouffe 1985; Mouffe 1993).

Além disso, mesmo autores como Andreas Huyssen, que argumentam que os pós-estruturalistas são essencialmente modernistas em sua preocupação suprema com a linguagem e a cultura, observam uma diferença fundamental entre as formas mais antiga e mais nova do discurso. O modernismo acreditava no poder da arte, intocada por considerações estranhas de política e comércio, para manter vivos certos valores puros. Continha de forma implícita, quando não explicitamente, uma crítica à sociedade moderna, em especial em sua forma burguesa. Esse é o motivo por que veementes paladinos do modernismo como Clement Greenberg também podiam ser marxistas (Clark 1982). O pós-estruturalismo rejeita essa crença no poder redentor da cultura. A arte não pode salvar o indivíduo ou mudar o mundo. Essa visão de redenção sempre foi ilusória e, de qualquer modo, ninguém acredita mais nela.

E é nessa "leitura retrospectiva" do modernismo, na percepção das limitações e das "fracassadas ambições políticas do modernismo" que os pós-estruturalistas demonstram sua afinidade com a teoria pós-moderna (Huyssen 1992: 61). Mais do que isso, talvez. No seu ceticismo radical, na ânsia em desconstruir e dissolver tudo, no seu caráter fundamentalmente antimessiânico e antiutópico, o pós-estruturalismo liga-se diretamente a um dos dogmas centrais da pós-modernidade: o que Lyotard chama de "incredulidade diante das metanarrativas" (1984a: xxiv). Este é um dos atributos mais conhecidos e em geral mais aceitos da teoria pós-moderna, que unifica aquilo que, de outra maneira, seria uma série irremediavelmente difusa e dispersa de proposições. Ao agir assim, mostra de onde a teoria da pós-modernidade recebe seu principal impulso: não do anúncio de alguma coisa nova, em sentido positivo, mas na rejeição do velho, do passado da modernidade.

As "metanarrativas", ou "narrativas empolgantes" de que fala Lyotard são os grandes esquemas histórico-filosóficos de progresso e perfectibilidade criados pela era moderna. Embora as narrativas, que são prescritivas e práticas, sejam diferenciadas por Lyotard de "ciência", que se interessa pela verdade e por alegações de verdade, não pode haver a menor dúvida de que grande parte do interesse das metanarrativas da modernidade dependia de sua associação à ciência e ao método científico. De Kant a Hegel e Marx, de Saint-Simon a Comte e Spencer, o avanço da razão e da liberdade foi associado ao progresso da ciência moderna. A ciência era simultaneamente uma maneira de compreender o mundo e transformá-lo.

É de fato a crise na ciência que pode explicar em parte a atração exercida pela teoria pós-moderna hoje. A rejeição das "grandes narrativas" começou, pelo menos no Ocidente, há algum tempo. Já nas décadas de 1940 e 1950, livros como *The Road to Serfdom* (1944), de F.A. Hayek, *The Open Society and Its Enemies* (1945), de Karl Popper, *The Origins of Totalitarian Democracy* (1952), de Jacob Talmon, e *Historical Inevitability* (1954), de Isaiah Berlin, haviam desfechado ataques poderosos e muito respeitados sobre as proposições filosóficas e históricas de grande parte da teoria social do século XIX. A grande narrativa do marxismo, em particular, como a sobrevivente mais visível e mais bem-sucedida do pensamento do século XIX, foi atacada por suas deficiências teóricas e implausibilidade histórica.

Mas esses fatos não deixaram incólume apenas, na maior parte, a grande narrativa do liberalismo. Mais importante, a ciência permaneceu intocada. Na verdade, ela foi ainda mais exaltada como o único método autêntico de investigação, enquanto sua presença na sociedade — sob a forma de cientistas e instituições científicas — era proclamada por alguns autores, como sir Charles Snow, como a única garantia de progresso futuro e prosperidade. Assim, embora fosse amplamente proclamado que as "ideologias", no sentido de filosofias sociais sistemáticas, haviam sido desmoralizadas, esse fato não impediu que uma ideologia muito forte de progresso se ligasse a idéias e práticas como "modernização" e "industrialização". Nesse disfarce, a grande narrativa continuou a desfrutar uma florescente carreira no Ocidente e no mundo em geral.

A queda do comunismo na Europa Oriental e sua retirada na maioria das outras regiões do mundo debilitou inevitavelmente ainda mais a credibilidade das grandes narrativas (embora, pode-se argumentar com bons fundamentos, o nacionalismo estivesse à espera nos bastidores para herdar o manto). Talvez mais importante, porém, é que a modernização e a industrialização agora estão sob ataque, juntamente com a idéia de progresso que lhes dava respaldo. Há alguns motivos para essa situação, embora o principal seja a disseminação da consciência ecológica. A ecologia lança uma mortalha sombria sobre todas as teorias de progresso que têm por base maior industrialização. A crise de confiança estendeu-se aos próprios cientistas. Eles não só questionam agora a aplicação em massa da ciência ao mundo, mas postulam também perguntas inquietantes sobre o próprio status da ciência como método privilegiado de compreensão (ver, por exemplo, Griffin 1988). Com o surgimento da "nova indeterminação" — para nada dizer dos repetidos ataques de sociólogos —, a ciência em si parece sujeita à mesma subjetividade e relativismo característicos de todas as narrativas. "O jogo da ciência... é posto no mesmo plano que os demais... A ciência joga seu próprio jogo. É incapaz de legitimar os demais jogos de linguagem" (Lyotard 1984: 40-1; ver também 53-60).

Houve uma reviravolta, na verdade, por qualquer que seja o critério — se ela é autêntica —, uma mudança de proporções memoráveis. A modernidade esteve ligada — mesmo que sobretudo retrospectivamente — à Revolução Científica do século XVII (Kolakowski 1990: 7). Foi ela que deu aos modernos a confiança em que poderiam igualar e mesmo ultrapassar as realizações dos antigos. Dessa confiança nasceram os grandes temas e teorias de progresso, razão, revolução e emancipação. Em uma forma ou outra, disfarçada ou explicitamente, elas lastrearam a maioria das políticas do mundo ocidental desde fins do século XVIII até meados deste século.

Agora, se os pós-modernistas têm razão, elas são vazias, palavras pomposas não mais capazes de inspirar compromisso ou ação.[13] Não é apenas porque não há mais "qualquer causa boa e valente" pela qual lutar, no tom aflito do protagonista de *Look Back in Anger*, a peça de 1956 de John Osborne. O importante parece ser que *não* pode haver agora qualquer causa nobre pela qual lutar. A filosofia, seja sob a forma do anti-historicismo de Popper ou do desconstrucionismo de Derrida, solapou as pretensões da maioria das teorias sociais de serem explicações objetivas, científicas do mundo. A política, sob a forma do fracasso do comunismo e de outras experiências explicitamente ideológicas de reconstrução social, minou a confiança em sua capacidade de reformar o mundo. Os disparates espalharam-se agora também pelo liberalismo. O indivíduo racional, autônomo, da teoria liberal foi dissolvido — "desconstruído" — em uma multiplicidade de pessoas parcialmente coincidentes e mutuamente incompatíveis, com diferentes identidades e interesses. A perseguição racional de objetivos por indivíduos que consultam seus interesses e maximizam a utilidade tornou-se uma quimera. A questão, interesse pelo que e de quem, aplica-se devidamente, segundo se alega, tanto ao indivíduo multicéfalo quanto à sociedade pluralista. Nessas condições, a "razão" ou a "verdade" tornam-se impossíveis, porque são objetivos irreais (ver Pangle 1992: 19-56).

Os pós-modernistas podem sustentar seu argumento mencionando um desengajamento e desencanto gerais com a política, tanto nas novas democracias da Europa Oriental quanto nas democracias mais antigas do Ocidente. Esse fato sugere um retraimento e um ceticismo consonantes com a desmoralização das "grandes narrativas". Outros autores, sem aceitar necessariamente o diagnóstico pós-moderno em seus próprios termos, concordaram na medida em que vêem nessa situação um novo e mais profundo "fim da ideologia". Tal é a opinião de Francis Fukuyama, cuja declaração muito debatida sobre o "fim da história" (1992) foi em geral mal-interpretada como justificação triunfalista do liberalismo ocidental contra todas as demais ideologias. Na verdade, Fukuyama acha o liberalismo quase tão desagradável quanto seus rivais. Sua vitória prática no conflito com o comunismo anuncia não uma nova era de liberdade e criatividade, mas um fim da dialética de idéias que deu significado à história. Significa o reinado do consumismo passivo e da vida privada. Em sua melancólica visão nietzscheana do "último homem", Fukuyama evoca um mundo futuro tão carente de esforço ou finalidade importantes como qualquer um dos cenários dos pós-modernistas (Fukuyama 1992: 287-339). A morte das grandes narrativas talvez signifique menos fanatismo, mas também significará a morte da emoção e a perda da criatividade cultural que nasce da luta das ideologias.

O próprio Lyotard adota uma postura ambivalente em relação a tudo isso. A falta de uma "metalinguagem universal" que possa validar as grandes narrativas implica de fato que temos que abandonar as metas iluministas de emancipação universal e sociedade racional. Tampouco essas metas podem ser salvas do modo tentado por Jürgen Habermas, que imagina a obtenção de um "consenso" racional através de diálogo entre atores livres e iguais. Essa esperança repousa ainda na crença do Iluminismo na humanidade como um "sujeito coletivo (universal)", que tenta obter sua "emancipação comum" procurando uma estrutura de regras gerais ou acordadas que governem todas as formas de interação. Mas não há essas regras universais do jogo — de *todos* os jogos — e nenhuma perspectiva, por conseguinte, de consenso. Temos de reconhecer que "qualquer consenso sobre as regras que definem o jogo, e as 'jogadas' que nele podem ser feitas, *tem* que ser local, ou, em outras palavras, aceito pelos atuais jogadores e sujeito a eventual cancelamento" (Lyotard 1984: 66).

Mas aqui há motivos para algum tipo de otimismo. O abandono das grandes narrativas deixa o caminho aberto para o livre intercâmbio de "narrativas modestas" (*petits récits*). As narrativas modestas são para Lyotard o material da "invenção imaginativa" tanto na ciência quanto na vida social. São formas de conhecimento "consuetudinário" ou "local", com a contextualidade, a impermanência e as limitações que isso sugere (cf. Geertz 1983). As narrativas modestas — como, na verdade, todas as narrativas privadas de suas pretensões científicas — não dependem de validação externa, objetiva, mas são internas às comunidades nas quais surgem. Elas determinam seus próprios critérios de competência e definem o que tem o direito de ser dito e feito — isto é, são autolegitimadoras. Ao contrário das alegações científicas das grandes narrativas, que são baseadas em universais homológicos, as modestas são "paralógicas", o que significa que elas aceitam o que, de acordo com os cânones da lógica científica, seria denominado de falso raciocínio e argumentos ilógicos.[14] Demonstram "sensibilidade às diferenças" e disposição de "tolerar o incomensurável". Nisto, como na maioria dos outros aspectos, elas se assemelham a histórias populares contadas nas sociedades tradicionais, como na Grécia de Homero (Lyotard 1984: xxv, 18-23, 60).

A visão política subjacente a tudo isso é, como em grande parte dos trabalhos de Lyotard, muito vaga. Ela se esforça para chegar a uma idéia de "comunidade aberta", baseada, entre outras coisas, no "contrato temporário". Este, diz Lyotard, "corresponde ao curso que a evolução da interação social está seguindo atualmente. O contrato temporário está, na prática, superando instituições permanentes nos domínios emocional, sexual, cultural, familiar e internacional, bem como nos assuntos políticos" (1984: 66). Este eco de pós-fordismo não é de todo tranqüilizador, como reconhece o próprio Lyotard. Deixa espaço para exploração e insegurança, e não só para flexibilidade e liberdade. Mas, para ele, sugere as formas que o futuro assumirá. Nada mais de organizações e instituições permanentes, encaixadas na estrutura rígida da nação-estado. Nada mais de ideologias "totalizadoras", estabelecendo metas distantes dentro do conceito de esquemas pseudocientíficos para o futuro. Em vez disso, uma rede de comunidades frouxamente ligadas, inventando suas próprias formas de vida e descobrindo meios próprios para expressá-las. Nada de sistemas sociais governados por metalinguagens, mas "a 'atomização' do social e sua transformação em redes flexíveis de jogos de linguagem" (Lyotard 1984: 17). Nada de "leis" científicas de sociedade, mas costumes e práticas locais; não "legisladores", mas "intérpretes" da cultura, que procuram tornar as comunidades mutuamente inteligíveis (cf. Bauman 1987; 1992: 1-25). Nada de Marx — mas Proudhon?

Uma Nova Sociedade? Uma Nova Época?

O gesto de Lyotard em relação ao futuro levanta, finalmente, a questão da pós-modernidade e do tempo. Onde e como a pós-modernidade se situa na história? Considera-se como um novo período? Anuncia o surgimento de uma nova sociedade ou civilização? O que significa o "pós" de pós-modernidade?

O prefixo "pós" sempre foi ambíguo em teoria social. O termo "pós-industrial" constitui um bom exemplo disso. Para alguns autores, em especial historiadores econômicos, ele significou a sociedade criada depois e como resultado da Revolução Industrial de fins do século XVIII. Nesse sentido, usaram-no para se referir ao que a maioria dos sociólogos tem designado simplesmente como "sociedade industrial". Para sociólogos como Daniel Bell, por outro lado, "pós-industrial" refere-se à sociedade que está emergindo e sucedendo a sociedade industrial clássica. Em sua opinião, a sociedade pós-industrial é a que vem *depois* da sociedade industrial. Como vimos acima, ele, no fim, acabou por dar à nova sociedade outro nome, o de "sociedade de informação".[15]

Ainda assim, mesmo no caso de Bell, há certa ambigüidade. "Pós-industrial" deriva evidentemente de industrial. Traz sua marca. O próprio nome implica certo grau de continuidade, como se a nova sociedade só conseguisse se definir com um olhar retrospectivo. Quanto de continuidade? Para algumas pessoas, o que Bell considerou como pós-industrial eles viram como sociedade "super" ou "hiper" industrial, tão impressionados ficaram com o alto grau de continuidade (ver, por exemplo, Kumar 1978).

O posmodernismo e a pós-modernidade equacionam, de uma forma ainda mais aguda, o problema de período e novos começos. Há autores, é claro, como Charles Jencks e Ihab Hassan, que têm certeza de que uma nova cultura e sociedade estão emergindo, que ultrapassará a modernidade. Com menos clareza e certamente com menos otimismo, há pensadores, como François Lyotard, que definem a "condição" pós-moderna como ainda presa a um princípio industrial predominantemente moderno de "desempenho". É uma pós-modernidade lutando para nascer, para esconjurar o íncubo do passado (no caso de Lyotard, em parte para recuperar a subversividade do movimento original do modernismo).

O caso mais típico, porém, é também mais ambíguo, da forma exemplificada por autores como Fredric Jameson e Scott Lash. Ambos rejeitam formalmente a idéia de uma sociedade nova, pós-moderna. A *cultura* posmoderna, que reconhecem, eles consideram, nas palavras de Jameson, como "o dominante cultural da lógica do capitalismo tardio" (Jameson 1992: 46; cf. Lash 1990: 3; Lash e Urry 1994: 15). Mas ambos não só elevam a cultura a um novo papel central na economia e na sociedade, mas toda a descrição que fazem do capitalismo "tardio" (ou "desorganizado") sugere que nos encontramos em uma situação radicalmente nova, uma situação que a separa de forma definitiva da sociedade anterior.

Para Jameson, da mesma forma que o realismo na cultura corresponde ao capitalismo de mercado, o modernismo ao capitalismo monopolista ou imperialismo, o posmodernismo corresponde ao capitalismo tardio, ou multinacional. Essa tipologia histórica, note-se, já expressa uma seqüência de estágios e períodos. Jameson, porém, vai mais longe ao demarcá-los de maneira a enfatizar as descontinuidades e diferenças entre eles. Todos eles podem ser capitalistas, mas esse fato parece de menor importância em comparação com o que distingue os diferentes estágios ou ordens do capitalismo.

O capitalismo tardio, portanto, inaugura a "Terceira Idade da Máquina", na qual a nova tecnologia da informação e da comunicação vem ocupar a posição dominante na infra-estrutura econômica, relegando à tecnologia de manufatura um papel subordinado. Ela estabelece "uma rede de poder e controle... de difícil apreensão por nossa mente e imaginação: toda a rede nova, descentralizada, do terceiro estágio do capital". Repetidamente, Jameson volta "à incapacidade de nossa mente, pelo menos no presente, de mapear a grande rede global, multinacional, descentralizada de comunicação, na qual nos encontramos imersos como sujeitos individuais". Ele fala do "espaço original ainda não teorizado de algum novo 'sistema mundial' de capitalismo multinacional, ou tardio", "como um novo modo ainda inimaginável de representar" seu novo "espaço mundial" (Jameson 1992: 35-6, 38, 44, 50, 54). Ainda estamos claramente, segundo Jameson, em um mundo capitalista. Mas tudo o que ele diz sobre o terceiro estágio — o novo alcance global do capital, a importância decisiva da mídia e da comunicação, o papel valorizado da cultura, a perda do senso de história — aponta para uma nova era.

A opinião de Lash é semelhante. Seu trabalho posterior em colaboração com John Urry vai ainda mais longe no traçado do esboço de uma nova sociedade de "signos e espaço", uma sociedade na qual os signos substituíram as coisas, e objetos — tanto pessoas como imagens — são capturados em um fluxo de âmbito mundial (Lash e Urry 1994). Este é ainda o "capitalismo desorganizado", para usar a expressão anterior de ambos. Mas eles não hesitam em falar na "sociedade pós-industrial" e na "posmodernização das economias políticas contemporâneas". Mais notável ainda, eles indicam o crescimento de um alto grau de "reflexividade", ou autoconsciência, entre as populações das sociedades industriais contemporâneas, a um ponto em que ela está criando novas possibilidades de relações sociais em uma larga variedade de esferas — em "relações íntimas, amizade, trabalho, lazer e consumo" (Lash e Urry 1994: 31). Mais uma vez, o "fim do capitalismo organizado" parece nos lançar em uma nova situação, onde as velhas regras não mais se aplicam e onde emergiram novas maneiras de pensar e de agir. A "pós-modernidade", da forma em geral caracterizada, não parece uma descrição ilusória dessa nova condição — sobretudo se levarmos em conta que pós-modernidade e capitalismo, como vimos em David Harvey, não são necessariamente conceitos antitéticos.

Jameson e Lash exemplificam outro importante aspecto dos trabalhos sobre pós-modernidade. Tal como outros teóricos, eles não se identificam com o enfoque pós-moderno. Mas são tão simpáticos a seus conceitos básicos e os elucidam com tal compreensão que parecem, na prática, aceitar a visão pós-moderna do mundo. São, na verdade, pós-modernistas disfarçados. Isso, aliás, acontece freqüentemente com pós-modernistas. É de fato muito difícil encontrar alguém que se declare inequivocamente favorável à posição pós-moderna. Uma das curiosidades do muito badalado partido pós-moderno é como parecem ser poucos seus membros de carteirinha. A maioria dos pensadores franceses ligada à teoria, por exemplo, ou se distancia publicamente dela ou evita referir-se a ela em seus trabalhos. Aqueles que, como Jencks, se declaram pós-modernistas "puros" tornam-se vulneráveis a violento ataque crítico, para não dizer ao ridículo. É uma provocação perigosa ser pós-modernista, pelo menos nos círculos acadêmicos. Há muito mais livros e artigos dizendo-nos o que está errado com a teoria pós-moderna do que declarações a seu favor — ou mesmo, aliás, dizendo-nos claramente o que ela é.

A pós-modernidade, porém, tem mais amigos do que essa situação poderia nos levar a crer. Há, na verdade, um bom número de pós-modernistas disfarçados. Deixando de lado os adversários declarados da teoria pós-moderna (como, por exemplo, Callinicos 1989; Norris 1991), há muitos autores, como Jameson e Lash, cujo próprio envolvimento e fascínio pelos fenômenos pós-modernos parecem um meio caminho para a aceitação de uma posição pós-moderna.[16] Eles são os simpatizantes da pós-modernidade, ainda que não membros registrados do partido. Nessa medida, dão apoio à idéia de que estamos, na verdade, em um período novo, pós-moderno da história.

Mas há uma posição alternativa, que foi convincentemente exposta por Zygmunt Bauman, Andreas Huyssen e outros autores. Embora negando em geral que a pós-modernidade seja uma nova era, ela aceita que nos encontramos em uma nova situação, uma vez que agora podemos, pela primeira vez, examinar retrospectivamente a modernidade. Podemos refletir sobre ela. O "pós" de pós-modernidade refere-se não tanto a um novo período ou sociedade chegando "após" a modernidade quanto à opinião sobre a modernidade possível após o término da modernidade — ou, pelo menos, quanto dela poderia ser completada em seus próprios termos. A pós-modernidade significa que a modernidade pode ser agora examinada "como num espelho retrovisor" (Nederveen Pieterse 1992: 26). Ou como disse Matei Calinescu, a pós-modernidade não é "um novo nome para uma nova 'realidade' ou uma 'estrutura mental' ou ainda uma 'visão do mundo', mas uma perspectiva da qual podemos formular certas perguntas sobre a modernidade em suas manifestações gerais" (Calinescu 1987: 278).[17]

É uma idéia atraente. Parece captar bem o que muitos críticos e teóricos pós-modernos estão de fato fazendo. E é também satisfatoriamente histórica na maneira como situa a pós-modernidade no fim do período da história — aproximadamente, os últimos duzentos anos — durante o qual se pode dizer com boas razões que a modernidade se esgotou. À semelhança de Hegel, declara que só agora, à medida que a noite cai sobre o projeto moderno, é que podemos ver o que ela de fato era, o que pretendia. Conhecimento e compreensão chegam-nos *post factum*. Pós-modernidade é modernidade relembrada, se não na tranquilidade pelo menos ao fim de um dia de trabalho. O conceito de pós-modernidade, diz Bauman,

> proporciona um ponto de observação novo e externo, no qual alguns aspectos do mundo que surgiram na esteira do Iluminismo e da Revolução Capitalista (aspectos invisíveis ou aos quais foi atribuída importância secundária quando observados de dentro do processo inacabado) adquirem relevo e podem ser transformados em questões decisivas do discurso...
>
> A pós-modernidade pode ser interpretada como modernidade plenamente desenvolvida, avaliando-se em profundidade as conseqüências esperadas de seu trabalho histórico... modernidade consciente de sua verdadeira natureza — *modernidade por si mesma*. (Bauman 1992: 102-3, 187; ver também 23-4)[18]

Na opinião de Bauman, essa perspectiva significa que hoje estamos mais conscientes dos limites da modernidade, de sua proposta superambiciosa e, até certo ponto, tirânica. A condição posmoderna é "modernidade emancipada de falsa consciência". Em especial, os intelectuais compreendem agora que seu papel não pode ser o de estabelecer regras e padrões absolutos para a sociedade, de acordo com alguma idéia sobre princípios universais de verdade e razão. Não existe nenhum princípio desse tipo. Os intelectuais têm de aceitar um papel mais modesto de intérpretes e intermediários de costumes e culturas, utilizando suas habilidades para ajudar comunidades a se entenderem reciprocamente. Embora isso possa parecer uma redução da alta posição dos "legisladores" modernistas, ela não só é mais realista, mas inclui a vantagem de devolver ao indivíduo "a plenitude da opção moral e da responsabilidade". Indivíduos e sociedades são muito menos determinados, muito mais livres para moldar seus próprios destinos, do que lhes permitia a teoria social clássica da modernidade. Nesse sentido, a pós-modernidade, como perspectiva, libera parte do potencial oculto da modernidade. Revela o espírito moderno que a modernidade aspirou a controlar e restringir através da construção de uma sociedade aperfeiçoada, racional, governada por especialistas. "O estado de espírito posmoderno constitui... a vitória radical da cultura moderna (isto é, inerentemente crítica, inquieta, insatisfeita, insaciável) sobre a sociedade que queria melhorar, escancarando-a a seu próprio potencial" (Bauman 1992: viii, 188).

Huyssen, igualmente, considera o posmodernismo uma oportunidade, uma abertura para novas possibilidades que sempre estiveram latentes ou eram inerentes à modernidade. Essa expectativa surgiu pelo reconhecimento dos limites do modernismo no modo de modernidade; a percepção de que houve uma confusão entre modernismo e modernização. "Só na década de 1970", diz ele, "é que os limites históricos do modernismo entraram em nítido foco." Daí o surgimento do posmodernismo como movimento cultural. O posmodernismo, portanto, expressava uma crise no modernismo. Mas não significava o fim da modernidade ou mesmo do modernismo. O posmodernismo não tornou obsoleto o modernismo; bem ao contrário, "lançou uma nova luz sobre ele" e apropriou-se de muitas de suas técnicas e estratégias para suas próprias finalidades. Mas força-nos a rejeitar a "história de mão única do modernismo, que o interpreta como um desdobramento lógico na direção de uma meta imaginária". Leva-nos a reconhecer que o modernismo é uma questão aberta, necessariamente incompleta, cheia de possibilidades que foram excluídas pelas ideologias reveladas de modernidade (tanto marxistas como burguesas). O que se tornou obsoleto, portanto, foram "as codificações do modernismo... que se baseiam em uma visão teleológica do progresso e da modernização" (Huyssen 1992: 67). E é esse o espaço ora ocupado pelo posmodernismo, com sua concepção radicalmente diferente de progresso e história.

O que realça ainda mais a atração dessa postura geral — o pós-modernismo como questionamento e libertação da modernidade — é que corresponde muito de perto a algumas outras opiniões muito respeitadas sobre o estado atual das sociedades modernas. Nesses casos, há uma negação explícita de se estar fazendo uma análise pós-moderna, mas o que é exposto não parece muito diferente do que dizem Bauman e Huyssen. Anthony Giddens e Ulrich Beck são os defensores mais conhecidos da opinião de que as sociedades modernas, embora não seja útil considerá-las "pós-modernas", chegaram a um estado de "alta" ou "radicalizada" modernidade, no qual a característica dominante é um elevado grau de "reflexividade". Com isso, eles querem dizer que as sociedades modernas chegaram a um ponto em que são obrigadas a refletir sobre si mesmas e que, ao mesmo tempo, desenvolveram a capacidade de refletir *retrospectivamente* sobre si mesmas. Giddens tende a enfatizar a auto-reflexividade pessoal, individual — o "plano de vida", enquanto Beck dá destaque à auto-reflexividade societária —, à monitoração social e movimentos sociais. Ambos, porém, compartilham da opinião de que os antigos modelos de desenvolvimento das sociedades modernas criam agora problemas e dilemas tão fundamentais que questionam qualquer movimento de acordo com esses princípios. A modernidade tem de fazer agora um inventário de si mesma e tornar-se autoconsciente de seu futuro. "Não ultrapassamos a modernidade, estamos vivendo exatamente uma fase de sua radicalização" (Giddens 1990: 51; ver também 150-73; Giddens 1991; Beck 1992; Beck, Giddens e Lash 1994).[19]

No caso de Beck, o argumento assume a forma inusitada de uma preocupação com o alto grau e alto número de "riscos" criados pela sociedade moderna — riscos ligados a questões como a poluição ambiental, o uso perigoso da energia nuclear e o tratamento industrial de alimentos e agricultura. O que isso implica, contudo, não é o fim da modernidade, mas o surgimento de uma "sociedade de risco" autoconsciente, que assume a tarefa de modernizar os princípios da modernidade. A modernidade tem até agora se considerado, estreitamente, como "sociedade industrial". Esta, contudo, é apenas imperfeitamente moderna, mais uma "sociedade semimoderna", não tanto por causa da persistência de resquícios feudais, mas porque suas próprias práticas e instituições negam os princípios gerais de modernidade, da forma concebida pelo Iluminismo. A sociedade de risco reconhece que continuar de acordo com os princípios do industrialismo clássico implica correr o risco de autodestruição. A exigência agora é menos industrialização e mais modernização — mais aplicação dos princípios da modernidade às práticas e perspectivas perigosamente limitadoras da sociedade industrial capitalista. O resultado — como também concebido do ponto de vista pós-modernista de Bauman e Huyssen — seria liberar a modernidade de sua escravidão neurótica a uma parte limitada de si mesma, para desencadear todo o seu potencial de reflexão racional e de desenvolvimento harmonioso.

> Da mesma maneira que a modernização dissolveu a estrutura da sociedade feudal no século XIX e criou a sociedade industrial, a modernização está hoje destruindo a sociedade industrial e outra modernidade vem tomando forma... Hoje, no limiar do século XXI, no mundo ocidental desenvolvido, a modernização *consumiu e perdeu o seu outro* e agora solapa suas próprias premissas como sociedade industrial, juntamente com seus princípios funcionais. A modernização no horizonte da experiência de *pré*-modernidade está sendo substituída pela modernização *reflexiva*... A modernização *nos* caminhos da sociedade industrial está sendo substituída pela modernização dos seus *princípios*... E é esse *antagonismo,* que se abre entre sociedade industrial e modernidade, que distorce nossas tentativas de proceder a um "mapeamento social", tão acostumados estamos a conceber modernidade *nas* categorias da sociedade industrial... Estamos presenciando não o fim, mas o início da modernidade — isto é, de uma modernidade *além* de seu projeto industrial clássico... A modernização reflexiva significa não menos, e sim mais modernidade, uma modernidade radicalizada contra os caminhos e categorias da sociedade industrial clássica. (Beck 1992: 10, 14-5; ver também 57, 81-2, 87, 104, 153-235)

Bauman e Huyssen falam em pós-modernidade e pós-modernismo: Giddens e Beck, em modernidade tardia e modernização reflexiva. O fato de que, a despeito disso, eles conseguem concordar substancialmente sobre o que todos consideram como aspecto fundamental das sociedades industriais contemporâneas, constitui uma indicação de que a idéia de estágio, ou período histórico, não é crucial para o debate posmoderno. Hassan, por exemplo, um dos principais defensores da posição pós-moderna, negou claramene que isso signifique que temos de falar de uma nova era ou período sucedendo o moderno. O posmodernismo é tão hibridizado como qualquer período ou estilo; talvez apenas, um pouco mais.

> A história se desenvolve em etapas, tanto contínuas quanto descontínuas. A prevalência do posmodernismo hoje em dia, portanto... não sugere que idéias ou instituições do passado deixem de moldar o presente...
>
> O modernismo e o posmodernismo não são separados por uma Cortina de Ferro ou uma Muralha da China, isto porque a história é um palimpsesto e a cultura é permeável ao tempo passado, ao tempo presente, ao tempo futuro. Desconfio que todos nós somos, ao mesmo tempo, um pouco vitorianos, modernos e posmodernos. Isso significa que um "período" deve ser visto simultaneamente em termos de continuidade *e* descontinuidade, sendo as duas perspectivas complementares e parciais... (Hassan 1985: 119, 121).

Hassan, contudo, de fato sugere que, ao contrário de termos como romantismo e classicismo, barroco e rococó, a palavra posmodernismo "evoca o que deseja ultrapassar ou suprimir, o próprio modernismo. O termo contém em si seu inimigo..." (1985: 121), o que sugere maior grau de dependência do posmoderno em relação ao moderno do que está normalmente implícito na sucessão de tipos ou períodos históricos. A suspeita de que possamos estar pensando em termos errados em posmodernidade é reforçada pela referência freqüente, na literatura posmodernista, àqueles que Hassan denomina de "pré-posmodernistas": os ancestrais e precursores do posmodernismo contemporâneo (Hassan 1992: 198). Todos os movimentos têm seus predecessores heróicos, embora alguns críticos tenham protestado contra a difusão histórica incomumente ampla, bem como a imensa variedade daqueles que constituem a genealogia do posmodernismo (ver, por exemplo, Berman 1983: 351). Uma coisa é ver em pensadores relativamente recentes como Nietzsche, Simmel, James, Heidegger e Levinas os pais do pensamento posmodernista. Mas parece que é forçar demais a situação identificar precursores literários não apenas em Borges e Gertrude Stein, não só em Baudelaire e as Brontë, não somente em Sterne e Blake, mas também em Rabelais, Cervantes e mesmo Homero — para não mencionar os artistas e pensadores do período barroco.[20] Hassan, com toda franqueza, observa que "há alguma prova de que o posmodernismo, e mais ainda o modernismo, estão começando a falsear e escorregar no tempo" (1985: 121), mas essa mistura promíscua de épocas históricas, estendendo-se por um período de dois mil anos, não somente lança dúvidas sobre a novidade e excepcionalidade do posmodernismo, mas sugere que seus proponentes não levam a sério o trabalho de periodização histórica. Tudo isso se parece demais com um típico jogo pós-modernista.

Mas devemos lembrar que, pelo menos até o ponto em que vai o pós-modernismo cultural, os autores em causa pouco mais fazem do que seguir práticas bem conhecidas na história cultural. Tem sido comum, por exemplo, recuperar ou descobrir clássicos "negligenciados" do passado ou identificar em clássicos consagrados as sementes de formas de expressão futuras. Não há nada de errado em descobrir elementos posmodernistas no *Tristran Shandy*, de Sterne, ou em rebatizar Joyce, Kafka ou mesmo Flaubert de escritores posmodernistas. Todos os movimentos — não só políticos mas também culturais — "reinventam seus ancestrais". Um estilo, tal como um período ou modo de produção, só pode identificar sua ancestralidade, sua genealogia, depois de ter atingido um certo estágio de desenvolvimento. Só então pode saber com clareza quais são seus aspectos principais. A descoberta de numerosos "pré-posmodernistas" talvez possa ser considerada alguma prova da realidade da cultura posmoderna.

No fim, porém, a atitude alegremente desdenhosa que os proponentes da pós-modernidade exibem em relação ao passado é uma indicação de sua profunda indiferença ao mesmo. Já tivemos oportunidade de ver, na arquitetura, sua maneira eclética de lidar com formas passadas, o amor pelo pastiche e pela paródia. O passado é como um brinquedo, a ser destruído e depois recuperado para finalidades estéticas. Os exemplos literários incluiriam o novo tipo de romance "histórico", como *A mulher do tenente francês* (1969), de John Fowlers, e *Ragtime* (1975), de E.L. Doctorow. Nesses casos, não há nenhuma tentativa de reconstruir o passado, à maneira, digamos, de Walter Scott ou Victor Hugo. Em vez disso, imagens ou estereótipos do passado — o puritanismo vitoriano, a era do jazz — são empregados intencionalmente e com certo constrangimento para criar efeitos especiais, não raro de um tipo irônico. Não há idéia de fidelidade ao passado ou qualquer tentativa de tratá-lo como parte orgânica do presente (ver Jameson 1992: 16-25; ver também Hutcheon 1988: 105-23).

A rejeição pós-moderna da grande narrativa também desvaloriza o passado. O passado não é mais uma história na qual podemos nos situar — seja uma história de crescimento, progresso e emancipação, ou de crescimento, maturidade e declínio. Não temos fundamentos para interpretar essa significação na história. O passado é basicamente sem sentido. Daí a inutilidade de falar em pós-modernidade como uma era ou período que "sucede" a modernidade.[21] Isso ainda sugeriria alguma significação, alguma idéia de desenvolvimento ou mesmo de progresso, no registro histórico. Na visão pós-modernista, todos os períodos são iguais — igualmente cheios e igualmente vazios, igualmente interessantes e desinteressantes. "No posmoderno, o passado em si desapareceu — junto com o conhecido 'senso de passado', ou historicidade e memória coletiva" (Jameson 1992: 309; ver também Harvey 1989: 54). O que toma seu lugar são simulacros, imagens ou representações do passado — mas sem nenhum senso de passado que seja representado.

Quando a "morte do passado" foi anunciada há algum tempo, a declaração tinha como uma de suas intenções o repúdio da história especulativa ou "filosófica" e sua substituição pela história sóbria, "científica" — pelo que era considerado como a verdadeira história (ver, por exemplo, Plumb 1973). A rejeição pós-moderna do passado vai muito mais fundo. Tampouco ela tem tempo para a história sóbria, científica. Ela vive no que Jameson chama de um "presente sem profundidade", sem senso de passado ou de futuro. A obsessão modernista com o novo só foi possível quando o velho, o passado da sociedade pré-moderna, estava ainda suficientemente presente para atuar como realce e contraste. O velho desapareceu agora por completo, pelo menos no Ocidente, e o novo não tem mais capacidade de excitar e estimular a imaginação (Jameson 1992: 307-11; ver também Anderson 1984). O fim da "tradição do novo" significa também o fim de um senso de futuro como algo que acelera constantemente para longe e para distanciar-se do passado. O que persiste, a única coisa que nos dá material para contemplação, é o presente eterno.

Com a desvalorização do tempo ocorreu a valorização do espaço. O plano do presente eterno é espacial. Se as coisas não tiram importância de seu lugar na história, podem tirá-la de sua distribuição no espaço. A pós-modernidade se movimenta pelo contemporâneo e pelo simultâneo, em tempo antes sincrônico do que diacrônico. Relações de proximidade e distância no espaço, e não no tempo, tornaram-se os critérios de importância.

A implosão espacial produzida pela rede de informação e comunicação global é um exemplo. Não ser parte dela é estar privado de uma parte importante da vida contemporânea. As redes multinacionais do capitalismo global constituem outro exemplo, a outra face da descentralização e dispersão, que são os aspectos mais óbvios da economia pós-fordista. Em ambos os casos, os indivíduos são inseridos em novos conjuntos de relações sociais, tanto as em funcionamento como além das mesmas, no tocante uns aos outros. E há também a nova importância da paisagem tradicional e da paisagem urbana, a percepção mais aguçada do espaço urbano e da necessidade de regulamentar o campo. As atividades de grupos ecológicos e de outros movimentos sociais interessados em formas urbanas e espaços naturais constituem uma indicação óbvia desse aspecto. Há também o recente desenvolvimento de cidades "pós-modernas", como Los Angeles, com suas comunidades urbanas radicalmente descentralizadas. Esse fato destaca a desindustrialização das cidades mais antigas e as tribulações dos novos grupos da "subclasse" urbana aprisionados em centros de cidades decadentes. Tudo isso exige um novo tipo de "mapeamento cognitivo", uma nova maneira de perceber as relações espaciais entre bairro, cidade e sistemas globais de informação e organização econômica (ver, sobre tudo isso, Soja 1989; Harvey 1989; Agnew e

Duncan 1989; Carter et al. 1993; Lash e Urry 1994; Jameson 1992: 364-76, 410-8).

O domínio do espacial, argumentaram alguns autores, estende-se mesmo ao sentido de *self* e identidade pessoal. O "sujeito descentralizado" da teoria pós-moderna não pensa mais em sua identidade em termos históricos ou temporais. Não há mais expectativa de um desenvolvimento contínuo por toda a vida, nenhuma história de crescimento pessoal no tempo. Em vez disso, o *self* pós-moderno considera-se uma entidade descontínua; como uma identidade, ou identidades, constantemente construídas e reconstruídas em tempo neutro. Nenhuma única identidade ou segmento de identidade é privilegiado em relação a outros, não há desenvolvimento ou amadurecimento no tempo. Essa situação parece exigir uma metáfora do *self* concebida em termos espaciais — ou, para dizer de outra maneira, em termos esquizofrênicos, "os puros e não-relacionados presentes no tempo" experimentados pelo esquizofrênico, que é incapaz de unificar passado, presente e futuro (Jameson 1992: 27). A biografia pessoal torna-se uma questão de experiências e identidades descontínuas, e não a história de uma personalidade em desenvolvimento. O indivíduo pós-moderno não experimenta a "educação sentimental" nem o crescimento pessoal de Wilhelm Meister de Goethe, ou de David Copperfield, de Dickens. Ele, com mais probabilidade, sentirá certa semelhança com o jogador de Lucke Reinhart, interminavelmente trocando de papéis e identidades em um eterno presente.

Mas estamos aqui em território de Foucault, e talvez seja apropriado que ele nos diga a última palavra sobre a ascensão do espacial:

> A grande obsessão do século XIX foi, como sabemos, a história; com seus temas de desenvolvimento e estagnação, de crise e ciclos, temas de um passado sempre acumulador, com sua grande preponderância de mortos e a ameaçadora glaciação do mundo... A época atual será talvez, acima de tudo, a época do espaço. Estamos na época da simultaneidade: estamos na época da justaposição, do perto e do longe, do lado a lado, do disperso. Estamos em um momento, acredito, em que nossa experiência do mundo é menos a de uma longa vida desenvolvendo-se no tempo do que a de uma rede que liga pontos e se interliga com seu próprio grupo. (in Soja 1989: 10)

Portanto, temos aqui o mundo pós-moderno: um mundo de presente eterno, sem origem ou destino, passado ou futuro; um mundo no qual é impossível achar um centro ou qualquer ponto ou perspectiva do qual seja possível olhá-lo firmemente e considerá-lo como um todo; um mundo em que tudo que se apresenta é temporário, mutável ou tem o caráter de formas locais de conhecimento e experiência. Aqui não há estruturas profundas, nenhuma causa secreta ou final; tudo é (ou não é) o que parece na superfície. É um fim à modernidade e a tudo que ela prometeu e propôs.

Será esse o nosso futuro? De que maneira ele difere das visões dos teóricos da sociedade de informação ou das projeções dos teóricos pós-fordistas? Chegou a hora de analisar os três enfoques em conjunto e perguntar de que maneira eles podem nos ajudar a pensar em nossa condição presente e perspectivas futuras.

6

Temas Milenares: Fins e Começos

A queda do comunismo pode ser considerada um sinal de que o pensamento moderno — baseado na premissa de que o mundo é objetivamente cognoscível e que o conhecimento assim obtido pode ser inteiramente generalizado — chegou à crise final.

Vaclav Havel (1992: 15)

O que estamos vivendo não é a crise da modernidade. Estamos experimentando a necessidade de modernizar os pressupostos sobre os quais se baseia a modernidade. A crise atual não é a crise da razão, mas a... dos motivos irracionais da racionalização, da maneira como esta tem sido buscada até agora.

André Gorz (1989: 1)

O importante é que estamos inseridos a tal ponto na cultura do posmodernismo que é impossível repudiá-lo facilmente, da mesma maneira que qualquer louvação superficial da mesma é presunçosa e deturpada.

Fredric Jameson (1992: 62)

Apocalipse e Milênio

Teorias que anunciam alguma mudança espetacular, uma nova direção, não são novidade na história do Ocidente. Elas acompanharam, por exemplo, a Renascença e a Reforma. Estiveram presentes no século XIX, no início da modernidade. Foram importantes em fins do século passado, nas décadas de 1890 e 1900. De nosso ponto de vista, as mais interessantes são justamente estas últimas, pois demonstram alguns paralelos notáveis com nossa própria situação. Elas não só surgiram, como as nossas, em fins de século, mas exibem alguma coisa do mesmo caráter. Naquela ocasião como agora, observava-se a mesma mistura de esperança e desolação, de confiança e desespero. Prognósticos apocalípticos de decadência e degeneração eram contrabalançados por declarações altissonantes de que nunca, em tempo algum, a civilização ocidental alcançara tais níveis de prosperidade e progresso. Da mesma forma que hoje, enquanto alguns deploravam o impacto produzido pelas sociedades ocidentais e a disseminação de seu materialismo por todo o mundo, outros se rejubilavam com o fato de que a civilização do Ocidente — valores e instituições ocidentais — havia aparentemente se tornado o único modelo aceitável para o resto das sociedades do mundo (Adas 1994).

Os *fins-de-siècle*, pelo menos na tradição ocidental, apresentam a tendência de inspirar esse tipo de pensamento profético. "Nosso senso de época", disse Frank Kermode, "deleita-se, acima de tudo, com os fins de século" (Kermode 1968b: 96; ver também Schwartz 1990). Essa idéia tem presumivelmente alguma coisa a ver com o emaranhado legado de milenarismo no pensamento ocidental. Embora o milenarismo se refira sobretudo ao Segundo Advento de Cristo e seu reinado de mil anos sobre a terra — *o* milênio —, aplicou-se também à profecia do fim do mundo no final do (primeiro) milênio, após o aparecimento de Cristo neste mundo. Embora o ano 1000 tenha terminado sem que o mundo acabasse, o pensamento ocidental continuou fascinado pela idéia de fins de milênios ou — analogicamente — séculos, como sendo algo peculiarmente revelador da natureza das coisas e do que o futuro nos reserva.

Habitualmente, por conseguinte, o sentimento milenarista concentrado em *fins-de-siècle* continha dois aspectos. Havia um senso de fim — a princípio, o fim do mundo e da história terrena; e a viva expectativa de um novo começo, de uma era radicalmente nova de paz, liberdade e felicidade — o milênio cristão original. Os pavores apocalípticos ligados ao fim do mundo — a imagística de fogo e espada do Livro do Apocalipse — misturavam-se com esperanças e expectativas milenaristas de que, após a tempestade, haveria a bonança de uma grande paz e alegria, "um novo céu e uma nova terra". Fins e novos começos eram combinados em uma única estrutura de pensamento, embora fosse sempre possível a determinadas eras e pensadores escolher qual aspecto estudariam com mais profundidade.

Seria errôneo sugerir que as teorias atuais de mudança nas sociedades industriais incluem exclusivamente esse sentimento de *fin-de-siècle*. A primeira delas, a teoria inicial da sociedade pós-industrial, da forma concebida por Daniel Bell, surgiu já em tempo relativamente antigo, a década de 1960. Desde essa época tem havido uma corrente ininterrupta de teorias desse tipo, entre as quais se destacam as estudadas neste livro. Estamos, portanto, falando em teorias que ocuparam todo o último terço deste século. Além disso, em comparação com os *fins-de-siècle* passados, as visões correntes do próximo século são peculiarmente carentes em *élan*, primando pela discrição. O anúncio do fim deste ou daquele projeto ou período — "modernidade", "história" — desperta pouca emoção ou esperança, pouco senso de novo começo ou de algo a esperar ansiosamente no futuro. A maioria dos autores parece antes mergulhada em um estado de espírito de resignação ou melancolia (Kumar 1995a).

Não obstante, o início do fim, não apenas de outro século, mas de outro milênio, forçosamente produzirá efeito sobre as teorias em estudo. Esse fato com certeza afeta sua capacidade de despertar interesse, como demonstrado pela popularidade de slogans sobre pós-modernidade e pós-história e pela publicidade dada a esses pronunciamentos. E é responsável por um crescente número de livros, conferências e programas de televisão, todos eles focalizando o *fin-de-siècle* e o fim do milênio. Essas manifestações dão às teorias mais acadêmicas maior ressonância com o estado de espírito da época do que é costumeiro. E incluem o efeito de estimular seus proponentes a reforçar e, até certo ponto, simplificar seus pronunciamentos, a torná-los mais compatíveis com o estado de espírito popular de expectativas apocalípticas. A despeito de algumas negações, poucos autores conseguiram resistir à tentação de, agindo dessa maneira, obter alguma publicidade adicional para suas idéias. Mesmo que muitas das teorias tenham sido formuladas antes que um forte senso de *fin-de-siècle* se instalasse entre nós, elas se identificaram com esse estado de espírito e adquiriram forma, pelo menos em parte, de acordo com essas expectativas.

Mas houve outra causa para isso, mais imediata e, de algumas maneiras, mais convincente. A aproximação do fim do século presenciou um dos fenômenos mais notáveis da história contemporânea, talvez da história moderna como um todo. Referimo-nos à derrocada e ao eclipse do comunismo na Europa Central e Oriental e ao declínio do marxismo como ideologia em todo o mundo. Talvez haja, tem de haver, um aspecto de puro acidente histórico nessa coincidência, o fim do comunismo e o fim do século. Aparentemente não há razão óbvia por que, se o comunismo estava destinado a fracassar, isso tivesse que acontecer de forma tão espetacular exatamente na última década do século XX. A coincidência, no entanto, é inegável e tem sido quase impossível resistir à idéia de que talvez possa haver alguma conexão oculta entre os dois fatos extraordinários. Uma vez que, simultaneamente, muitas das explicações do desmoronamento do comunismo têm se baseado nas teorias da sociedade de informação e da pós-modernidade (ver Kumar 1995b), esse fato serviu também para conferir a essas teorias de mudança grande parte dos aspectos habituais das profecias tipo *fin-de-siècle*. O fim do século, o fim do comunismo, e o fim — digamos — da modernidade, parecem ter pelo menos uma "afinidade eletiva" entre si, mesmo que tivéssemos muito trabalho para especificar elos causais entre elas.

Ainda assim, talvez não haja necessidade de estabelecer ligação com o milênio para compreender o interesse despertado por essas teorias. Em alguns casos, como no do conceito da sociedade de informação, seu caráter utópico foi desenvolvido o suficiente por seus proponentes para dispensar qualquer ajuda de sentimentos tipo *fin-de-siècle*. Mesmo nos casos em que, como acontece com vários dos teóricos da pós-modernidade, pouco entusiasmo demonstrem pelo estado das coisas que descrevem, o alcance e natureza das afirmações dificilmente podem ser considerados modestos ou carentes em grandiosidade. Neste fim do século XX, ouvimos uma série de pronunciamentos e declarações que, tomados juntos ou isoladamente, equivalem à alegação de que o mundo ocidental está passando por uma das transformações mais profundas de sua existência.

Estamos no fim da modernidade; estamos no fim da história. O socialismo está morto, a utopia está morta. Até a natureza morreu. Em tom mais alegre, estamos ingressando na nova era pós-industrial, na era da informação e da comunicação. Estamos no alvorecer de uma era pós-fordista, de pequenas empresas e renascimento do trabalho artesanal. Podemos esperar com ansiedade por um mundo pós-moderno que renunciou aos erros da modernidade e preparou o caminho para uma nova liberdade.

Esta é, note-se, apenas uma seleção de declarações feitas hoje em dia sobre nossos tempos. De todos os lados, ouvimos manifestações da convicção de que as coisas, de uma ou outra maneira, mudaram fundamentalmente. A família nuclear moderna desintegrou-se, sendo substituída por uma grande diversidade de arranjos individuais. A sociedade de classes dissolveu-se, assumindo a forma de grupos e movimentos separados, baseados em etnicidade, sexo e localidade. A nação-estado, a encarnação política clássica da modernidade, acabou, atacada por uma combinação de forças globais e locais. A democracia parlamentar esfacelou-se e passou à era dos colégios eleitorais e dos partidos políticos de massa. Democracia e cidadania têm de ser repensadas e conceitos mais antigos, como "sociedade civil", talvez precisem ser reativados e reaplicados às condições correntes. No nível mais elevado, ouve-se a convicção persistente de que todo o nosso estilo industrial de vida, o legado da "Grande Transformação" da Revolução Industrial, sofre de uma falha letal. Tendo-se permitido que a Revolução Industrial se espalhasse sem controle sobre a terra, como acontece atualmente, ela não apenas tornará intolerável a vida social, mas destruirá o próprio planeta.

Muitas dessas alegações, repetimos, nada têm de novidade, retroagem no tempo, em alguns casos a meados do século ou ainda antes. Não emergiram como um coro unificado no fim do século. Além do mais, há óbvias dificuldades na tentativa de realizar uma avaliação global das mesmas, pois estas foram feitas em níveis muito diferentes de generalidade, tendo por alvo níveis diferentes da sociedade. Em um nível, são afirmações a respeito de mudanças na vida familiar, sexo e sexualidade. Têm a ver basicamente com novas formas de identidade pessoal. Em um nível muito diferente, assumem o caráter de globalização e devastação do planeta. Nestes casos, referem-se às ideologias e economias do Ocidente e, na verdade, da sociedade mundial. O problema não é só o de ligar os vários níveis, como, por exemplo, o da família ao da economia. A maioria dos teóricos está ciente desta necessidade e, nos casos relevantes, procurou atendê-la com maior ou menor grau de sucesso. Mais proibitiva é a enorme quantidade de material e a variedade de habilidades e técnicas que teriam de ser utilizadas para possibilitar uma avaliação geral de um conjunto tão numeroso e variado de alegações. E correríamos o perigo de despencar no vazio.

Uma das maneiras de tentar evitar esse perigo consiste em limitar o escopo das teorias examinadas. As que vimos estudando neste livro tratam sobretudo de mudanças na cultura, política e instituições econômicas e sociais de sociedades ocidentais contemporâneas. Esse fato, porém, dificilmente as torna de estudo mais simples — porquanto as propostas ambiciosas que expõem constituem, na verdade, parte do interesse que despertam e razão muito boa para nos reclamar a atenção. Mas sem dúvida as torna mais acessíveis do que se tentássemos estudar a mudança em todos os níveis do sistema global, para nada dizer das mudanças no ecossistema.[1] O que não significa que tenhamos que ignorar esses níveis. A pós-modernidade, por exemplo, evidentemente tem algo a dizer tanto sobre questões de identidade pessoal quanto sobre seu impacto sobre processos globais. O mesmo acontece, embora de forma mais indireta, com as teorias do pós-fordismo e da sociedade de informação. Todas essas teorias podem, dependendo do interesse de cada um, ser estudadas em certo número de níveis diferentes, do mais íntimo ao mais global, do mais cultural ao mais material. Mas deverá haver sempre uma maneira de analisá-las que as torne mais acessíveis aos tipos de discussão de que tradicionalmente participam os sociólogos.

Essa, de qualquer maneira, é a principal intenção deste capítulo. Mas nada disso pretende nos levar a ignorar o quadro mais amplo. As teorias que vimos examinando são, é claro, parte de um sentimento abrangente, entre intelectuais e a população em geral, de que as sociedades ocidentais e, talvez, o mundo como um todo, passaram por mudanças fundamentais. Essa sensação pode em alguns casos ser errônea, mas não há como ignorá-la. O fluxo constante, nos últimos vinte a trinta anos, de novas teorias de mudança não pode ser atribuído a maquinações da indústria da mídia. Elas têm que refletir algo real na experiência dessas sociedades, um senso verdadeiro de subversão e desorientação. Precisamos ter esse fato em mente, e verificar o que ele poderia significar, qualquer que seja a nossa avaliação das teorias particulares em estudo.

A Sociedade de Informação e a Sociedade Centrada no Lar

Questionamos, no capítulo 2, a idéia de um movimento em direção à sociedade de informação. Se isso significa — como significa para pensadores como Daniel Bell — o surgimento de uma nova sociedade, substituindo a sociedade do industrialismo clássico, então se trata de uma alegação exagerada e equivocada. Não há dúvida quanto à importância da nova tecnologia da informação em grandes áreas da vida social e econômica. Mas isso não implica o estabelecimento de um novo princípio de sociedade ou o advento de uma "terceira onda" de evolução social. Na maioria das áreas, a tecnologia da informação acelerou processos iniciados algum tempo antes, facilitou a implementação de certas estratégias de administração de empresas, mudou a natureza do trabalho no caso de numerosas profissões e apressou certas tendências em lazer e consumo. Mas não produziu mudança radical na maneira como as sociedades industriais são organizadas ou na direção em que evoluem. Os imperativos de lucro, poder e controle parecem ser tão predominantes hoje como sempre foram na história do industrialismo capitalista. A diferença reside na faixa e intensidade maiores de suas aplicações, tornadas possíveis pela revolução nas comunicações, mas não por qualquer mudança nos princípios em si.

Notamos também que caracterizar simplesmente a sociedade de informação como (ainda) "capitalista" ou "industrial" não era o fim da história. O capitalismo não é uma categoria eterna. Tem uma história, com formas e aspectos mutáveis. Até mesmo suas ramificações espaciais, como na atual fase de capitalismo global, desenvolvem-se no tempo, em momentos particulares da evolução do capitalismo. Dessa maneira, o "capitalismo informacional", se podemos engolir esse termo, tem sua própria e específica contribuição a dar à essa evolução. Tal como centenas de outros termos, como capitalismo "tardio", "pós-industrial" ou "pós-fordista", ele aponta para uma maneira de agir que pode parecer e dar a impressão de ser muito diferente de formas anteriores de capitalismo.

O impacto da tecnologia da informação sobre assuntos como emprego, operações do mercado de capitais e reestruturação de cidades foi amplamente documentado e discutido (Castells 1989; Hepworth 1989; Sassen 1991; Mulgan 1991; Carnoy et al. 1993; Lash e Urry 1994). Todos os estudos deixam claro que o capitalismo funciona agora através de redes de informação que transformaram muitas de suas principais operações. A compactação do espaço e do tempo tornada possível pela nova tecnologia da informação altera a velocidade e o escopo das decisões, aumentando a capacidade do sistema de reagir rapidamente a mudanças, mas, ao mesmo tempo e pela mesma razão, tornando-o mais vulnerável, dada a tendência de amplificar perturbações relativamente pequenas e transformá-las em grandes crises (como, por exemplo, o estouro global das bolsas de valores na "Segunda-Feira Negra", em novembro de 1987). Empresas podem descentralizar-se e dispersar-se, permanecendo as decisões de alto nível nas "cidades mundiais" — Nova York, Londres, Tóquio —, enquanto as operações administrativas, ligadas ao centro por redes de comunicações, podem ocorrer em virtualmente qualquer lugar na face da terra. Cidades e regiões têm agora que concorrer entre si para firmar suas posições nos fluxos globais de informação ou ficarão fora dos fenômenos mais dinâmicos. "Pessoas vivem em cidades: o poder governa através de fluxos" (Castells 1989: 349).

Mas é na esfera do lazer e do consumo, e não do trabalho e da produção, que podemos observar o impacto mais direto e notável da revolução na tecnologia da informação. Talvez esteja aí o motivo por que os teóricos sociais, tradicionalmente interessados mais na natureza do trabalho e da organização econômica do que nas atividades fora do trabalho, tendem a salientar as continuidades com formas antigas da sociedade capitalista. O capitalismo informacional reestruturou o trabalho e a empresa industrial, mas de maneiras na maior parte compatíveis com os princípios do taylorismo e da administração científica (sem mencionar os relativos à acumulação do capital). A transformação do consumo, de acordo com os princípios do que foi chamado de "taylorismo social" (Webster e Robins 1989), segue também a conhecida lógica do capitalismo, isto é, está interessada em incluir um número sempre maior de áreas da vida social e cultural em seu campo de atividades e na racionalidade do mercado. Mas, em parte devido à novidade relativa do proceso em si, e até certo ponto às áreas particulares que foram abertas à penetração capitalista, o efeito tem sido o de empurrar a sociedade para direções pouco conhecidas e, de algumas maneiras, novas.

A mais importante delas foi o movimento em direção à "sociedade centrada no lar". A tecnologia da informação, dirigida por um conjunto inteiro de grandes interesses empresariais, tem sido posta cada vez mais a serviço do consumo baseado no lar. O entretenimento é o exemplo mais óbvio. "Sair para dar uma volta" foi substituído pelo "ficar em casa". Em vez de ir ao bar ou ao cinema, as famílias — coletiva ou separadamente — assistem a filmes no videocassete em casa ou escolhem programas entre trinta canais de televisão local, por satélite ou cabo. Os computadores caseiros fornecem meios de acesso a um número infindável de jogos eletrônicos. Com ajuda da comida congelada que pode ser aquecida no forno de microondas, uma das muitas atrações de ficar em casa é o gasto relativamente pequeno em comparação com sair para comer fora — compare-se, por exemplo, o custo para a família de alugar um filme de vídeo e comer uma refeição congelada em casa com o custo de comprar entradas para o cinema e depois ir jantar em um restaurante — sem falar no custo de transporte e, talvez, de uma babá.

Outros serviços, além do entretenimento, procuram igualmente transformar o lar em base de negócios. O "telebanking" fez grandes progressos nas várias formas de "direct banking", permitindo operações por telefone, sem que o cliente precise sair de casa, durante as 24 horas do dia. Como acontece com o entretenimento em casa, o pouco custo e conveniência, em comparação com a tradicional ida ao banco, explicam em parte seu sucesso. Alegações semelhantes podem ser feitas a respeito do costume, em rápido crescimento, do "teleshopping" — não só na forma mais antiga de compras pelo correio, mas sobretudo na forma mais nova de compras pela televisão. Munido de um cartão de crédito e um telefone, o cliente escolhe entre uma faixa enorme de mercadorias mostradas na tela da TV, e compra. A compra torna-se uma atividade de 24 horas por dia, nos sete dias da semana, emprestando alguma credibilidade ao slogan (supostamente posmodernista): "Compro, logo existo."

Juntamente com o desenvolvimento de uma série de máquinas para diagnóstico no lar de problemas de saúde e a disseminação de várias formas de "aprendizagem a distância" — a "teleducação" —, segundo o modelo da Open University da Grã-Bretanha, há evidências consideráveis de evolução para uma "sociedade de auto-serviço" baseada no lar (Gershuny 1978; Miles 1988a). Mas não é apenas como consumidores que a tecnologia da informação nos estimula a permanecer em casa e adquirir o que antes procurávamos na rua. Este eco de tempos pré-industriais foi ouvido também nas alegações do surgimento do que Alvin Toffler denomina de "pró-sumidor", o indivíduo que consome o que ele mesmo produz. Toffler, nesse caso, refere-se ao aumento da produção e do consumo baseados no lar. Uma vez que numerosos trabalhadores nas economias de serviço das sociedades industriais produzem ou manipulam informações, e não mercadorias, está se tornando cada vez mais possível a muitos deles trabalhar em casa ou de casa, abolindo a dispendiosa e demorada viagem a escritórios localizados em centros congestionados das cidades. A maioria dos lares pode ser equipada com "estações de trabalho" de baixo custo, compostas de computador pessoal e modem ligados por telefone a redes nacionais ou internacionais de computadores. A "cabana eletrônica", portanto, torna-se a base de operações de grande número de trabalhadores caseiros, em especial profissionais em campos tais como arquitetura, contabilidade, publicidade, programação de computadores, consultoria de negócios, educação superior e advocacia. O sistema pode ser tornado também atraente — mediante combinação de trabalho com responsabilidades de família, por exemplo — para grande variedade de outros trabalhadores, como secretárias, vendedores e empregados de bancos e companhias de seguros (Toffler 1981: 194-207, 265-88; ver também Hakim 1988; Popcorn 1992: 52).

É difícil determinar (ver a discussão entre Forester 1988 e Miles 1988b) a extensão exata desses fenômenos em direção a uma sociedade centrada no lar. Mas não parece haver dúvida da intenção de muitos dos mais poderosos atores no palco mundial de insistir nessa direção. A Nippon Electric Company, um dos gigantes da tecnologia da informação, fala em uma de suas publicações da intenção de "tornar o lar um oásis de conforto", um "santuário precioso". O lar será um lugar onde "nunca se ouvirá falar em tédio", graças a "videocassetes operados por controle remoto, telas gigantes de TV de 60 polegadas... condicionadores de ar que medem e ajustam automaticamente a temperatura, aparelhagem estéreo que se lembra de nossa música predileta, eletrodomésticos que fazem mais à medida que você faz menos, e até mesmo sistemas de segurança do lar para proteger essas valiosas posses. Eventualmente... computadores farão parte desse cenário, controlando o ambiente e ampliando ainda mais o tempo para outras atividades de lazer" (in Webster 1986: 412).

A concentração no lar, como local de nossa mais profunda integração pessoal e palco de nossas atividades mais satisfatórias, é resultado de certo número de tendências intelectuais e sociais convergentes, surgidas no final deste século (ver Kumar 1995c). Mas é justo dizer que uma das maiores responsáveis por elas foi a idéia da sociedade de informação. Esse fato indica não só a viabilidade tecnológica do trabalho e do lazer no lar, mas, em certo sentido, proporciona a força ideológica propulsora para a volta ao lar, após séculos de industrialização, que desmantelaram o lar pré-industrial e obrigaram pessoas a procurar fora de casa trabalho e diversão. Os paladinos da sociedade de informação exploram muito a capacidade da nova tecnologia de quebrar as grandes estruturas centralizadas da sociedade industrial. Os conhecimentos podem ser dispersados, o trabalho e a aprendizagem ser descentralizados e as áreas rurais reabilitadas pela transferência de muitas das atividades econômicas e culturais das grandes cidades. O lar, como foco da dedicação e interesse primários da maioria das pessoas, é a instituição mais bem equipada para beneficiar-se dessas potencialidades. Poderá reuni-las em um único lugar, enfeixando, mais uma vez, atividades antes dispersadas pela revolução industrial. Poderá reintegrar e fortalecer a família em torno do trabalho e do lazer compartilhados. O lar, diz Toffler, será, mais uma vez, "o centro da sociedade" e se tornará o ponto focal de todas as mudanças desencadeadas pela Terceira Onda.

> Acredito que o lar assumirá uma nova e surpreendente importância na civilização da Terceira Onda. O surgimento do pró-sumidor, a disseminação da cabana eletrônica, a invenção de novas estruturas organizacionais nos negócios, a automação e desmassificação da produção, todas essas possibilidades apontam para a reemergência do lar como unidade básica da sociedade do

> amanhã — uma unidade com... funções econômicas, médicas, educacionais e sociais realçadas. (Toffler 1981: 354; cf. Naisbitt 1984: 281-2; Saunders 1990: 311)

Mas por que essas mudanças deveriam parar no patamar da casa? Por que beneficiariam sobretudo a unidade familiar? O lar pode, na verdade, ser beneficiário dos novos progressos. Nele serão mais facilmente concentrados. É também a área-alvo das empresas da tecnologia da informação. Mas o lar como lugar é diferente de lar como família ou como centro de atividades comuns. A verdadeira tendência da sociedade de informação é liberar e fortalecer o indivíduo, não a família. Esse fato está implícito em grande parte do que os teóricos da sociedade de informação dizem a respeito das potencialidades da nova tecnologia. A promessa final do computador, ligado às redes globais de comunicação, é colocar todo o mundo do conhecimento e da informação nas mãos do indivíduo isolado. A crescente miniaturização, portabilidade e baixo preço dos bens de informação estão tornando possível a qualquer indivíduo, pelo menos em princípio, instalar-se no centro das redes. Não há necessidade, e nem lugar para elas, de atividades coletivas ou grupais — não, pelo menos, como as que poderiam ocorrer no lar em conjunto com outros membros da família. Escondido na privacidade de seu quarto, sentado em frente a um terminal de computador, o indivíduo se diverte, educa-se, comunica-se com outras pessoas nas estradas da informação e providencia seu sustento prestando o necessário trabalho na economia da informação.

Se, como argumentou Philippe Ariès, o individualismo da sociedade ocidental foi refreado pela moderna familiar nuclear (Ariès 1973: 393), as atitudes e artefatos da sociedade de informação ameaçam esse controle. A informática pretende libertar o indivíduo não só dos grilhões do trabalho em grupo ou de instituições culturais de massa, mas também da família. O lar torna-se o local preferido de atividades individuais, mas não gera finalidade coletiva nem senso de valores familiares compartilhados. O indivíduo pode na verdade resolver viver independentemente e isolado dos demais. O lar torna-se menos um "oásis em um mundo sem coração" para a família e mais semelhante a um hotel para pagantes (e não-pagantes).

A sociedade de informação, paradoxalmente, é a sociedade privada ou privatizada — poderíamos quase dizer a sociedade narcisista. Isto a despeito de seus defensores alegarem que ela está criando uma nova "*oikoumene* mundial" (Bell 1980b: 62), ou uma "aldeia global" (McLuhan 1967), ou ainda uma "comunidade virtual", uma nova "ágora eletrônica", de usuários mundiais da Internet, a rede de informações global baseada em computador (Rheingold 1994). Que tipo é esse de aldeia global? Que tipo de comunidade é essa, onde as pessoas só se comunicam eletronicamente? A "superestrada da informação" é percorrida apenas por eus isolados. Os quarenta milhões de pessoas atualmente ligadas à Internet podem compartilhar algum senso comum de participar de uma atividade nova e emocionante, mas essa participação não gera um senso de comunidade autêntica, nenhuma nova *Gemeinschaft*. As ligações entre elas são na maior parte segmentadas e resolutamente unidimensionais. Nem mesmo uma voz humana as liga, há apenas grande número de mensagens escritas, meros retalhos de humor despersonificado, alguns serviços técnicos úteis e uma quantidade enorme de correspondência eletrônica inútil.

Os ideólogos da Internet dão grande valor à dispersão do sujeito, estilo posmoderno, nas redes de comunicação eletrônica. Um novo "sujeito coletivo" está emergindo na "realidade virtual" do "ciberespaço". Flutuamos no ciberespaço como se fôssemos novas entidades, nem seres humanos nem máquinas, nem mente nem corpo, nem eu nem o outro. Transformamo-nos em máquinas humanas integradas, "cyborgs", capazes de inventar nossa identidade, isolada ou coletivamente, macho ou fêmea, mais ou menos à vontade (Robins 1994; Heim 1994).[2]

Tudo isso pode ser muito bom na realidade virtual, mas, na realidade verdadeira, lembra mais fantasias de poder narcisistas ou esquizóides (Raulet 1991: 51). Os surfistas da Internet entregam-se a uma realização de desejos em escala dramática e, em alguns casos, altamente prejudicial. O ciberespaço pode levar à criação de novas formas de arte, como no intrigante gênero *cyberpunk* da ficção científica, mas não leva à criação de novas comunidades, pelo menos não no sentido de pessoas que se conhecem bem e participam de ação comunitária. Não é de surpreender que a francesa Minitel, a mais sofisticada rede de comunicação nacional ora existente, seja usada sobretudo por indivíduos solitários, à procura de aventuras amorosas. E o mais revelador é que a maioria deles nem mesmo deseja conhecer pessoalmente suas correspondentes no ciberespaço. Isso se pareceria demais com a dolorosa realidade. O "sexo virtual", como sabemos, é uma das possibilidades oferecidas pela Internet (Foden 1994). Um cartum da *New Yorker* ilustra muito bem as possibilidades e limitações da comunicação despersonalizada no ciberespaço. Referindo-se à amiga no ciberespaço, um cachorro sentado a um computador diz para outro cachorro: "Na Internet, ela não sabe que sou cachorro."

A idéia da sociedade de informação desenvolveu-se em um período que presenciou o declínio geral da vitalidade da vida pública. A filiação a organizações beneficentes caiu vertiginosamente, ao mesmo tempo em que encolhia a participação na política, municipal e nacional. Há provas de um profundo cinismo e alienação em relação à vida pública em todas as sociedades ocidentais (e, depois de um curto período de grandes esperanças, também nas novas democracias do Leste europeu). A esfera pública, segundo se pensa, foi colonizada pela mídia de massa comercial e por manipuladores do poder político. Trata-se de um processo que se pode dizer, com bons argumentos, que vem acontecendo na maior parte deste século (Habermas 1991a, 1992). Mas sua expressão mais concreta, conforme mostram taxas de participação declinantes e virada geral para a vida privada e interesses privados, só se tornou bem visível neste último quartel do século (Slater, 1976; Mulgan 1994; Putnam 1994).

A idéia da sociedade de informação reveste-se de grande atração para quem deseja uma existência privatizada. Ela sugere que mesmo que estejamos perdendo controle sobre o meio social imediato, podemos obter ampla compensação por esse fato na cidadania global, ao alcance de todos que tiverem acesso a um computador pessoal. Podemos cruzar as fronteiras de nossa classe, raça ou nação. Além disso, podemos assim agir como indivíduos, por nós mesmos e em nosso próprio espaço privado. Não temos que ingressar em partidos ou movimentos. A sociedade de informação põe o poder do conhecimento nas pontas de nossos dedos, ao toque de um teclado de computador. Permite que nos comuniquemos com milhares de pessoas em todo o globo. Os Estados tornaram-se impotentes diante da nova tecnologia. Com um único movimento, seus regimes de censura e vigilância são minados — ou pelo menos ladeados, pois se tornam impotentes (e daí, de acordo com essa opinião, o colapso do socialismo estatal do Leste europeu na era da sociedade de informação). O sonho do século XVIII, de uma cosmópole, pode ser tornado realidade — sem necessidade de um Estado mundial. A tecnologia da informação substitui as pesadas estruturas burocráticas das organizações mundiais. E permite o exercício da democracia global direta.

É difícil exagerar o quanto essa visão pode parecer atraente na situação atual das sociedades ocidentais. Acostumamo-nos a considerar nosso ambiente social imediato como ameaçador e incontrolável. Sair de casa é encontrar um mundo crescentemente incômodo, sujo e perigoso. É duvidoso que nossa segurança pessoal corra hoje mais riscos do que no passado, mas, também, muitas pessoas pensam que essa é a situação e dela recebem confirmação nos pronunciamentos de políticos e jornalistas. Além do mais, parece que é muito pouco o que os políticos, os jornalistas, ou nós mesmos podemos fazer a esse respeito. As causas de nosso desconforto e descontentamento parecem remotas e impessoais, quase como se fossem forças naturais. Crime, desemprego, misteriosos perigos para a saúde, cidades violentas e belos locais deteriorados parecem todos resistentes a qualquer medida prática que possamos tomar. Aparentemente são resultado de operações misteriosas de empresas multinacionais anônimas e de governos estrangeiros, cujas políticas não temos como afetar. Ainda mais remotamente, teriam origem em processos de decadência ambiental, cuja natureza global torna-os difícil de compreender, quanto mais de controlar.

Como deve ser confortador, portanto, sentir que todo esse ambiente frustrante e assustador pode ser ignorado. Tal como algum tardio alquimista ou herói de ficção cientifica, o indivíduo solitário pode sentar-sç em frente a seu computador e manipular o mundo. A mitologia de "hackers", adolescentes espertos, e de incursões ousadas aos arquivos de bancos e órgãos do governo, reforça essa fantasia de poder. Se não podemos fazer com que os políticos façam o que queremos, se eles, na verdade, não podem, faremos contato direto com pessoas em todo o mundo que pensam como nós e tramaremos nossos planos. H.G. Wells, no início deste século, pediu uma "conspiração aberta" de pensadores e homens de ação, que ladeariam os estadistas anacrônicos da época e criariam uma civilização mundial ordeira e científica, que estaria à espera de nascer.[3] Agora, em fins do século, a livre maçonaria aberta da Internet parece a alguns criar justamente essa comunidade mundial. Em ambos os casos, o desejo é o pai do pensamento, mas, como disse Marx, não é suficiente que o pensamento tenda para a realidade, mas a própria realidade tem que tender para o pensamento. Ainda são poucos os sinais de que isso esteja acontecendo.

Devemos admitir que, como todas as ideologias, a da sociedade de informação atende a certas necessidades e expressa alguns aspectos importantes da realidade diária das sociedades contemporâneas. Os computadores tornaram-se aspectos permanentes da vida da maioria das pessoas, sejam eles usuários diretos ou não. Não será difícil habituar muitas pessoas ao "teleshopping", ao "telebanking", à teleeducação, ao correio eletrônico, talvez mesmo a jornais e revistas eletrônicos. A televisão e computador combinados no canto da sala, controlando grande parte do entretenimento, da informação, da administração e da segurança da família podem muito bem tornar-se situações comuns em um futuro não muito distante. No trabalho, também, seja em casa ou na loja, no escritório ou na fábrica, acabaremos por aceitar o computador como rotina. E não devemos negligenciar, por ser difícil demais medi-los diretamente, os efeitos inconscientes da tecnologia da informação. Há, por exemplo, um claro fetichismo nos bens de informação — todos esses sofisticados e amigáveis computadores, CDs, VCRs, videodiscos, máquinas de fax e o resto da parafernália dos supermercados de computadores.

A revolução da informação é uma realidade e nela estamos. Afetou a maneira como vemos o mundo e como vivemos nele. O fluxo de imagens e informação gera, de fato, um senso de "hiper-real", como alegam Baudrillard e Eco. Vivemos na "sociedade do espetáculo", como já proclamavam os situacionistas de maio de 1968 na França. Nosso mundo saturado de imagens, alimentado de forma incessante pela mídia eletrônica, muda realmente nossa percepção do que é real e torna mais difícil do que antes diferenciar imagem de realidade.

Uma revolução de informação, porém — a aceleração do suprimento e uso de bens de informação —, não é a mesma coisa que uma sociedade de informação. A revolução da informação talvez esteja mudando de maneira complexa nossas atitudes em relação à política, ao trabalho, à vida familiar e à identidade pessoal, mas, até agora, isso não parece estar se somando em uma nova forma de sociedade. Temos bons relatos dos seus efeitos em determinadas áreas — como, por exemplo, os efeitos da televisão na demolição de nosso senso de local (Meyrowitz 1986). Mas é significativo que não tenha surgido nenhuma opinião coerente e abrangente que demonstrasse que existe um modelo geral de mudança. Certamente não temos nada que justifique aceitar as alegações de Bell, Stonier e outros teóricos da sociedade de informação de que ingressamos em uma nova fase da evolução social, comparável à “grande transformação” iniciada pela Revolução Industrial. Essa revolução estabeleceu uma nova relação entre cidade e campo, lar e trabalho, homens e mulheres, pais e filhos. Gerou uma nova ética e novas filosofias sociais. Não há prova de que a disseminação da tecnologia da informação tenha ocasionado quaisquer grandes mudanças desse porte. Muito pelo contrário, a maior parte das evidências indica que o que ela fez principalmente foi dar às sociedades industriais meios de fazer mais, e em maior extensão, o que já vinham fazendo.

Mas essa característica talvez venha a ser mais importante do que geralmente se pensa. Mudanças quantitativas podem, às vezes, levar a outras, qualitativas. Ao generalizar e intensificar certas tendências do industrialismo, a revolução da tecnologia da informação talvez ponha em movimento fenômenos cujo resultado é hoje impossível de prever. A globalização da informação e da comunicação sugere possibilidades de uma nova estrutùra de cidadania e democracia nas quais até agora mal se pensou. Simultaneamente, a crescente privatização e individualização que a tecnologia da informação também promoveu apontam uma direção diferente e quase oposta: para o esvaziamento e diminuição da esfera pública nas sociedades ocidentais contemporâneas. O que pode surgir dessa mistura de tendências talvez seja mais fácil de entender quando tivermos estudado algumas outras idéias sobre as mudanças no mundo de hoje.

Pós-Fordismo e Pós-Marxismo

O pós-fordismo refere-se basicamente ao destino do marxismo. Em seus diferentes aspectos, essa teoria tenta salvar a análise marxista numa era em que vários projetos marxistas vacilam ou fracassam. O que pretende descrever é a reestruturação do capitalismo ocorrida no último terço deste século. A produção e a organização de massa teriam chegado ao fim, ou pelo menos atingiram seus limites. Os movimentos de massa da classe trabalhadora esfaceleram-se e seus partidos foram reformados ou inteiramente rejeitados. A estrutura dominante, de capitalismo nacional, "organizado", foi fendida. O que, cada vez mais, a substitui é a produção flexível, ao gosto do cliente, em unidades dispersas, os novos movimentos sociais, não raro de tipo local, e a interação complexa de fenômenos locais e globais em uma nova economia mundial. A nova ordem continua capitalista. Os pós-fordistas, no entanto, seguindo a orientação dada por Gramsci na análise do fordismo, falam em uma transição capaz de "marcar época" (*Novos Tempos*) no desenvolvimento do capitalismo, em um "segundo divisor de águas industrial"(Sabel e Piore), comparáveis à transformação do capitalismo em fins do século XIX.

Tentar salvar a análise marxista não implica necessariamente comprometer-se com um resultado otimista em termos marxistas tradicionais. Sem dúvida, alguns teóricos pós-fordistas, como os membros do grupo britânico *Novos Tempos*, de fato esperam que surjam novas formas de oposição ao capitalismo e não se mostram inclinados a desistir do que é freqüentemente denominado de "projeto emancipador" do marxismo (aqui, como de tantas outras maneiras, um legado do Iluminismo). Charles Sabel e Michael Piore, os paladinos do "segundo divisor de águas", vêem no renascimento da produção artesanal um fenômeno promissor e humanizador no capitalismo tardio. Ela contém, segundo pensam, o potencial de um "individualismo coletivo" que inclui numerosos aspectos pelos quais esperavam ansiosamente os marxistas.

Scott Lash e John Urry, porém, mostram-se muito menos otimistas quanto às perspectivas dos socialistas na era do "capitalismo desorganizado". A despeito do aumento do "espírito de reflexão" de parte das populações das sociedades industriais, o que o presente demonstra para eles sobretudo é o fluxo constante que caracteriza o capitalismo e sua tendência de transformar-se, de maneira a conceder a si mesmo mais espaço e mais tempo. Essa capacidade de renovação constitui também o tema dos pensadores da Escola Regulacionista Marxista, como Michel Aglietta e Alain Lipietz. Na própria escolha do termo "neofordista", ela indica que aspectos freqüentemente ignorados como sendo "pós-fordistas" são considerados como sinais de redistribuição das energias e do espírito de iniciativa capitalista na era da globalização. Este fato sugere mais continuidade do que mudança, e força, não vulnerabilidade.

De qualquer modo, cabe relembrar os importantes eventos ocorridos desde a principal elaboração da teoria pós-fordista em meados da década de 1980. Com as revoluções de 1989 na Europa Central e Oriental e o colapso da União Soviética em 1991, selou-se o destino do "socialismo efetivamente existente". Quase todas as sociedades do mundo que haviam se proclamado socialistas ou comunistas deixaram de sê-lo. Esse fato, porém, não significou o fim do marxismo, como muitos autores se apressaram a observar. Mas não havia como pôr em dúvida o contundente golpe aplicado ao socialismo pelos fatos ocorridos na Europa Oriental. Uma indicação que logo surgiu a esse respeito foi o desaparecimento da maioria dos partidos comunistas no Ocidente, em seguida ao exemplo de seus congêneres no Leste europeu; entre eles, o Partido Comunista Britânico. Uma das conseqüências disso foi que a revista teórica do partido, a *Marxism Today*, fechou as portas em 1991, apenas dois anos depois de o patrocínio da teoria pós-fordista em suas páginas ter levado ao lançamento, pelo partido, do *Manifesto dos Novos Tempos*.

A teoria pós-fordista não se saiu necessariamente mal por causa dos acontecimentos na Europa Oriental. Uma de suas mais importantes contribuições foi sugerir que a organização basicamente fordista das sociedades socialistas estatais com toda probabilidade acarretaria seu colapso, na concorrência com um capitalismo que inventara formas pós-fordistas novas e mais dinâmicas (ver, por exemplo, Hall e Jacques 1989b: 16). Além do mais, os pós-fordistas não tiveram que esperar até 1989 para ver provas desse fato. As mudanças na Hungria e na Polônia em princípios da década de 1980 e, acima de tudo, a experiência desesperada de Mikhail Gorbachev com a *glasnost* e a *perestroika* na União Soviética, já haviam revelado a necessidade de as sociedades socialistas se livrarem da roupagem fordista. Os anos de 1989 e 1991 revelaram simplesmente que elas eram incapazes de assim agir sem, ao mesmo tempo, jogar fora também sua roupagem comunista.

As revoluções no Leste europeu, portanto, não tornaram o pós-fordismo obsoleto apenas em virtude de uma orientação em geral socialista ou marxista. O pós-fordismo trata de mudanças no capitalismo e o marxismo é, acima de tudo, uma teoria de desenvolvimento do capitalismo. O fato de o resultado socialista esperado e prognosticado não ter ocorrido, e talvez não vir a ocorrer, não invalida por si mesmo a análise pós-fordista ou qualquer outra análise marxista de mudanças no capitalismo contemporâneo.

O fracasso do socialismo na Europa Oriental, porém, em qualquer forma grotesca que tenha assumido, não pode deixar de afetar o socialismo Ocidental. Talvez se diga que o socialismo, como o cristianismo, jamais foi experimentado e que o destino do denominado socialismo na Europa Oriental, portanto, é irrelevante para a desejabilidade e possibilidade de implantação de um socialismo autêntico em sociedades modernas. Para esses indivíduos, teria sido melhor que o socialismo jamais houvesse sido tentado na Europa Oriental, uma vez que a situação de atraso das sociedades da região — da Rússia em especial — tornava inevitável que o que emergiria seria um socialismo corrupto e ilegítimo.

O socialismo, de algum modo, porém, *foi* tentado, e fracassou. Nenhum volume de comentários eruditos pode impedir que a maioria das pessoas ache que a experiência socialista na Europa Oriental produzirá efeito sobre qualquer coisa que possa ser tentada no futuro em nome do socialismo. Justo ou não, o socialismo foi maculado pelo que aconteceu no Leste europeu. As revelações contínuas sobre o que os regimes socialistas fizeram com a sociedade e a ecologia na Europa Oriental tornaram infinitamente mais difícil para seus partidários apelar para as populações das sociedades ocidentais. Todos os socialistas ponderados reconhecem esse fato.

O pós-fordismo, por conseguinte, na medida em que se baseia em um futuro socialista, será inevitavelmente afetado por esse golpe histórico no socialismo. Mas, como vimos, alguns pós-fordistas contentam-se em usar o instrumental marxista apenas para dissecar mudanças correntes e se mostram agnósticos ou mesmo pessimistas quanto a se essas mudanças favorecem um resultado socialista. Provavelmente, é impossível à análise marxista dispensar por completo o projeto socialista — como disse Rosa Luxemburgo certa vez, o marxismo, como teoria, é moldado pela expectativa de uma revolução socialista —, mas não há dúvida de que pode silenciar ou pôr de lado por algum tempo a questão das perspectivas de uma sociedade socialista futura. A questão tem de ser em que medida o pós-fordismo, mesmo no tipo menos comprometido, é afetado pela situação corrente do socialismo. Em termos mais gerais, o que aconteceu com o socialismo constitui, de fato, um comentário sobre os dogmas fundamentais do pós-fordismo? As circunstâncias que impuseram ao socialismo suas atuais tribulações serão relevantes para uma análise da validade ou plausibilidade da análise pós-fordista?

No capítulo 3, tivemos oportunidade de estudar algumas das objeções à teoria pós-fordista. Depender do exemplo da "Terceira Itália", argumentaram alguns autores, é perigoso e induz a erro. O modelo de desenvolvimento econômico e social nessa região depende de um complexo de fatores históricos e culturais que são característicos da região — mesmo no contexto da Itália, quanto mais no mundo industrial como um todo. Mesmo que a Terceira Itália continue a desenvolver-se razoavelmente bem (a despeito do — ou por causa do? — caos político no centro da política italiana), é preciso cautela antes de generalizar essa experiência para outros países. Os "distritos industriais", embora tenham certo aspectos gerais em comum, são também fortemente marcados pelo caráter político e pelas tradições históricas das regiões em que se desenvolvem. Nem toda "economia informal" local é um distrito industrial, nem é capaz de tornar-se um deles. Antigos distritos, quando perdem a cultura e as redes institucionais locais que os sustentavam, não podem ser facilmente regenerados por injeções de certos instrumentos técnicos ou novas formas de organização. Sheffield ou Birmingham, outrora centros de prósperos distritos industriais, tampouco podem ser facilmente transformados em Parma ou Prato (ver também Amin 1994).

Outro conjunto de objeções acusa a teoria pós-fordista de adotar uma divisão rígida demais, em opostos binários, da história do industrialismo — fordista *versus* pós-fordista, produção em massa *versus* especialização flexível. O argumento diz que, pelo menos no último século do capitalismo, os diferentes modos de "controle" e acumulação não se substituíram uns aos outros, mas coincidiram em parte. O fordismo tradicional coexiste com o fordismo pós- ou neo- e a produção em massa, concomitantemente com a produção flexível. Um exemplo importante neste particular é o Japão, por consenso a economia industrial mais bem-sucedida da segunda metade deste século. O modelo de "rigidez flexível" do Japão (Dore 1987) exibe um próspero sistema de produção em massa coexistindo com alto grau de "desintegração vertical", em geral ligada à especialização flexível. Em comparação com as economias ocidentais, é também uma forma muito bem organizada de capitalismo, envolvendo fortes laços não só entre grandes empresas, mas entre grandes empresas e seus numerosos subempreteiros. Por qualquer critério válido, o Japão é mais fundamental para a economia mundial que a Terceira Itália, o protótipo da prática pós-fordista. Sua presença, mesmo descontando-se certas peculiaridades da economia, sugere não apenas que fordismo e pós-fordismo estão inextricavelmente ligados, mas que o futuro talvez pertença mais ao fordismo modificado do que a qualquer coisa que se pareça com pós-fordismo.

A característica híbrida da economia japonesa serve também para lançar dúvida sobre alguns dos conceitos básicos da teoria pós-fordista. Notamos já as ambigüidades que cercam o termo fordismo, a maneira como é levado a significar muitas coisas diferentes e, às vezes, incompatíveis. Alguns autores argumentaram que, ao contrário da alegação dos pós-fordistas, o fordismo e a produção em massa não podem ser considerados a única e mesma coisa ou, mais exatamente, que a prática adotada por Ford em sua fábrica de Highland Park carecia de muitos dos aspectos mais tarde transformados nos mitos da produção fordista em massa. Se não há um modelo fordista autêntico de produção em massa, esse fato põe em dúvida a idéia de seu sucessor pós-fordista (Williams et al. 1992).

"Flexibilidade", outro termo de importância decisiva, parece igualmente ambíguo — flexível demais, digamos. Apresenta-se com vários significados, alguns dos quais sem nenhuma implicação de originar-se de uma nova forma de organização industrial. Algumas formas de flexibilidade, na verdade, não apenas não são incompatíveis com a produção em massa, mas na verdade a reforçam (e não apenas pela imposição de horas de trabalho excessivo e falta de segurança no emprego). De qualquer modo, muitos dos problemas da produção em massa no Ocidente, que constituiu o motivo imediato da formulação da teoria pós-fordista, surgem não de problemas internos do sistema fordista de organização, mas de causas externas, do aumento da concorrência em bens produzidos em massa, originários do Japão e dos "novos países industriais" (Formosa, Coréia do Sul, Cingapura, Hong Kong, México etc.)

Em seguida, temos a idéia de produção em pequenos lotes, substituindo a produção em massa. Argumenta-se que esse fato, longe de ser uma novidade ou uma descontinuidade, está implícito na tendência geral do capitalismo de multiplicar, ao longo do tempo, o número de diferentes tipos de bens. O capitalismo cresce com a criação de novas necessidades, que procura em seguida satisfazer, aumentando a faixa e a variedade de seus produtos. A produção em pequenos lotes, ao gosto do cliente, não refletiria mais do que a fase atual do consumismo, que ultrapassou a fase anterior do consumo de massa e passou a exigir maior variedade e individualidade (para um sumário dessas várias objeções, ver Meegan 1988; Sayer e Walker 1992: 191-223.)

Tomadas juntas, essas críticas à teoria pós-fordista equivalem à rejeição em bloco da idéia de que estamos ingressando em uma nova sociedade, em um "novo mundo", como alegam Stuart Hall e Martin Jacques (1989b: 20). Para esses críticos (na maioria marxistas, embora de um tipo mais tradicional), o pós-fordismo não constitui uma nova ordem da sociedade capitalista. Mesmo que assim seja identificado, não implica novos princípios. Na medida em que novos aspectos podem ser distinguidos, eles são simplesmente manifestações da disposição bem conhecida do capitalismo de mudar e modificar a prática, de acordo com as necessidades de sobrevivência e crescimento.

Mas até mesmo dizer isso, é claro, implica dizer muito. Trata-se do velho problema de decidir se o copo está meio cheio ou meio vazio. São muito poucas as mudanças abruptas na sociedade. Deixando de lado as revoluções políticas, nas quais a tendência é exagerar as mudanças, as descontinuidades em outras esferas da sociedade com freqüência são entendidas apenas depois de terem começado a acontecer. Isso ocorreu com a revolução científica no século XVII, e também com a industrial no século XIX.

Nenhum pós-fordista alega que houve mudança nessa escala. Estamos, de qualquer modo, envolvidos demais nesses fenômenos para podermos julgar com confiança se uma ordem econômica autenticamente nova está emergindo. Mas podemos observar grandes mudanças no caráter da organização industrial e na natureza do trabalho. Grande parte disso é conseqüência da nova divisão internacional do trabalho e do capitalismo em escala global. Essa situação, embora se possa dizer com bons argumentos que foi uma semente plantada já nos primeiros dias do capitalismo, pode ter agora chegado a ponto de lhe dar uma face inteiramente nova. Os centros históricos da indústria estão sendo desativados e outros sendo criados em velocidade alucinante. A mobilidade do capital atingiu níveis sem precedentes, apagando fronteiras nacionais e permitindo ao capitalismo estabelecer tipos de acordos inteiramente novos com a força de trabalho e a estrutura de poder locais. Os sindicatos são obrigados a discutir questões de salário em nível local, perdendo grande parte de sua eficácia nacional. No caso de muitos trabalhadores, está desaparecendo a idéia de segurança no emprego por toda a vida. Homens são substituídos por mulheres, à medida que empresas "mais horizontais" mais novas procuram trabalhadores mais "flexíveis", dispostos a trabalhar em tempo parcial por um salário menor. As especializações logo tornam-se obsoletas e outras têm de ser aprendidas. O sistema educacional em todas as sociedades está sob pressão extrema para reformar-se, de modo a atender a essas necessidades.

Tudo isso significa, de qualquer ângulo que se examine a questão, um grau formidável de mudança. Os pós-fordistas, como vimos, dividem-se sobre até que ponto esses fenômenos devem ser considerados como ameaças ou como oportunidades. Evidentemente, eles põem um bocado de poder estratégico nas mãos do capital, embora às expensas do capitalista individual, que é obrigado a operar em um ambiente muito mais caprichoso e instável do que na era do "capitalismo organizado". Além do mais, vale lembrar que essas mudanças econômicas são apenas parte do todo abrangido pelo pós-fordismo. Os pós-fordistas atribuem as mudanças a uma movimento geral mais amplo de distanciamento de organização, centralização, burocracia e hierarquia em grande escala. O que querem, acima de tudo, é que a maior flexibilidade e as opções abertas por esse fenômeno não beneficiem apenas, como costumava acontecer, os partidos de direita e seus simpatizantes. Com esse fim em vista, vêm insistindo com a esquerda para não combater automaticamente as mudanças correntes, mas ver nelas possibilidades de ganhos reais. Novas expressões, como "individualismo socialista", têm demonstrado uma aspiração que vai além dos horizontes tradicionais da esquerda.

É importante notar que, da perspectiva social-democrata, houve alguns sucessos autênticos. A esquerda no Ocidente abandonou em grande parte sua tradicional postura "produtivista", "trabalhista", orientada para o sexo masculino, e procura atrair, de forma harmoniosa, homens e mulheres em seus papéis não só como trabalhadores, mas também como membros de famílias, consumidores e cidadãos do Estado de bem-estar social. Têm procurado forjar alianças que ultrapassem o ambiente de trabalho, com vistas a reconhecer o interesse das pessoas pelo lar, a saúde, as escolas e os locais que freqüentam em busca de descanso e recreação. Estimula novas formas de ação social fora do partido e do sindicato, em áreas tais como melhoria das habitações, relações raciais, educação e preservação do meio ambiente (na Grã-Bretanha, um sucesso notável de ação desse tipo foi o protesto de âmbito nacional contra o imposto per capita).

De outras maneiras, também, os pós-fordistas da variedade "Novos Tempos" podem julgar que o futuro não pertence inteiramente a seus inimigos. As empresas têm sido obrigadas a se tornar mais sensíveis às necessidades e exigências de clientes e consumidores. As instituições públicas, em especial, foram forçadas a abandonar grande parte de seu sigilo e inacessibilidade tradicionais. Observa-se uma nova atitude de irreverência em relação à autoridade que, embora possa gerar cinismo, também estimula a independência. A própria idéia de uma "Carta do Cidadão", por mais imperfeita que seja em sua implementação, é uma concessão ao novo estado de espírito do povo, de exigência de abertura e responsabilidade.

Até mesmo o renascimento do individualismo, que tem sido um dos aspectos mais marcantes das sociedades ocidentais em anos recentes, não funcionou inteiramente contra as metas da esquerda tradicional. Socialismo e individualismo sempre tiveram um relacionamento conflituoso, embora pouca dúvida haja, como argumentou Durkheim em fins do século XIX, que, em última análise, são íntimos companheiros. De qualquer modo, o impulso para a individualização encorajou maior liberdade nas relações entre trabalhadores e empregadores, homens e mulheres, pais e filhos. As formas tradicionais de deferência cederam lugar a uma nova afirmação de direitos individuais, reforçadas, se necessário, por apelo às cortes de justiça. O novo individualismo produziu, ao que parece, um efeito muito forte sobre as mulheres, estimulando-as a tentar realizar-se mais no mundo dos negócios e como profissionais liberais, e a se prepararem melhor para abrir caminho na sociedade sem depender dos homens. De modo geral, o aumento do "espírito de reflexão", autoconsciência e percepção dos processos sociais, que muitos interpretam como características das sociedades contemporâneas, poderiam ser considerados expressões de um individualismo mais aguçado.

Dessa maneira, pode-se sustentar com boas razões que as mudanças, em geral denominadas de pós-fordistas, resultaram em alguns efeitos positivos para a esquerda. Mas o próprio caso do individualismo mostra bem como essas mudanças também podem ser problemáticas e que tipos de desafio elas lançam à esquerda. O individualismo tem muitas faces e uma delas é a da irresponsabilidade social inescrupulosa. Em anos recentes, o individualismo tem assumido principalmente a forma de individualismo de mercado, ou econômico. Essa orientação acarretou não só um movimento em direção à comercialização em todos os setores da sociedade, mas estimulou também uma atitude egoísta, do tipo quem-ficar-para-trás-que-pague-o-pato em toda a sociedade (ver, por exemplo, Marquand 1988). Com esse fato, e talvez como reflexo do mesmo, surgiu também um movimento favorável à privatização na sociedade, que compreende não só o processo de vender empresas do Estado a particulares, como ocorreu com a política conservadora britânica nas décadas de 1980 e 1990, mas, em termos amplos, refere-se também à retirada para a vida privada e, em especial, para a vida no lar, já discutida acima.

Individualização e privatização são os principais temas da vida ocidental contemporânea. Estão redesenhando as fronteiras entre Estado e sociedade, entre esfera pública e privada, entre sociedade e indivíduo. Suas ramificações são complexas, como também as avaliações de seus efeitos. Na opinião de alguns, dão poder ao indivíduo; para outros, enfraquecem a sociedade. Mas qualquer que seja a ênfase, aparentemente não há dúvida de que estão ocasionando uma mudança histórica no caráter das sociedades ocidentais. Numerosas tradições, e não só a do socialismo, mas também do republicanismo cívico e de filosofias semelhantes sobre o domínio público, estão sendo agora frontalmente contestadas (ver Bellah et al. 1985; Weintraub e Kumar 1995).

Individualização e privatização são temas centrais da análise pós-fordista. O que preocupa a muitos de seus teóricos é a necessidade de atrelá-las à causa socialista, em vez de considerá-las, como acontece com a esquerda tradicional, como antagônicas a ela. Mas eles seriam os primeiros a reconhecer que, nos últimos anos, os principais beneficiários dessas tendências têm sido os partidos e movimentos da direita. Os partidos e ideologias da esquerda em toda parte foram marcados com o carimbo de coletivistas e estatizantes e sofreram por isso na disputa eleitoral com a direita, que se redefiniu como em essência individualista. Mas mesmo nessas esferas, como na França e na Espanha, a esquerda manteve certa presença, e conseguiu isso principalmente adotando partes substanciais da plataforma de seus adversários direitistas.

É igualmente claro que tendências que têm sido prejudiciais à esquerda no Ocidente foram também importantes na rejeição do socialismo na Europa Oriental. A explosão da filosofia de mercado e do individualismo irrestrito que ocorre na região desde 1989 constitui uma indicação das forças que haviam sido reprimidas pelo socialismo estatal. Essa explosão de sentimentos não pode, em absoluto, ser toda atribuída a agentes do Banco Mundial e às escolas de administração de empresas do Ocidente. A Europa Oriental tinha tradições próprias de individualismo e espírito empresarial. Mais a propósito, contudo, e também uma explicação de pelo menos parte da derrocada do socialismo na região é que, durante as décadas de 1970 e 1980, o individualismo e o consumismo de estilo ocidental fizeram grandes progressos nos países da Europa Oriental. Não houve nada de misterioso nesse processo. As viagens entre Oriente e Ocidente, em ambas as direções, estavam se tornando cada vez mais fáceis. Na era da informação, tornou-se virtualmente impossível para os países do Leste europeu controlar a circulação de idéias e imagens através de fronteiras. Os meios de comunicação de massa do Ocidente podia ser captada de uma maneira ou de outra em quase todos os países comunistas. Quando o comunismo desmoronou na Europa Oriental, isso aconteceu em grande parte pelas mesmas razões por que os partidos socialistas no Ocidente passaram a ser cada vez mais ignorados.

E é dessa maneira que o destino do socialismo na Europa Oriental se reflete na análise pós-fordista praticada no Ocidente, o que sugere que seus cultores têm razão em salientar que muitos dos velhos pressupostos das sociedades industriais estão se esfacelando. Houve uma reação geral contra a organização e a centralização em grande escala, sobretudo em suas formas estatais. As populações estão em geral negando sua sujeição a muitas das formas tradicionais de autoridade, e vindo a confiar mais em redes informais de família e amigos do que em arranjos institucionais, bem como dando ênfase aos direitos individuais, e não coletivos, como protetores mais confiáveis da liberdade e da segurança.

No rescaldo dos acontecimentos de 1989, numerosas pessoas trombetearam a morte do socialismo. Resta a ver se isso de fato aconteceu. Socialismo é mais do que economia nacionalizada e Estado de bem-estar social (Kumar 1993). Mas não parece haver dúvida de que o socialismo terá que modificar muito seu *ethos* coletivista, se pretende chegar a um acordo com as novas atitudes. E isto principalmente porque, como sugere também a Europa Oriental, essas atitudes existem, se não em âmbito mundial pelo menos em escala muito ampla, que transcende por larga margem as sociedades do Ocidente. Uma tempestade de pensamento e prática individualistas parece estar varrendo todo o mundo desenvolvido. O motivo por que isso acontece não está inteiramente claro. Provavelmente, tem algo a ver com os tipos de fenômenos estudados na teoria da sociedade de informação, bem como na da pós-modernidade. Uma vez mais, sugerem-se por si mesmas coincidências parciais entre as três teorias. Devemos passar agora, por conseguinte, à mais abrangente das três, para uma avaliação mais profunda das mudanças.

Modernidade versus Pós-Modernidade

Ao fim de uma série de reflexões magistrais sobre o pós-modernismo, Fredric Jameson escreveu:

> Ocasionalmente, fico tão cansado do *slogan* "posmoderno" como qualquer outra pessoa, mas, quando me esforço para lamentar minha cumplicidade em sua criação, deplorar os maus usos que lhe deram e a triste fama que adquiriu, e a concluir com alguma relutância que ele cria mais problemas do que resolve, surpreendo-me parando para especular se qualquer outro conceito pode dramatizar os problemas de uma forma tão eficaz e econômica. (Jameson 1992: 418)

É esse dilema que persegue a maioria das discussões sobre a pós-modernidade. Será ela um simples bordão, um rótulo em moda, para usar à mesa de um jantar elegante e muito explorado na mídia, um conceito em que tudo cabe, tão vago e geral que se torna vazio? Ou é alguma coisa com ele parecida, realmente necessária na atual situação das sociedades ocidentais contemporâneas? Descreverá um novo e real estado da sociedade, um estado que requer um novo nome?

O problema, como vimos, não pára aqui. Mesmo que o novo termo seja desejável, o que é que ele pretende descrever? Será que, como o nome desde o início sugere, indica um estado de coisas "após" ou "além" da modernidade? Ou será, em vez disso, uma forma de reflexão sobre modernidade, uma nova maneira, como disse um autor, de "relacionar-se com as condições modernas e suas conseqüências" (Smart 1993: 152)?

Como parece lógico, situamos nossa discussão da pós-modernidade contra o pano de fundo do conceito de modernidade. Qualquer que seja o significado que a pós-modernidade possa assumir, tem que derivar, de alguma maneira, de um entendimento do que é modernidade.

Estabelecemos também, como numerosos outros autores, uma distinção entre modernidade e modernismo. Modernidade refere-se a criações econômicas, tecnológicas, políticas e, em muitos aspectos, intelectuais, das sociedades modernas no período transcorrido desde o século XVIII. (A "modernização" pode, então, ser considerada como o processo através do qual a modernidade tomou forma e, daí, pôde ser imitada por outras sociedades, não-ocidentais.) O modernismo foi um movimento cultural que se iniciou em fins do século XIX. Embora de algumas maneiras desse prosseguimento ao impulso da modernidade, o modernismo constituiu principalmente uma reação contra alguns dos aspectos dominantes da mesma.

Nenhuma distinção comparável pode ser feita entre pós-modernidade e pós-modernismo, por razões já indicadas. Mas cabe relembrar a descrição que Charles Jencks faz de pós-modernismo, como um fenômeno de "duplo código", simultaneamente continuando e se opondo (ou "transcendendo") às tendências da modernidade e do modernismo.

Foi devido em parte à existência de tal pluralidade de termos, todos eles com significados que mudam a toda hora, que surgiu um terreno tão fértil para desacordo, que se é uma bênção para as editoras, torna-se um pesadelo para os teóricos sociais. Temos que aceitar o fato de que, qualquer que seja o veredicto que possamos formular sobre a idéia de pós-modernidade, ele dependerá em boa medida das definições altamente questionáveis que lhe damos. As coisas, em outras palavras, não são o que são na sociedade de informação ou no pós-fordismo. Nestes casos, observa-se um razoável grau de consenso sobre seus significados. Nada de parecido aplica-se à pós-modernidade. Se, no fim, concordarmos com Jameson em que pós-modernidade é um termo útil e, quem sabe, talvez até indispensável, isso acontecerá porque a descrição que dele demos no capítulo anterior põe em relevo certos aspectos da teoria que parecem especialmente promissores e valiosos. Nossa definição do "campo de significado" em volta da pós-modernidade sugere usos e perspectivas, um mapa de condições correntes, que não correspondem a definições mais convencionais.

As confusões do debate sobre sobre pós-modernidade são bem ilustradas na famosa reposta dada aos posmodernistas pelo pensador alemão Jürgen Habermas. Habermas acusou-os de conservadorismo derrotista e escapista em face da promessa, ainda não cumprida, da modernidade do Iluminismo. Os "posmodernistas" que ele tinha em mente, no entanto, eram conservadores culturais, ou "neoconservadores", como Daniel Bell, cujo *Cultural Contradictions of Capitalism* ele escolheu para estudar como tratado posmodernista. Juntamente com esses neoconservadores havia os "velhos conservadores" nostálgicos e um grupo que Habermas rotulou de "os jovens conservadores". Este grupo incluía Foucault e Derrida, isto é, as próprias pessoas normalmente associadas ao posmodernismo. Para Habermas, no entanto, esses pensadores eram não tanto posmodernistas, e sim antimodernistas. Via-os como seguindo nas pegadas dos expoentes originais da "modernidade estética" do início do século. Idéias sobre uma subjetividade descentrada e seus ataques à razão, porém, levava-os "para fora do mundo moderno". "Na base de atitudes modernistas, eles justificavam um antimodernismo irreconciliável" (Habermas 1981: 13).

Foi provavelmente uma sorte que a maioria dos autores não tenha adotado o uso dado ao termo por Habermas nos debates em torno da pós-modernidade. Contudo, o que eles (com razão) levaram bem a sério, foi o ataque que ele desfechou contra a pós-modernidade como uma ideologia fundamentalmente conservadora, antimoderna. Para Habermas, era cedo demais para renunciar à modernidade. Aceitava que a racionalidade do Iluminismo encerra muitos perigos, alguns deles expostos de forma muito convincente por seus mentores Max Horkheimer e Theodor Adorno no livro *Dialética do esclarecimento* (1944). O principal problema era a dependência de um conceito de "razão centrada no sujeito", desenvolvido de forma muito convincente por Kant. Esse conceito privilegia o ego solitário, individual, que procura compreender o mundo em sua totalidade, do ponto de vista da mente individual. O perigo está em um conceito exclusivamente conveniente, calculista, da razão, que poderia levar a uma atitude de dominação e exploração em relação à natureza e à sociedade. Mas, argumenta Habermas, o Iluminismo forneceu seu próprio antídoto. Já nos trabalhos dos críticos de Kant, em Schlegel, Schiller, Fichte e numa linhagem inteira de pensadores que culminaram nos jovens hegelianos e em Nietzsche, o conceito de razão sofreu um vigoroso ataque. Dessa maneira, já desde o início, a modernidade forneceu seu próprio "contradiscurso". Os críticos radicais contemporâneos da razão, desconstrucionistas como Foucault e Derrida, "suprimem esse contradiscurso, de quase duzentos anos, inerente à própria modernidade... A intenção de revisar o Iluminismo com os instrumentos do Iluminismo foi... o que uniu desde o início os críticos de Kant"(Habermas 1987: 302-3; cf. Giddens 1990: 48-9).

Partindo dessa tradição crítica, Habermas desenvolveu, em oposição à razão centrada no sujeito, o conceito que denominou de "razão comunicativa". Nela, a perspectiva do indivíduo que tudo conhece é subordinada ao acordo consensual alcançado através de interação comunicativa entre iguais. Para Habermas, dessa maneira eram evitadas as implicações potencialmente "terroristas" da razão centrada no sujeito, que constituía o foco dos ataques dos posmodernistas da época. Nosso problema não é, como eles afirmavam, a própria razão, mas a dominação, até agora, de uma versão particular, unilateral, da mesma. Sofremos, na verdade, não de excesso, mas de "déficit de racionalidade". A tarefa consistia em exumar tradições alternativas de razão, enterradas no legado do Iluminismo. O capitalismo, o principal vetor da modernidade, tem sido ambivalente neste aspecto. "O potencial comunicativo da razão foi simultaneamente desenvolvido e distorcido no curso da modernização capitalista." Habermas, o menos deslumbrado dos pensadores, estava consciente das imensas dificuldades de liberar esse potencial ante as poderosas estruturas tecnológicas e burocráticas da racionalidade capitalista. A racionalidade conveniente dessas estruturas teve muito sucesso em colonizar o "mundo da vida", isto é, a esfera da interação comunicativa. Mas ele permaneceu igualmente convencido dos perigos maiores do "repúdio totalizante das formas modernas de vida". Nós não estamos, digam o que quiserem os posmodernistas, no fim da modernidade nem podemos simplesmente renunciar a ela. Rejeitar as "grandes narrativas" da modernidade implica tornarmo-nos impotentes diante da racionalidade conveniente. Estamos na modernidade, a modernidade é nosso destino. O desafio agora permanece essencialmente o mesmo que era para Hegel e para Marx: como cumprir a promessa da modernidade, de "autoconsciência, autodeterminação e auto-realização" universais (Habermas 1987: 338; ver também Bernstein 1985; Ashley 1990).

A opinião de Habermas, de que a modernidade do Iluminismo em si nos oferecia os instrumentos com que poderíamos enfrentar suas ambigüidades ("aporias"), é compartilhada por alguns autores, igualmente hostis às teorias de pós-modernidade. Albrecht Wellmer, oriundo, como Habermas, da mesma escola de Teoria Crítica, argumenta que o que parece hoje rejeição ou suplantação da modernidade é principalmente uma forma de modernismo "autocrítico". A crítica à modernidade tem estado implícita no projeto moderno desde o seu nascimento. O posmodernismo, no máximo, "redirigiu" a crítica, removendo os últimos vestígios de utopismo e cientificismo. Expurgado dessa maneira, sobrou para nós um "modernismo pós-metafísico", um modernismo que Wellmer considera "um horizonte intransponível em um sentido cognitivo, estético e moral-político". Além do mais, a negação do componente utópico não diminui a persistente atração moral ou política da promessa original de modernidade. "Uma modernidade pós-metafísica seria uma modernidade sem o sonho de reconciliações finais, mas, ainda assim, preservaria o espírito racional, subversivo e experimental da democracia, da arte, da ciência e do individualismo modernos" (Wellmer 1991: viii; ver também 91-4; e cf. Bürger 1992: 44-5).

A mais vigorosa defesa da modernidade, e a mais desafiadora rejeição da pós-modernidade, é encontrada em Marshall Berman, para quem, como para Habermas, a primeira é uma faca de dois gumes. Seu próprio poder e dinamismo implicam que destrói tanto quanto cria. "Ser moderno é descobrir que estamos em um ambiente que promete aventura, poder, alegria, crescimento, transformação de nós mesmos e do mundo — e que, ao mesmo tempo, ameaça destruir tudo que temos, tudo que sabemos, tudo que somos." A modernidade unifica toda a humanidade, mas "é uma unificação paradoxal, uma unificação de desunião: despeja todos nós no turbilhão de eterna desintegração e renovação, de luta e contradição, ambigüidade e angústia" (Berman 1983: 15).

Mas estejamos ou não mais impressionados com a capacidade destrutiva ou criativa da modernidade, não temos opção senão conviver com ela. Ela é "o único mundo que temos". Tanto o antimodernismo quanto o que é denominado de posmodernismo são tentativas, condenadas ao fracasso, de escapar de nosso destino. Berman mostra alguma simpatia pelo "posmodernismo" exuberante dos Estados Unidos da década de 1960, da forma expressada por Leslie Fiedler e outros expoentes da pop art e da contracultura. Em contraste com os guardiões oficiais do modernismo, eles, na verdade, tinham mais direito à alegação de serem "o espírito e a honra do modernismo". Mas Berman é corrosivo com os pensadores franceses das décadas de 1970 e 1980, que representam a segunda onda do posmodernismo. Acusa-os de retirada para um mundo intelectual esotérico, divorciado de toda e qualquer realidade política e social. "Derrida, Roland Barthes, Jacques Lacan, Michel Foucault, Jean Baudrillard e suas legiões de seguidores apropriaram-se de toda a linguagem modernista de progresso radical, arrancaram-na de seu contexto moral e político e transformaram-na em um jogo de linguagem puramente estético." Os posmodernistas contemporâneos são os herdeiros das esperanças frustradas de maio de 1968 na França. Eles se "enterraram em uma grande tumba metafísica, espessa e apertada o suficiente para fornecer conforto duradouro contra as cruéis esperanças da primavera" (Berman 1992: 42-6).

De qualquer modo, prossegue Berman, os posmodernistas são irrelevantes. Constituem um espetáculo secundário. O drama principal encenado no palco mundial ainda é o da modernidade, que está destinado a manter seu lugar por tanto tempo quanto podemos imaginar. Na verdade, estamos, com toda probabilidade, ainda nos estágios iniciais da modernização. Grandes regiões do mundo estão justamente começando a sentir seu pleno impacto. E é por essa razão que Berman pensa que ainda podemos buscar inspiração nos grandes autores que escreveram no século XIX sobre modernidade — Marx, Nietzsche, Baudelaire, Dostoiévsky. Tendo vivido nos primeiros e mais formativos anos da modernidade, eles puderam compreender suas contradições — as perdas e as possibilidades sem precedentes — com mais profundeza do que somos capazes. "Apropriar-se da modernidade de ontem pode ser simultaneamente uma crítica à modernidade de hoje e um ato de fé na modernidade... do amanhã e do depois do amanhã" (Berman 1983: 36; ver também 345-8). O que liga os pontos de vista de Habermas, Wellmer, Berman e pensadores do mesmo calibre é a convicção de que a modernidade ainda constitui um negócio inacabado — um "projeto inacabado", como diz Habermas. Ela encerra um potencial ainda a ser realizado. Podemos apresentar esse argumento em espírito de comemoração, como acontece com Berman, ou de maneira mais discreta, esperançosa, como é o caso de Habermas. Ou podemos ser simplesmente pragmáticos a esse respeito. Poderíamos formular o argumento de que, como questão de fato empírico, a modernidade — vista como uma manifestação da racionalidade do Iluminismo — é o que a maior parte do mundo parece querer, com exclusão de outros modos de pensar e agir.

Ernest Gellner, por exemplo, está inteiramente disposto a admitir que a crença na razão do Iluminismo é, em última análise, uma forma de fé. O racionalismo do Iluminismo seria produto de uma cultura particular, em uma época específica: a civilização ocidental no século XVIII. Em virtude de seu sucesso em conferir enorme poder econômico e político aos que a adotaram, ela se tornou o modo preferido de pensar da maioria das pessoas educadas do mundo. O "fundamentalismo secular do Iluminismo" tornou-se o caminho para a civilização científico-industrial, e esta foi a rota escolhida pela maioria das sociedades do mundo. O relativismo dos posmodernistas pode ser filosoficamente sustentável, mas, à parte o fato de que leva ao niilismo, é praticamente irrelevante. Continua a ser o brinquedo da moda dos intelectuais do Ocidente. Os ataques ao "fundamentalismo racionalista" caem em ouvidos de mercador. "Acontece que vivemos em um mundo no qual um estilo de conhecimento (a racionalidade do Iluminismo), embora nascido em uma única cultura, está sendo adaptado por todas elas, com enorme rapidez e ânsia, subvertendo muitas delas e transformando totalmente o ambiente em que vive o homem. Isso é apenas um fato" (Gellner 1992: 78).

É importante observar que há certa correspondência entre essas opiniões sobre modernidade e a posição de pelo menos uma corrente importante da teoria posmoderna. É claro para os paladinos da modernidade — seja em Gellner uma aceitação estóica da mesma como questão prática, seja na convicção mais tingida de desejo de Habermas e Berman, de que a modernidade ainda tem que cumprir sua promessa emancipadora — ela não pode ser declarada acabada, pelo menos em sentido temporal ou histórico. Mas isso não é a mesma coisa que dizer que ela não mudou. Essa maneira de entender está especialmente implícita nas versões de modernidade de Habermas e Berman, como sendo impulsionada pelo processo da industrialização capitalista. Duzentos anos talvez não seja tanto tempo assim em termos de civilização, mas é um período longo o bastante para que a modernidade revele boa parte de seu caráter. Isso acontece sobretudo com uma forma social tão inerentemente instável e dinâmica, como todos concordam que é a moderna civilização capitalista. Temos que recordar, a propósito, da posição de posmodernistas como Bauman e Huyssen. Eles não consideram a pós-modernidade um novo estágio histórico, mas sim como a culminação da modernidade, um ponto de observação vantajoso, do qual se pode avaliar criticamente seu desempenho e, talvez, seu potencial restante, se por acaso este existe. A pós-modernidade, segundo esse ponto de vista, é modernidade tornada consciente de seus princípios e práticas, uma modernidade autoconsciente. Essa interpretação combina bem com a de pensadores como Agnes Heller, que em geral são hostis às teorias de pós-modernidade. Se o conceito de pós-modernidade tem algum significado, diz ela, não pode referir-se a "um novo período que se desenvolve depois da modernidade". Deve, em vez disso, ser entendido como equivalente "à consciência histórica contemporânea da idade moderna". "O pós-moderno não é o que se segue após a era moderna, mas o que se segue após o desdobramento da modernidade. Uma vez tenham emergido as principais categorias da modernidade, o tempo histórico diminui e começa o trabalho real sobre as possibilidades" (Heller 1990: 168-9; ver também Heller e Feher 1988: 1).

Há, é claro, posmodernistas, como Jencks e Hassan, que acreditam que uma nova era despontou. Mas é igualmente claro que devemos ter o cuidado de não traçar uma linha forte demais entre as teorias de modernidade e pós-modernidade. Para muitos pensadores de ambos os lados da controvérsia, a diferença é principalmente de ênfase, quando não apenas de terminologia. Os modernistas salientam a persistência de características passadas e a relevância, portanto, de análises antigas da modernidade. Os posmodernistas não negam a continuidade, mas impressionam-se mais com o fato de que estamos agora em condições de levar em conta toda a experiência da modernidade, de uma maneira que antes era impossível. Hegel e Marx podem ter tido agudas introvisões a oferecer, mas, escrevendo como fizeram no primeiro século da modernidade, não se poderia esperar que soubessem como as coisas se desenvolveriam a longo prazo.

Parece, portanto, que temos um antídoto valioso para as descrições padronizadas da modernidade. A modernidade de fins do século XX difere da que existia em princípios do século XIX. Esse detalhe óbvio é freqüentemente obscurecido em estudos — no de Berman, em parte — nos quais a modernidade aparece como uma ordem perene ou imemorial, um sucesso definitivo que, em seguida, gera variações relativamente pequenas em torno do tema principal (ver Anderson 1984). A modernidade, tal como o capitalismo, com o qual esteve estreitamente associada durante grande parte do tempo, tem uma história. Mesmo que o conceito de pós-modernidade nada mais fizesse do que apontar esse fato, ele já teria conseguido realizar alguma coisa importante, uma vez que nos alerta para aspectos da modernidade tardia que, de outra maneira, poderiam escapar de nossa atenção. Somos então capacitados a ver novas coisas ou coisas antes não notadas, ou fenômenos que podem ter parecido pouco promissores em fases mais antigas da modernização e que, inesperadamente, sobreviveram ou renasceram. A crise ecológica produzida pela expansão mundial do estilo industrial de vida; a fragmentação de culturas nacionais e a reativação de "pequenos nacionalismos"(ou "tribalismos"); a durabilidade da religião em formas antigas ou novas; o impasse histórico com que o socialismo parece ter se chocado; a atração declinante de ideologias políticas tradicionais e das esferas política e pública em geral; em todos esses e outros fatos, a teoria posmoderna indica fenômenos inesperados e descontinuidades importantes na história da modernidade. Isso talvez não signifique o fim da modernidade, mas, de fato, parece sugerir que devemos repensar o projeto moderno e perguntar, mais uma vez, o que ele é.[4]

Um reconhecimento desse fato, e uma reação interessante ao mesmo, são encontrados no pensamento do filósofo americano Richard Rorty. Ele é freqüentemente considerado posmodernista e não parece se incomodar muito com esse rótulo. Sua postura é mais interessante por tentar seguir um caminho entre modernistas e posmodernistas. Como Lyotard e os modernistas, aceita a "morte das metanarrativas". Como Habermas e os modernistas, argumenta que, ainda assim, não precisamos nem devemos renunciar ao engajamento político.

Rorty concorda com Lyotard que, ao contrário das alegações de Habermas, não há uma "narrativa da emancipação" abstrata e universal, que se possa discernir no projeto de modernidade. Se a emancipação de um determinado tipo (intermitente) emergiu no curso da modernização, isso aconteceu devido a "narrativas" morais e políticas locais e particulares no Ocidente, que geraram a democracia liberal. Nenhum conceito supra-histórico de "razão" ou sua implementação precisam ser invocados para entendermos esse resultado. Se a modernidade tem um princípio, ele é simplesmente a confiança em ser "auto-assertiva"— "a disposição de concentrar nossas esperanças no futuro da raça, nos sucessos imprevisíveis de nossos descendentes". Dessa confiança moderna nasceu a "política reformista" e a "engenharia social", que tiveram como resultados a tolerância, a imprensa livre, a educação universal, o parlamento e o resto do aparato da democracia liberal. Certamente temos toda a liberdade de chamar isso de "progresso", enquanto não supusermos que todos no mundo compartilham de nossa visão (ocidental) de progresso, nem que esse progresso foi criação da "razão" (para a qual, de qualquer modo, não há critérios universais) nem que seja logicamente determinada de alguma maneira, como a "história secreta" da modernidade. A democracia parlamentar e o Estado de bem-estar social são bons não porque "essas instituições sejam mais afins à natureza humana, ou mais racionais, ou ainda concordem mais com a lei moral universal do que o feudalismo ou o totalitarismo". Nos termos de Lyotard, temos que abandonar as "metanarrativas", mas "continuar a recontar narrativas edificantes de primeira classe" (Rorty 1985: 170; 1992: 60).

Como a descrição acima já sugere, Rorty não está disposto a acompanhar Lyotard e os posmodernistas na rejeição niilista de todas as formas de convicção e engajamento políticos. A posição de Lyotard é que a ausência de um conceito universal de razão ou de uma natureza humana comum deve levar-nos a estudar todos os programas políticos como potencialmente terroristas e totalitários. Não há um tema comum ou universal de história humana e, daí, tampouco pode haver uma "história universal da humanidade". Existem apenas culturas locais, cujos costumes e crenças são mutuamente incompreensíveis e, tudo indica, também incompatíveis.

Mas, como pragmatista deweyano confesso, Rorty protesta, dizendo que "não precisamos pressupor um *persistente* 'nós', um sujeito metafísico transistórico, a fim de contar histórias de progresso. O único 'nós' de que precisamos é de um local e temporário nós: 'nós' significa alguma coisa como 'nós, os sociais-democratas ocidentais do século XX'". Não há razão por que esse "nós" não deva continuar a pressionar em favor de uma "utopia pragmática", na qual todas as opiniões e opções "sejam esmiuçadas em encontros livres e abertos". Esse objetivo não depende da "retórica evolucionista da emancipação ou do desmascaramento", mas sim de uma "retórica reformista que quer o aumento da tolerância e a diminuição do sofrimento". Se aceitamos o primado da idéia (relativista) de tolerância, nada há que nos impeça ("nós, os sociais-democratas ocidentais do século XX") de tentarmos persuadir mais e mais de nossos semelhantes a se juntarem a nós para construir uma sociedade mundial baseada em instituições liberais. Podemos ou não ter sucesso nisso, e não temos nenhum fundamento na "natureza humana" ou no "senso moral da humanidade" para impor esse resultado a alguém. Mas é um objetivo racionalmente defensável.

> Não vemos razão por que fenômenos sociais e políticos recentes, ou pensamento filosófico recente, nos impeçam de tentar construir uma sociedade mundial cosmopolita — uma sociedade que corporifique o mesmo tipo de utopia com que terminaram as metanarrativas cristã, iluminista e marxista...
>
> Os pragmatistas deweyanos insistem em que pensemos em nós mesmos como parte de um espetáculo monumental de progresso histórico que, aos poucos, abrangerá toda a raça humana, e estão dispostos a argumentar que o vocabulário usado pelos sociais-democratas do século XX é o melhor que a raça conseguiu inventar até agora... Os pragmatistas, no entanto, estão absolutamente convencidos de que seu próprio vocabulário será substituído e, do ponto de vista deles, quanto mais cedo, melhor. (Rorty 1992: 62, 68; ver também 1985: 171-2)

Trata-se, sem dúvida, de uma postura interessante e que tenta "dividir a diferença" entre Lyotard e Habermas (Rorty 1985: 173). De nosso ponto de vista, o que a torna mais atraente é que aceita a parte mais convincente da crítica posmoderna, ao mesmo tempo em que recusa aceitar-lhe as conclusões mais niilistas ou apocalípticas. Houve evidentemente perda de fé no tipo de ideologia transistórica, ou universalista, que estabelece uma meta para a qual toda a humanidade estaria se encaminhando. Nem a utopia socialista nem a democrática parecem predeterminadas. A idéia hegeliana, tão influente em uma grande variedade de roupagens, de que a história humana é essencialmente a história da liberdade, não conta mais com assentimento geral. Nesse sentido, a "incredulidade em relação às metanarrativas" é uma alegação plausível. Mas esse fato não nos deixa indefesos, como supõem Lyotard e alguns outros posmodernistas. A democracia liberal e, sem a menor dúvida, outras variedades de socialismo, podem ser defendidas em outros termos que não como "metanarrativas". Este fato, então, sugere formas de identificação e ação contemporâneas que, com a apropriada modéstia, procuram atingir algumas das metas da modernidade do Iluminismo. Não precisamos renunciar à promessa "emancipatória" ou ao programa da modernidade. Temos simplesmente que lhes reconhecer o caráter pragmático, culturalmente limitado, afetado pelo tempo e, ao tentar executá-lo, agir mediante persuasão, discussão constante e experimentação sempre repetida.

Mas há outro aspecto na análise da modernidade feita por Rorty que é útil para nossos fins. Ele, de forma imparcial, acusa os pensadores franceses de obsessão pela política revolucionária, e seus colegas alemães por preocupação excessiva com as bases filosóficas da modernidade. A preocupação francesa, na verdade, deriva da aceitação da maneira alemã de definir o problema. Se a política revolucionária não pode ser filosoficamente justificada, então não há política. Para eles, a opção é revolução ou niilismo total. Consideram abaixo de sua dignidade pensar em "mero reformismo". Uma vez que a revolução não pode ser justificada, pois não há base racional para ela, intelectuais posmodernistas como Foucault e Lyotard retiram-se para os *salons avant-garde* da academia.

Os pensadores alemães em geral aceitam essa posição — e daí a tentativa desesperada de Habermas de apegar-se a algum conceito de razão. Mas o principal interesse deles tem sido remontar às origens e refletir sobre a tradição filosófica, de Kant (ou Descartes) até Nietzsche e além, que estudaram os problemas da verdade e da validade. Pensam eles que nesses autores estão os alicerces essenciais da modernidade. Para os pensadores alemães, a modernidade tem sido em essência o ato de descobrir uma base fundamental para a sociedade que substitua a religião, que antes proporcionava significado e integração social. Daí a preocupação com os "rompimentos" e "alienação" da sociedade ocidental, que se seguiram à perda da religião. O principal problema, para Habermas e para toda a escola alemã da Teoria Crítica, era que a "razão centrada no sujeito", que herdamos de Kant e do Iluminismo, não se mostrou à altura da tarefa. Não foi capaz de fornecer um novo princípio que possibilitasse uma reaproximação, mas, ao mesmo tempo, reconhecesse as diferenças, entre as três esferas da ciência (verdade), moralidade (o bem) e a arte (a beleza), identificadas por Kant como as sucessoras modernas da religião unificada. Desse fracasso nasceu o espectro da pós-modernidade, que Habermas tentou exorcizar com o conceito de "razão comunicativa" (Rorty 1985: 169-70; 1992: 68-71).

Mas, pergunta Rorty, e se todo esse trabalho foi mal-orientado? E se toda essa obsessão com "a razão centrada no sujeito", e em geral com questões de epistemologia, tornaram obscuras outras idéias, talvez mais importantes, sobre a modernidade? Rorty sugere que "aquela famosa 'subjetividade' que historiadores pós-kantianos da filosofia, ansiosos para ligar Kant a Descartes, tomaram como fio orientador" desencaminhou-nos quanto ao "princípio do moderno". Esse princípio é melhor sugerido não por Descartes, o profeta do "fundamento no ego", mas por Bacon, o profeta da "asserção do ego". De Bacon deriva todo o projeto moderno de experimentação social e "engenharia social", que tem sido muito mais fecundo que tentativas filosóficas de chegar a um consenso sobre razão. Bacon leva-nos de volta ao real, em contraste com a história especulativa da modernidade. Ele nos afasta da preocupação platônica aistórica, abstrata, com "idéias claras e diferentes", e nos leva para as realizações tecnológicas, sociais e políticas concretas das sociedades modernas e as bênçãos e dores de cabeça que trouxeram. Rorty chama a atenção para

> as várias possibilidades otimistas que surgem logo que sugerimos que trabalhar através do "princípio da subjetividade" (e sair do outro lado) foi apenas um espetáculo secundário, algo a que uma ordem isolada de padres dedicou-se por algumas centenas de anos, algo que não fez muita diferença para os sucessos ou fracassos dos países europeus na concretização das esperanças formuladas pelo Iluminismo. (Rorty 1985: 171)[5]

Rorty, de fato, dirige nossa atenção de volta para algumas outras questões colocadas pelo debate sobre a pós-modernidade. O ataque dos desconstrucionistas à razão, e a defesa da mesma por Habermas, são uma coisa, e de modo algum insignificante. Para muitos pós-modernistas, é isso que define a situação atual das sociedades contemporâneas. Mas há também os tipos de preocupações exemplificadas nos trabalhos de Jencks, Jameson, Harvey e outros autores. Estas referem-se às mudanças econômicas, sociais e políticas que afetam o mundo contemporâneo: assuntos tais como a globalização, o surgimento das indústrias da cultura, as novas formas de localismo, os novos movimentos sociais. De que modo se comporta a pós-modernidade à luz dessas alegações? E quais poderiam ser as perspectivas não de uma "forma pós-modernista de vida intelectual", na qual "o sublime" flutua livre de laços sociais, mas de uma "forma pós-modernista de vida social, na qual a sociedade como um todo afirma sua existência sem se dar ao trabalho de defender-se" (Rorty 1985: 175)?

Pós-Modernidade: Ideologia e Realidade

Jameson menciona um problema exasperante com as teorias de pós-modernidade:

> Como uma ideologia que é também uma realidade, o "posmoderno" não pode ser refutado, uma vez que seu aspecto fundamental é a separação radical de

todos os níveis e vozes, que só a recombinação dos mesmos em sua totalidade poderia refutar. (Jameson 1992: 376)

Jameson refere-se à maneira como a realidade social contemporânea é, segundo a entende, caracterizada por heterogeneidade, "diferença" e fragmentação. Ela representa o esfacelamento da ordem ligada não só à "totalidade orgânica" das sociedades pré-industriais, mas também das sociedades clássicas modernas do tipo ocidental. A realidade é agora compartimentalizada, classificada de maneiras múltiplas e parcialmente coincidentes, mas, ainda assim, separadas. É organizada de forma "um tanto parecida com aquelas redes de células políticas cujos membros só conheciam seus colegas imediatos". O conceito de posmoderno em si reflete essa realidade celular. Ela é composta por aspectos diferentes mas que coincidem em parte e que não podem ser somados ou integrados, ao contrário de conceitos mais tradicionais como feudalismo, capitalismo ou mesmo "o moderno". A pós-modernidade é expressada na linguagem de "discursos" e "vozes", e não como proposições falsificáveis. Permanece tão frustrantemente discrepante como a realidade que alega refletir e descrever (Jameson 1992: 364-76; cf. Bauman 1992: xxiv).

Há ainda o problema de que, como alguns críticos afirmam, a pós-modernidade não se oferece como teoria que possa ser submetida a teste e avaliada à maneira habitual. De uma forma peculiar, ela tem de ser avaliada não do ponto de vista imparcial do observador externo, mas de dentro, de dentro de seu próprio discurso. Podemos resolver ignorar a teoria posmoderna, mas, se a examinarmos, rapidamente verificaremos que estamos tratando de maneiras de analisar e descrever que se entremisturam de tal modo com a realidade de que tratam que é virtualmente impossível separar e comparar as duas. O importante aqui é que estamos, como diz Jameson, em boa extensão "*dentro* da cultura do posmodernismo" e não podemos simplesmente lhe dar as costas (1992: 62). Arquitetos e urbanistas posmodernos, deliberada e constrangidamente, constroem prédios e cidades posmodernos. Artistas e escritores posmodernos criam uma cultura artística de posmodernismo que, em seguida, se torna o ambiente dentro do qual (e contra o qual) trabalham outros artistas e escritores. Críticos posmodernos escrevem livros sobre pós-modernidade que se transformam na cultura de grandes segmentos da academia, obrigando seus membros a confrontá-la e nela trabalhar. A pós-modernidade, como disse Ihab Hassan, trata em parte de "vontade de poder"; é um esforço para formular novas teorias e conceitos com vistas a "abrir para seus proponentes um espaço na linguagem". A cultura crítica da pós-modernidade cria esses novos espaços e oportunidades. Os debates sobre ela tornam-se a prova de sua existência. Eles criam uma nova realidade que, em seguida, torna-se o centro contencioso de lutas por poder e controle cultural. "A batalha dos livros é também uma batalha de um ser vivo contra a morte" (Hassan 1985: 120; ver também Connor 1989: 10-20; Kermode 1989: 144).

Dessa maneira, portanto, há um grau inescapável de "reflexão" ou autoconhecimento na pós-modernidade que é inerente à sua condição e às discussões que provoca. Isso significa que terá de haver uma certa hipérbole, que não exige resposta, na pergunta que fizemos no último capítulo: a pós-modernidade realmente *existe*? A pergunta não pode ser respondida de forma literal. A pós-modernidade é verdadeira na medida em que nos cerca por toda parte. As indústrias da cultura, que são hoje fundamentais em muitas sociedades ocidentais, tornaram-na verdadeira através da criação incessante de um ambiente saturado de imagens. A hiper-realidade — a cópia cujo original se perdeu — é o mundo que todos nós habitamos, pelo menos durante parte do tempo. O "êxtase da comunicação" no mundo da Internet é uma experiência viva demais, que muitos de nós apreciamos, e com a qual sofremos também, tanto em nossa vida de trabalho quanto de lazer. Cultura não é mais simplesmente um adjunto à atividade séria de ganhar a vida, mas, em grande parte, tornou-se essa atividade. Grande quantidade de pessoas trabalham nas indústrias da cultura e, nos seus momentos de folga, também consomem seus produtos.

Mais notável ainda, as próprias indústrias da cultura têm se preocupado em grau extraordinário em disseminar o vocabulário, a imagística e os tons emocionais da pós-modernidade. Esse fato inevitavelmente aumenta o elemento de reflexão no fenômeno. Intelectuais e artistas posmodernos regularmente dão o ar de sua graça nas telas da televisão, em programas de debates em fins de noite. Numerosos programas populares de entrevistas e comédias exibem uma ironia e zombaria inequivocamente posmodernista. Todo o nosso senso de política e de eficiência política é afetado pelo fluxo ininterrupto de irreverência e ridículo dirigido contra figuras de autoridades e sacrossantas instituições nacionais. Um dos resultados dessa promoção da cultura posmodernista é que a resposta à pergunta "a posmodernidade existe realmente?" tem de ser em parte baseada em termos criados por essa própria cultura.

Tal fato poderia ser uma maneira de responder à uma pergunta semelhante: até que ponto a pós-modernidade é uma ideologia? Ideologias nem sempre se situam "fora" da realidade — talvez, na verdade, não com muita freqüência — que supostamente refletem, em geral de forma distorcida. A imagística de base-superestrutura do marxismo é o que nos leva a esperar essa relação. De forma mais comum, a ideologia é encontrada nas práticas e discursos da vida diária. É uma existência vivida e reveste-se de uma sensação palpável de realidade aceita pelo senso comum. Nessa medida, é interna à realidade, cujas manifestações e princípios podem, ainda assim, ocultar de alguma maneira crucial.

A pós-modernidade, pelo menos, tem esse tipo de existência. Se queremos considerá-la ideológica, será parcialmente pelo menos nesse sentido. Os modos e expressões característicos da pós-modernidade tornaram-se aspectos bem conhecidos da realidade de muitas pessoas nas sociedades ocidentais. Olhando em volta, podemos ver a pós-modernidade nas ruas, da mesma maneira que, na passagem do século, indivíduos em Paris e Berlim poderiam ver modernidade nas ruas. Quando conversamos com pessoas sobre suas experiências e expectativas e tentamos explicá-las em termos posmodernos de fragmentação, "incoerência" e perda de certos tipos de estabilidade e crenças doutrinárias, elas aparentemente logo reconhecem o diagnóstico.

Mas esse fato ainda deixa aberta a questão sobre até que ponto a pós-modernidade é uma ideologia no sentido mais amplo. Ela pode ser real no sentido de ser vivida por todos. Mas sua descrição do mundo disfarçaria mudanças mais profundas? É ideológica no sentido de ser a portadora de um sistema econômico ou político que não é, ou não é corretamente, descritível em seus termos? O que a pós-modernidade representa?

É digno de nota que Jameson, por exemplo, a despeito de sua advertência sobre as dificuldades de estudar o posmodernismo como teoria comprovável, volta repetidamente à idéia de que ele é "a lógica cultural do capitalismo tardio". Uma opinião semelhante é encontrada em autores como Lash, Urry e Harvey. O sentido tem de ser que, mesmo se não pudermos (ou não pudermos facilmente) distinguir a cultura posmoderna da sociedade pós-moderna, devemos ser capazes de compreender o fenômeno da pós-modernidade através de uma análise da situação corrente do capitalismo. A análise, por sua vez, deverá levar-nos a examinar exatamente as áreas para as quais Rorty nos alertou, a vida econômica, social e política do mundo deste final de século. Se podemos submeter formalmente a "teste" a teoria posmoderna, em outras palavras (que tipo de teoria social *podemos* submeter a teste?), devemos ser capazes de avaliar-lhe a plausibilidade pelo menos em algum grau, estudando as alegações que faz sobre essa realidade bem concreta.

Já fizemos algo parecido neste livro sob os títulos de sociedade de informação e pós-fordismo. A pós-modernidade, sendo uma visão altamente abrangente do mundo, como vimos acima, absorve muitas das características incluídas nessas teorias. Demonstramos, assim, as continuidades entre passado e presente na economia da informação. Mas questionamos a idéia de um novo princípio ou direção necessariamente trazidos à baila pela revolução da tecnologia da informação. Esta, porém, não é toda a história da sociedade de informação, como tentamos mostrar no presente capítulo. Além disso, a pós-modernidade concentra-se mais —

nos trabalhos de Baudrillard e outros autores — nos efeitos perceptivos e expressivos da tecnologia da informação do que em seu impacto econômico. Mas na medida em que a idéia posmoderna depende de uma visão de mudanças radicais, impostas à economia e à sociedade pela nova tecnologia da informação, o veredicto deve ser, até agora, "não provado". Nossas maneiras de interpretar a realidade, bem como alguns aspectos de nosso comportamento social, talvez tenham passado por mudanças importantes. A sociedade de informação, porém, em sua ousada alegação de ser uma nova ordem social, certamente justifica, no corrente estado das coisas, o rótulo de "ideológica". Nessa medida, também, ela contribui com um componente ideológico para a idéia da pós-modernidade.

As evidências oriundas do debate pós-fordista funcionam de modo menos claro contra a pós-modernidade. Tem sido possivel argumentar de forma convincente que grande parte da "especialização flexível" representa pouco mais do que uma mudança de estratégia do capitalismo em um meio em mutação. O "renascimento do artesanato", estudado com tanta esperança por Piore e Sabel, parece ser até agora uma miragem. Já a insistência pós-fordista no caráter mutável das ideologias e alianças, bem como no declínio da política de classe, parece bem fundamentada, conforme notamos neste capítulo. Este fato combina bem com a alegação posmoderna fundamental sobre a "morte das metanarrativas". E põe em destaque também o tema que tanto explora, da importância dos novos movimentos sociais, em comparação com instituições mais antigas, como os sindicatos e os partidos políticos. Ao postular questões de ecologia e de direitos humanos, os novos movimentos sociais aspiram ao universal. Salientam o que é comum à humanidade. Em outro nível, porém, esses movimentos concentram-se na "política da diferença", que ganha tanto destaque nos escritos posmodernistas. Frisam identidades pluralistas e múltiplas, aquilo que nos divide por gênero, sexualidade, etnicidade, localidade. Em contraste com a universalidade e generalidade da economia e do meio ambiente global, eles chamam atenção para as particularidades de grupo, lugar, comunidade e história.

Os novos movimentos sociais são exemplos de um aspecto mais geral da pós-modernidade: a interação, ou tensão, entre o global e o local. Neste particular, é atribuída grande importância à conexão com as operações do capitalismo contemporâneo. Nessa visão, a pós-modernidade reflete a globalização do capital, ou seja, o aspecto fundamental do "capitalismo tardio". Seu interesse pelas particularidades de local, localidade, "herança" e história coincide com a renovação global do reconhecimento, pelo capitalismo, da importância do local. Tal fato não se choca, mas, ao contrário, complementa a tendência do capitalismo, em sua fase global, de comprimir e unificar o espaço. A criação de um espaço global abstrato, homogêneo, gera um impulso contrário para a localização, a diferenciação e a diversidade. Ou como diz Harvey:

> ... quanto mais unificado o espaço, mais importantes se tornam as características da fragmentação para nossa identidade e ação social. A livre circulação do capital pela face do globo... coloca uma forte ênfase nas qualidades particulares dos espaços para os quais esse capital poderia ser atraído. O encurtamento do espaço, que põe em concorrência comunidades diferentes em todo o globo, implica estratégias competitivas voltadas para o local e um senso aguçado de percepção do que torna um deles especial e lhe confere vantagem competitiva. Esse tipo de reação interessa-se muito mais pela identificação do local, pelo reforço e identificação de suas qualidades excepcionais em um mundo cada vez mais homogêneo, mas também fragmentado. (Harvey 1989: 271)

Harvey não nega que há aspectos positivos nessa recuperação do valor do local. Comunidades negligenciadas têm, portanto, estímulo para se renovarem e reconstruírem identidades que talvez tenham definhado. Há também maior potencial para a ação política. Grupos da classe trabalhadora e outros "de oposição", tais como mulheres e minorias étnicas e colonizadas, tornam-se mais capazes de se organizar em base local. O socialismo municipal e a defesa de comunidades da classe trabalhadora são vitórias locais que raramente foram igualadas por sucesso comparável no nível nacional (para nada dizer no internacional). Essas vitórias, no entanto, revelam também as fraquezas do localismo. Grupos "relativamente capazes de se organizar no local" são "incapazes quando se trata de se organizar no espaço". "Ao se apegarem, muitas vezes por necessidade, a uma identidade determinada pelo local... esses movimentos de oposição tornam-se partes da própria fragmentação, de que pode alimentar-se um capitalismo versátil e a acumulação flexível" (Harvey 1989: 303).

Por isso, para Harvey, é importante insistir nesse ponto. A reabilitação de um local depende de forças que se situam fora do controle e, não raro, também da compreensão de atores ligados ao mesmo. "A acumulação flexível explora tipicamente uma larga faixa de circunstâncias geográficas aparentemente contingentes e as reconstitui como elementos internos estruturados de sua própria lógica abrangente" (Harvey 1989: 294). A louvação posmodernista do lugar e das identidades locais ignora esse fator crucial. Interpreta e aplaude a descentralização e a diversidade como manifestações de autonomia local. Ignora as forças ocultas por trás do intercâmbio aparentemente livre de auto-afirmação local. A "Terceira Itália" com certeza explorou suas tradições locais peculiares de artesanato e cooperação comunal, mas seu sucesso, na opinião de Harvey, dependeu em essência da existência de demanda de bens personalizados na economia mundial ferozmente competitiva. Outras cidades e regiões — Los Angeles, Gales do Sul, Formosa — tornaram-se atraentes para o capital internacional ao reforçar certas características locais: uma variedade especial de perícias, uma cultura anti-sindical, uma tradição de administração paternalista do trabalho. O que importa não são as características únicas de identidades locais, mas a maneira como elas se combinam com os requisitos de um capital cada vez mais versátil (cf. também Massey 1992; Lash e Urry 1994: 303-4).

Esse tipo de argumento pode ser usado contra uma larga faixa de fenômenos pós-modernos. O particularismo pós-moderno, o pluralismo e o ecletismo existem, mas são manifestações ideológicas da "unidade sistêmica subjacente, cujos imperativos criam a própria diversidade, enquanto, ao mesmo tempo, impõem uma homogeneidade mais profunda e mais global" (Wood 1990: 79). O padrão, seja de lugar ou de produto, é semelhante: globalização ligada a localismo e diversificação. A globalização, seguindo a lógica conhecida do desenvolvimento capitalista, procura "economias de escala". Estas preferem a padronização e a homogeneidade — o "produto global". Temos, por exemplo, o marketing global do McDonald's e de Mickey Mouse, da telenovela *Dallas* e da Disneylândia, dos hotéis Hilton e Holiday Inn (a origem americana, claro, é importante). Conglomerados globais de mídia, como a News Corporation, de Rupert Murdoch, ou a Sony Corporation, do Japão, disseminam os gostos e atitudes relevantes por todo o mundo. "Cidades globais" como Londres, Nova York e Tóquio são os pontos nodais e centros controladores da circulação mundial de imagens, informações e bens e serviços padronizados.

Até agora, tudo é bastante familiar. A globalização simplesmente leva mais longe as tendências de formas anteriores do capitalismo, tendências estas comensuráveis com a escala mais ampla das operações. Nada que causasse surpresa a Marx ou a Weber — ou, por falar nisso, a Henry Ford. O conceito de "racionalização" de Weber explicaria adequadamente a maioria desses fenômenos. Explicaria também por que a rotinização e a padronização do "produto mundial" deverão ser encontradas cada vez mais em muitas outras esferas — não apenas na produção, mas também no lazer, na cultura, na educação, na religião e na política. Trata-se de um caso em parte de imitação e até certo ponto de determinação. O que foi denominado de "mcdonaldização da sociedade" aponta elegantemente para o papel de um dos praticantes contemporâneos mais bem-sucedidos da racionalização weberiana (Ritzer 1993). É muito mais provável que os marxistas enfatizem a "sociedade como mercadoria", a ampliação da racionalidade capitalista e do motivo do lucro a um número sempre maior de áreas da vida social e pessoal e de regiões do globo (Braverman 1974: 271-83; Sklair 1991).

A maioria dos críticos marxistas da pós-modernidade, porém, não se detém nesse ponto bem conhecido da análise. Eles notam que a globalização traz aspectos que têm a aparência de novidade — aspectos que são usados por outros autores como prova de pós-modernidade. A universalização e a padronização são apenas algumas das faces da globalização. A outra é a particularização e a diversidade. Além das economias de escala, há "economias de escopo". O capitalismo, em sua fase global, pós-fordista, precisa diversificar e individualizar produtos. Cidades e regiões têm, também, que destacar as diferenças mútuas. Têm que acentuar suas peculiaridades de identidade e história — sua "herança"—, a fim de se tornarem atraentes não só para o capital internacional mas também para o turismo mundial. O resultado em ambos os casos foi o surgimento de diversidade e particularidade. Em todas as sociedades industriais há agora uma notável faixa de bens e serviços especializados e, não raro, exóticos: cozinhas étnicas e regionais, arte "folclórica", música do "Terceiro Mundo", vestuário e mobiliário "tradicionais", novas e restabelecidas formas de medicina e de produtos de saúde. Analogamente, ocorre (ou parece ocorrer) uma renascença de pequenas cidades e aldeias e a regeneração de velhas áreas industriais, com freqüência como regiões turísticas (o "Condado Catherine Cookson" no nordeste da Inglaterra, as cidades do "Oeste Bravio", nas velhas regiões de mineração dos Estados Unidos).

O que os críticos marxistas da pós-modernidade querem enfatizar é a aparência superficial de tudo isso e a lógica mais profunda subjacente. O localismo está ligado ao globalismo e, a particularidade, aos requisitos da fase mais desenvolvida, pós-fordista, do capitalismo. A Sony Corporation fala, reveladoramente, de "localização global" como sua estratégia operacional corrente, enquanto Theodore Levitt, um dos principais analistas da nova filosofia empresarial, argumenta que o "produto mundial" não diz respeito apenas à padronização, mas igualmente ao que chama de "cosmopolitanização da especialidade". Esse fato aceita, na famosa expressão da agência de publicidade Saatchi and Saatchi, que há mais diferenças sociais entre o centro de Manhattan e o Bronx do que entre o centro de Manhattan e o VII *arrondissement* de Paris. O mercado mundial, queremos dizer, é socialmente diferenciado e os produtos têm que ser especialmente desenhados e destinados a segmentos específicos. A concentração, porém, continua a se dar na estratégia global. Em todo o mundo há consumidores de gostos semelhantes, que ocupam nichos comparáveis em suas respectivas sociedades. De igual maneira, os produtos a eles destinados podem ser "cosmopolitas", por mais marcados que sejam pela especificidade da origem cultural. O mundo é pilhado em busca de toda a variedade gerada através de localidade e etnicidade — música africana, arte aborígine australiana, tapetes indianos, cozinha tailandesa e assim por diante. "Desterritorializados", desenraizados de seus contextos específicos — da mesma forma que, em termos de lugar, o "local" não é mais o concreta ou autenticamente local, mas um elemento do nexo global-local —, os produtos culturais se transformam em "especialidades cosmopolitas", com vistas a segmentos particulares do mercado, sobretudo os situados no próspero hemisfério Norte. A estratégia combina homogeneidade e heterogeneidade. Estes são os princípios padronizados do marketing global e os produtos diferenciados do consumo mundial (Robins 1991; Amin e Thrift 1993; ver também Featherstone 1990).

Daí a queixa dos críticos de que, quanto mais parece haver diversidade, mais ela é acompanhada por uniformidade. Empresas como a Body Shop, Benetton e Laura Ashley podem se esforçar para produzir artigos diferentes, não-padronizados, mas o marketing global significa que "os produtos da Benetton ou da Laura Ashley acabam indo para quase todos os shopping centers construídos em série no mundo capitalista avançado" (Harvey 1989: 296). A ironia é que, em cidade após cidade, a loja "pós-moderna" de alta classe de Laura Ashley provavelmente será vizinha da caracteristicamente "moderna" lanchonete McDonald's, que vende os mais padronizados dos "produtos mundiais". A conjunção sugere que objetivos e processos semelhantes estão em ação.

Ouvimos também a acusação de que, por mais pós-moderno que seja o planejamento das cidades, as formas do crescimento capitalista assegurarão que os mesmos projetos serão repetidos mecanicamente em toda a nação. Surge o que Boyer chama de um sistema de "monotonia serial... criando, a partir de modelos ou moldes já conhecidos, ambientes urbanos quase idênticos, de uma cidade a outra: o South Street Seaport, em Nova York, o Quincy Market, em Boston, o Harbor Place, em Baltimore" (in Harvey 1989: 295). O posmodernismo pode, na verdade, tornar-se o "novo estilo internacional" em arquitetura, repetindo a universalidade e a uniformidade de que foi acusado o modernismo. Arquitetos posmodernistas falam a linguagem da "diferença", do "híbrido", do "complexo", e o caráter "duplamente codificado" desse trabalho deve ser testemunho de um novo sentido de enraizamento ou de localidade. Mas, sugere Steve Connor,

> quando a própria hibridização se torna universal, a especificidade regional passa a ser simplesmente um estilo, que pode ser transmitido através do globo com a mesma rapidez que uma fotocópia do mais recente manifesto arquitetônico. Paradoxalmente, o sinal de sucesso da linguagem e estilo antiuniversalistas do posmodernismo arquitetônico é que podemos encontrá-lo *em toda parte*, de Londres a Nova York, de Tóquio a Nova Delhi... A nova linguagem da diferença... não é uma dissidência do sonho modernista de universalidade, mas uma intensificação mórbida do mesmo. (Connor 1989: 80)

Lyotard, o famoso mas evasivo pós-modernista, foi corrosivo com o tipo de posmodernismo que põe nas alturas o ecletismo. "O ecletismo", diz ele, "é o grau zero da cultura geral contemporânea: ouvimos *reggae*, assistimos a filmes de faroeste, comemos sanduíches do McDonald's no almoço e experimentamos a cozinha local no jantar, usamos um perfume de Paris em Tóquio e roupas 'retrô' em Hong Kong: o conhecimento é uma questão para jogos de TV" (Lyotard 1984b: 76). Esse "pot-pourri de internacionalismo", como o chama Harvey, pode ser facilmente igualado, como o é para marxistas como Ellen Wood, à "ultima moda em 'fetichismo da mercadoria', o triunfo da 'sociedade de consumo'" (Harvey 1989: 87; Wood 1990: 78). A pós-modernidade é, cada vez mais firmemente, encaixada nos contornos de um capitalismo em evolução. A conclusão de Harvey pode ser aceita como representativa de toda a crítica marxista da teoria pós-moderna. "Certamente houve", reconhece ele, "uma mudança profunda na aparência do capitalismo desde 1973." Mas "não é difícil ver como os elementos e relações invariáveis que Marx definiu como fundamentais para qualquer modo de produção capitalista ainda brilham, em muitos casos com uma luminosidade ainda maior que antes, através de todo o borbulhar superficial e evanescência da pós-modernidade" (Harvey 1989: 187-9; ver também 121, 343-4; e cf. Callinicos 1989: 121-71).

Descontando a hipérbole, essa definição é tão clara quanto qualquer um poderia desejar. Além disso, não adianta negar sua força, muito real. O exame mais superficial dos fenômenos ocorridos no mundo no último quarto de século logo mostrará a extraordinária vitalidade do capitalismo nesse período. Ele se expandiu e agora ocupa todo o globo. Pode reivindicar, com bons argumentos, ter derrubado os regimes comunistas na Europa Oriental e estar transformando os que ainda restam. Penetrou em uma profundidade nunca antes alcançada na vida da sociedade ocidental, ingressando em áreas da política, da cultura e do bem-estar social antes reservadas ao reino público, não-comercial. A educação, os meios eletrônicos de divulgação e as artes sentiram sua influência, juntamente com a saúde, a seguridade social, a polícia e os serviços penitenciários. Até mesmo órgãos burocráticos do governo foram, em alguns casos, abertos ao mercado. Nas áreas mais íntimas da vida pessoal, igualmente, encontrou novos campos para conquistar. O consumismo invadiu os assuntos corporais e sexuais, a publicidade tem procurado nos conscientizar de novas ansiedades de identidade e segurança pessoal e a garantir-nos que há mercadorias e serviços que podem satisfazer todas as nossas necessidades e aliviar todos os nossos medos. Em todos os espaços do "mundo da vida", o capitalismo descobriu o material necessário para transformar tudo em novas mercadorias e em consumismo.

Desse modo, não é difícil compreender por que numerosos teóricos acham que a força propulsora da mudança contemporânea continua a ser o capitalismo, qualquer que seja a forma que tenha assumido. Facilmente, pode-se fazer com que o pós-modernismo pareça ser não mais do que uma modificação superficial no consumo, uma mera mudança de estilo. O capitalismo, lembram-nos sempre esses teóricos, não permanece estático. Está constantemente subvertendo práticas e crenças tradicionais. As novas formas de arte, a importância crescente da cultura e da informação, e o equilíbrio mutável entre as esferas pública e privada constituem, todos eles, manifestações desse dinamismo. A lógica interna das mudanças continua a ser a acumulação do capital e a ampliação cada vez maior do mercado. O pós-modernismo é o reflexo ideológico desta última fase da inventividade do capitalismo.

Trata-se de um tipo familiar de análise, que corre também os mesmos conhecidos perigos. O "imperativo capitalista" tem sido aplicado a movimentos culturais tão separados no tempo como a Renascença e o Romantismo e a fenômenos intelectuais desde as épocas de Hobbes a Hegel e Hobhouse. Foi antes aplicado ao modernismo, como é hoje ao pós-modernismo. A objeção é a mesma na maioria desses casos: não que a análise esteja necessariamente errada, mas que é baseada em um nível alto demais de generalidade e abstração. Ao "capitalismo" está sendo creditado um excesso de trabalho. O mundo ainda é, sem a menor dúvida, capitalista, e nele existe a pós-modernidade. Mas até que ponto a situação pós-moderna deve ser explicada pela mecânica do desenvolvimento capitalista? Se o "capitalismo pós-moderno" difere de suas formas anteriores, a ênfase não deveria ser posta tanto no primeiro quanto no segundo termos? Quanto de autonomia existe nas esferas social e cultural? Nelas se esconde, como antigamente, o sinal de um grau excessivo de determinismo e reducionismo.

Vários autores chamaram a atenção para o fato de que podemos distinguir utilmente duas variedades principais de pós-modernidade, ou pós-modernismo. Haveria um "posmodernismo de reação" e um "posmodernismo de resistência" (Foster 1983: xii); um modernismo "normal e convencional" e um modernismo "de oposição" (Lash 1990: 37). Há, isto é, em primeiro lugar, um posmodernismo que parece encaixar-se confortavelmente nos requisitos do capitalismo tardio. Louva a cultura de massa, o consumismo e o comercialismo. É fortemente populista na atitude em relação à cultura "alta" ou elitista. Dá seu assentimento divertido ao slogan visto em camisetas: "Compro, logo existo." É uma filosofia que aparentemente se ajusta ao estilo de vida e interesses de muitos membros da nova classe média "pós-industrial" na mídia, na publicidade, na educação superior e nas finanças.

Por outro lado, há um posmodernismo que aparentemente se ergue contra as correntes da cultura capitalista. Esse pensamento posmodernista deu respaldo a numerosos movimentos sociais que têm por base reivindicações ligadas a sexo, etnicidade e localidade. Ajudou os que procuram estabelecer uma identidade — pessoal ou coletiva — contra a maré montante da homogeneização capitalista. Opõe-se à padronização do lugar e do ambiente. Procurou criar um senso de lar em um espaço cada vez mais abstrato, global, homogêneo (Robins 1991: 39-40; Amin e Thrift 1993: 412-3).

A globalização em si significa não só padronização e dependência, mas também criação de um novo cosmopolitismo e consciência global. O pensamento pós-moderno levanta-se contra todo etnocentrismo, que privilegia uma única história ou um único segmento geográfico do globo. Opõe-se não apenas ao "orientalismo", mas também ao fundamentalismo islâmico e a todas as demais formas de dogmatismo e exclusividade. Enquanto um de seus aspectos talvez estimule a particularidade de um nacionalismo ou regionalismo potencialmente fanáticos, outro aspecto obriga a que se reconheça que qualquer nacionalismo ou localismo tem de aceitar o direito igual de florescer de outros nacionalismos e localismos. Tem feito parte da melhor tradição do pensamento ocidental desde o Iluminismo tentar transcender lugar e experiências históricas particulares. O pós-modernismo, de uma maneira, reage contra o universalismo do Iluminismo, mas, de outra, promove o cosmopolitismo iluminista (Heller e Feher 1988: 2; Lash e Urry 1994: 308-9).

O argumento é simples e pode ser exposto da seguinte maneira: lanchar no McDonald's não implica ser necessariamente "mcdonaldizado". O "produto mundial" é consumido e recebido de maneiras diferentes, de acordo com diferentes contextos e culturas locais e nacionais. Moscovitas que comem no McDonald's de Moscou têm tanta probabilidade de tornar esse fato uma parte de sua cultura quanto de serem transformados em americanos do Leste europeu. Supõe-se, com uma facilidade grande demais, que a globalização só corre numa única direção. Há um evidente poder nisso, mas esse poder tem que ser expressado em lugares particulares, com recursos de cultura próprios. O lugar é importante, não só como sítio local de operações multinacionais, e não apenas, como pensam alguns radicais, como o espaço defensável de uma dada história e experiência de localidade (atitude esta que pode levar a tentativas reacionárias de congelar a história em um determinado ponto). Lugares particulares podem ser origem de mobilizações locais que tentam tirar o máximo da interação de forças locais e globais. A identidade do lugar, e das pessoas a ele ligadas, não é fixa; é uma variável, dependendo de uma combinação específica de local e forças e circunstâncias não-locais (o fenômeno de "atribuição de características" ilustra bem essa situação). O local gera lealdades ferozes e embora estas possam sempre se tornar exclusivas e xenófobas, também podem fornecer recursos para criar um novo senso de lar e uma nova negociação de identidade (Massey 1992: 9-13; ver também Appadurai 1990; Smart 1994; Samuel 1995).

A questão do capitalismo e da pós-modernidade continua a ser uma questão fundamental — talvez *a* fundamental — da teoria social contemporânea. Será que o que está acontecendo é fundamentalmente um novo jogo ou somente uma mudança de direção na história do capitalismo? Algumas das mais impressionantes explicações do mundo moderno transformaram as mudanças no capitalismo na pedra de toque de suas análises. Autores como Ernest Mandel e David Harvey deram contribuições verdadeiramente esclarecedoras para nossa compreensão das mudanças no mundo que nos cerca. O que impressiona em especial é que eles, ao contrário de tantos marxistas, não trataram o capitalismo como uma instituição quase eterna, mas analisaram os fenômenos que nele marcaram épocas. Para eles, o capitalismo é o ponto de partida, não o fim da análise.

Simultaneamente, foram observadores atentos das mudanças políticas, culturais, sociais e espaciais que acompanharam essas transformações. Foi dessa maneira que abordaram a questão da pós-modernidade. Em análise final, eles continuam convencidos de que as categorias do marxismo são os melhores e mais eficazes instrumentos de que dispomos para compreender fenômenos que outros autores consideram como pós-modernos. Mas, em seus melhores momentos — como nas obras de Jameson e Harvey —, eles deram o devido peso à nova importância da cultura e das comunicações, ao renovado senso de local e ao papel criativo dos novos movimentos sociais.

O capitalismo, está claro, não atingiu seus limites, quaisquer que tenham sido as esperanças e os esforços de socialistas nesse sentido. A queda dos Estados comunistas da Europa Oriental e a atração decrescente do socialismo no mundo em geral deram ao capitalismo não só um novo vigor ideológico, mas também novos territórios para invadir. Há ainda muito trabalho a realizar, mas não são muitos os obstáculos a seu progresso. A velha divisão do mundo em três mundos é hoje obsoleta. Há apenas um mundo só, o mundo do capitalismo global. Seria tolo para qualquer analista social, por mais que deseje, ignorar esse fato irrefutável da situação contemporânea.

O capitalismo, porém, é uma categoria ampla, abstrata. A maneira como funciona e os seus diferentes efeitos variam imensamente em lugares diferentes e em ocasiões diversas. A pós-modernidade talvez seja capitalista, mas é um capitalismo com uma nova face, uma face que mostra muitos aspectos peculiares e inesperados. O estudo dessa novidade constitui um assunto importante em si mesmo. No fim, a questão de se o pós-modernismo é ou não uma ideologia do capitalismo (tardio) talvez não seja lá muito importante — ou, dizendo melhor, talvez seja mais uma questão de ênfase ou de interesse do estudioso. O "capitalismo pós-moderno" demonstra características próprias suficientes para justificar uma análise que respeite as mudanças radicais de sua forma em todos os níveis — cultural, político e também econômico — pelos quais passou a sociedade moderna no último terço deste século. Se esse fato levar alguns autores a concluir que vivemos em um novo mundo, um mundo pós-moderno, eles não poderão ser julgados culpados de cegueira ou ingenuidade. O mundo contemporâneo talvez não seja apenas ou simplesmente pós-moderno, mas a pós-modernidade é agora um aspecto relevante, talvez fundamental, de sua vida, e uma maneira importante de pensar sobre ele.

Coda: A Volta das Grandes Narrativas?

Zygmunt Bauman disse que

> o colapso do comunismo foi o que apressou a morte das ambições modernas que desenharam o horizonte da história européia (ou influenciada pela Europa) nos dois últimos séculos. Esse colapso nos abriu a porta de um mundo ainda não explorado: um mundo sem uma utopia coletiva, sem uma alternativa consciente à mesma. (Bauman 1992: xxv)

Essas palavras parecem repetir a observação de Vaclav Havel — citada como uma das epígrafes deste capítulo —, de que a queda do comunismo significa que a modernidade chegou à "crise final". Bauman e Havel parecem estar dizendo que, como o comunismo representava a mais nobre ambição da modernidade, seu fracasso deve equivaler a um ponto de interrogação no tocante a todo o projeto moderno. Simultaneamente, nada o substituiu. O mundo carece agora de uma visão grandiosa, um senso de objetivo que esteja se esforçando para atingir. É um mundo sem utopias, sem alternativas. É um mundo que simplesmente funciona (ou não funciona) como uma máquina.

Esta é de fato uma opinião pós-modernista. Também parece próxima da posição daqueles que, em seguida às revoluções de 1989 na Europa Oriental, declararam "o fim da história". O que Francis Fukuyama, o expoente mais conhecido dessa tese quis dizer foi que, com a derrocada do marxismo e do comunismo, todo conflito ideológico no mundo se exauriu. Para ele, a história, como para Hegel, era a história do conflito de visões concorrentes de civilização e ordem social. Era isso que lhe imprimia o movimento para a frente, progressista. Não há mais esse conflito e, por conseguinte, tampouco "história" (a despeito dos muitos eventos que ocorrerão). A história completou sua obra e tudo o que sobrou foram as batidas de seu motor, em ponto morto. O que nos espera de agora em diante é simplesmente "o papel de zeladores eternos do museu da história humana" (Fukuyama 1989: 18; ver também 1992).

Mas, em um sentido muito importante, o que Fukuyama e outros como ele disseram foi exatamente o oposto do que pensavam Bauman e Havel. Para Fukuyama, o fim da história não significa que todas as alternativas se esgotaram, mas que uma delas venceu. A derrota do comunismo não deixou o mundo sem visões. Deixou uma, em eminência solitária e indisputável. O comunismo foi derrotado pelo capitalismo. Mais concretamente, foi derrotado pelas formas democráticas-liberais da sociedade de mercado. Este tem sido o segredo da história desde a Renascença: a evolução e gradual disseminação pelo mundo da sociedade de mercado liberal e a derrota de todos os seus rivais (Fukuyama 1992: xii-xiv, 39-51).

Dessa maneira, longe de estar "em crise", como sugeriu Havel, a modernidade foi, para Fukuyama, inteiramente justificada. A vitória da sociedade de mercado liberal foi a do princípio moderno (embora Fukuyama não veja nisso causa para júbilo total). Esta era a premissa da "teoria da modernização" da década de 1950 no Ocidente. Fukuyama lembra que essa teoria foi criticada por seu "etnocentrismo", pela elevação visível da "experiência de desenvolvimento da Europa Ocidental e da América do Norte ao nível de verdade universal". A acusação não foi simplesmente de que havia diferentes caminhos para a modernidade, além dos seguidos pelas nações ocidentais, mas que a modernidade em si era um conceito ocidental, etnocêntrico (Fukuyama 1992: 68-9).

Agora, diz Fukuyama, as coisas parecem muito diferentes. Na década de 1990, "a teoria da modernização parece muito mais convincente... do que há quinze ou vinte anos... Embora haja uma grande variedade de rotas que os países podem tomar para chegar ao fim da história, poucas são as versões de modernidade, que não a democrática-liberal capitalista, que dão a impressão de funcionar" (Fukuyama 1992: 133).

Essa posição pode ser contestada, e foi, em um vigoroso debate que se arrasta desde a publicação do livro de Fukuyama (ver, por exemplo, Anderson 1994; Burns 1994). Mas o fato mais importante de nosso ponto de vista é seu efeito geral sobre as teorias de pós-modernidade. Estas, tal como as do pós-fordismo e da sociedade de informação, foram em sua maioria elaboradas antes dos fatos de 1989 e do colapso do comunismo na Europa Oriental, concebidas, isto é, antes das mudanças que muitos vieram a considerar como o fenômeno histórico mais importante deste século (Hobsbawm 1994; Tiryakian 1994: 132). Poderá esse aspecto afetar sua validade? Até que ponto ele constitui um desafio?

Em certo sentido, não muito. Na verdade, pode-se dizer que essas teorias previram os grandes acontecimentos do final da década de 1980. Em parte, isso se deveu ao fato de que já estavam acontecendo certas coisas que influenciavam o pensamento por trás das teorias. A "revolução democrática global" já estava em andamento nas décadas de 1970 e 1980, quando foi elaborada a maior parte das teorias. No Ocidente, os partidos socialistas já se encontravam na defensiva e a maioria perdera o governo. Na União Soviética, as políticas de *glasnost* e *perestroika* de Gorbachev, precursoras das revoluções de 1989 e do esfacelamento do país, funcionavam a todo vapor. Todos esses fatos podiam ser facilmente encaixados na idéia do "fim das grandes narrativas", especialmente o que dizia respeito à "grande narrativa" do marxismo. Eles mostravam a afinidade existente entre as idéias de pós-modernidade e a rejeição de todos os sistemas dogmáticos e autoritários de crença e prática. Mas nem mesmo os acontecimentos de 1989 em si constituíram o problema imediato. Há um acordo geral de que uma grande contribuição para eles foi a revolução na informação e nas comunicações, que é a idéia central da sociedade de informação (Boden 1992). Há ainda uma interpretação especificamente pós-modernista de 1989: a rejeição das grandes narrativas, é claro, mas também a atração do consumismo ocidental e a opção, diversidade e individualismo, que se pensava que o acompanhavam (Bauman 1992: 166-71).

O problemático para nossas teorias, por conseguinte, não é o fato geral do fracasso do comunismo, que é explicado facilmente por idéias posmodernistas e correlatas. O verdadeiro desafio vem do conteúdo das revoluções de 1989, que parecia voltar a alguns dos temas fundamentais da modernidade clássica. Jürgen Habermas denominou, na verdade, a revolução de 1989 de a "revolução da recuperação", ou do resgate (*nachholende Revolution*). As sociedades da Europa Central e Oriental, argumentou, não estavam tentando nada de novo, mas apenas voltar aos trilhos da modernidade, dos quais haviam sido expulsas pela experiência comunista. O modelo que as inspirava era evidentemente a democracia constitucional e o capitalismo desenvolvido do Ocidente. Habermas refuta a idéia de que a revolução foi uma revolta posmodernista contra a razão, ou contra as "grandes narrativas" em geral. A única delas que as revoluções de 1989 rejeitaram foi a do marxismo. Em outros aspectos, voltaram-se decisivamente para as grandes narrativas do liberalismo ocidental. As revoluções de 1989 foram baseadas no mesmo molde, e corporificavam as mesmas aspirações das revoluções clássicas burguesas do Ocidente. "O colapso revolucionário do socialismo burocrático parece... indicar que a modernidade está estendendo suas fronteiras — com o espírito do Ocidente chegando ao Oriente não apenas como civilização tecnológica, mas também como tradição democrática" (Habermas 1991b: 30; cf. Müller 1992).

O "renascimento da história", ou retorno à "corrente principal e convencional" do desenvolvimento ocidental, talvez seja uma explicação insuficiente das revoluções de 1989 (Kumar 1992, 1995b). Mas foi inegavelmente um tema central das mesmas. Uma das conseqüências, como sugerem de maneiras diferentes Fukuyama e Habermas, foi a reabilitação das grandes narrativas da modernidade. As revoluções de 1989 tiveram cunho modernizador. Fortaleceram o princípio do modernismo no mundo ao trazer, ou resgatar, toda uma série de sociedades que haviam se extraviado do caminho modernizante. Injetaram nova vitalidade nas idéias e instituições clássicas de modernidade.[6] A razão foi restaurada e o capitalismo, o constitucionalismo e a democracia receberam novo polimento. Houve mesmo o restabelecimento, desde suas origens nos dias do republicanismo cívico, de conceitos tais como cidadania e sociedade civil. Além do mais, tudo isso aconteceu não só nas antigas sociedades comunistas da Europa Oriental, mas numa revolução de democratização e modernização que ganhava fôlego em todo o mundo (ver, por exemplo, Rustow 1990; Pye 1990).

Esses fatos não passaram despercebidos aos críticos da pós-modernidade. Para eles, constituíram confirmação triunfante da modernidade e da teoria modernizante. Muito longe de a modernidade ter perdido lugar para a pós-modernidade, o princípio de modernidade é hoje mais forte e mais incontestável do que em qualquer outra ocasião. Expressa a meta de praticamente todas as sociedades do mundo de hoje. Estamos presenciando não a morte das grandes narrativas, mas o renascimento em grande escala das narrativas da modernidade. Ou como disse Jeffrey Alexander:

> Uma vez que o renascimento do mercado e da democracia nos últimos tempos ocorreu em escala mundial, e desde que são idéias categoricamente abstratas e generalizantes, o universalismo tornou-se, mais uma vez, um ponto de partida viável para a teoria social. Reemergiram idéias de comunidade e convergência institucional e, com elas, a possibilidade de os intelectuais lhes proporcionarem significado sob a forma de utopia. Parece, na verdade, que estamos presenciando o nascimento da quarta versão pós-guerra do pensamento social mitopoéico. O "neomodernismo"... servirá como uma aproximação prática dessa fase da teoria da posmodernização, até que apareça um termo que represente, de uma forma mais imaginativa, o novo espírito dos tempos. (Alexander 1994: 184-5; cf. Tiryakian 1991)

Mas, ao mesmo tempo, Alexander adverte contra qualquer reativação simples e destituída de espírito crítico da teoria da modernização. A modernidade não pode e não deve ser identificada somente com suas formas ocidentais, seja como meios, seja como fins. Elas não são necessariamente as melhores e, com certeza, não as expressões finais da modernidade. A modernização, como o exemplo do Japão mostra melhor que qualquer outro, é agora um processo global, que encontrará formas próprias, apropriadas ao tempo e lugar onde forem promovidas — da mesma forma que religiões mundiais como o cristianismo e o islamismo se adaptaram à cultura particular e às circunstâncias de seus ambientes locais.

O "neomodernismo" assumirá, nessa medida, algumas das características da teoria pós-moderna. Seu universalismo será ressalvado por um relativismo que reconhece as particularidades do tempo e do espaço. De modo geral, as teorias neomodernas "devem ser ampliadas para manter um espírito de reflexão descentrado e autoconsciente de suas dimensões ideológicas, mesmo enquanto continuarem em seus esforços para formular uma nova teoria científica explicativa... Neste sentido, o 'neo' tem que incorporar o viés lingüístico associado ao 'pós' da teoria moderna, mesmo nos casos em que desafia sua força ideológica e, de forma mais vasta, teórica" (Alexander 1994: 192).

Nenhum pós-modernista ponderado terá muito a contestar a esse respeito. Essa postura mantém aberto o debate, o que é o principal. De qualquer modo, quer nos consideremos neomodernistas ou pós-modernistas, quer pensemos que vivemos na pós-modernidade ou, como querem Giddens e Beck, na modernidade "tardia" ou "radicalizada", o importante é reconhecer a novidade dos nossos tempos. Aproximando-se o fim do século, vimos coisas acontecendo que teriam parecido miraculosas há apenas vinte anos (e, na verdade, parecem milagrosas mesmo agora). As mudanças ocorridas no sul e leste da Europa, na África do Sul, na América do Sul, em regiões do sul da Ásia e no Pacífico derrubaram modelos de tirania, o que muitas pessoas pensavam que nunca aconteceria enquanto vivessem. O "equilíbrio do terror" mantido pelas duas superpotências nucleares acabou. Estes são os acontecimentos bons, promissores. Mas, como eles, ocorreram também mudanças mais sinistras. Um mundo dominado por duas superpotências, com o impasse forçado que acarretava, deu lugar a um mundo que hoje é um só. Tal fato, à parte o perigoso monopólio de poder que confere, criou novas ansiedades e inseguranças. Desencadeou os novos, ou reprimidos, demônios do separatismo e nacionalismo, novos conflitos étnicos e raciais. Sangrentas guerras civis voltaram a áreas como a Ásia Central e os Bálcãs, onde estiveram ausentes por muito tempo. Novas desigualdades e ressentimentos surgiram entre populações não mais protegidas pelo Estado paternalista. A vitória das ideologias do mercado em virtualmente todo o mundo trouxe consigo o potencial de intensos conflitos sociais e, talvez, do recrudescimento de governos autoritários. Na opinião de muitos observadores, o que substituiu o velho mundo não foi um novo e harmonioso sistema de Estados liberais, mas uma nova "desordem mundial" (cf. Jowitt 1992; Huntington 1993).

As teorias que estudamos neste livro focalizaram sobretudo as sociedades ocidentais. O Ocidente, porém, mais do que nunca, está ligado ao resto do mundo. Em grande parte, para melhor ou para pior, controla uma parcela significativa desse mundo. É justo dizer que as variedades de teoria pós-industrial analisadas nestas páginas estão plenamente conscientes desse fato. Seja descrevendo a rede mundial de comunicação e informação, ou o desaparecimento de alguns dos pressupostos fundamentais da modernidade, elas chamaram a atenção para o caráter global desses pretensos fenômenos e para a importância do Ocidente em sua orientação e difusão. Nesse sentido, fornecem um espelho no qual podemos examinar algumas das mudanças mais importantes que ora ocorrem no mundo.

O objetivo principal deste livro não foi estudar em detalhes a validade dessas teorias. Um objetivo dessa ordem teria exigido um trabalho muito mais extenso. A intenção foi analisar as teorias, dar uma idéia tão clara quanto possível das mesmas e formular perguntas importantes sobre elas. A questão da validade, porém, jamais pode ser deixada inteiramente de fora — não, isto é, a menos que queiramos praticar um exercício sem objetivo.

Espero ter demonstrado que essas teorias dizem respeito à nossa situação atual. Como todas as teorias, são unilaterais e exageradas. Mas é por isso também que são úteis e estimulantes. Sem dúvida, deixam de fora muita coisa que precisa ser examinada. Como surgiram de experiências recentes de sociedades ocidentais, talvez tragam em excesso as marcas de suas origens em determinadas culturas e mesmo determinadas classes. As mudanças ocorridas na presente década, e seus resultados ainda incertos, podem também lançar, nos próximos anos, uma nova luz sobre essas teorias. Ainda assim, o que me parece notável é o quanto do estado atual do mundo elas conseguiram captar. Vivemos, de fato, em um mundo saturado de informações e comunicações. A natureza do trabalho e a organização industrial estão de fato mudando com uma rapidez alucinante. As sociedades modernas realmente alcançaram um ponto em que, mesmo que não tenham renunciado à modernidade, muitas de suas atitudes e pressupostos clássicos se tornaram bastante questionáveis.

Finalmente, há outro aspecto muito interessante nessas teorias. São ambiciosas em seus objetivos, sensíveis à mudança histórica e pouco dispostas a aceitar os limites das disciplinas acadêmicas. Numa época em que poderosas forças políticas e profissionais estão estimulando as ciências sociais a se tornarem cada vez mais estreitamente técnicas, esses aspectos devem ser recebidos com satisfação. A teoria pós-industrial procura, quase que por definição, romper com a herança clássica da sociologia do século XIX, pelo menos na medida em que diz respeito ao conteúdo das idéias. Mas conserva o espírito dessa tradição e merece, mesmo se apenas por isso, nossa atenção e respeito.

Notas

Capítulo 1: Introdução

1. Cf. Paul Blumberg: "Para grande desalento dos pós-industrialistas, o relógio da história parece estar girando em sentido anti-horário" (1980: 217).
2. É notável a freqüência com que, logo que lhes explicamos a idéia do posmodernismo, as pessoas, com um senso mais ou menos emocionado de iluminação (ou desencanto), vêem-no por toda parte.
3. É verdade que essas teorias de uma "nova (fase da) sociedade" constituem um aspecto repetitivo das sociedades modernas. A primeira onda surgiu nas décadas de 1890 e 1900, e esteve ligada principalmente ao imperialismo e ao surgimento dos oligopólios — mas também ao movimento cultural do "modernismo". Houve uma segunda onda na década de 1930, associada sobretudo às teorias do "capitalismo organizado", mas também à "sociedade de massa", à "sociedade do lazer" etc.

   A terceira onda, nas décadas de 1970 e 1980, não foi necessariamente mais privilegiada em sua maneira de apreender o presente e o futuro. Mas surgiu em um sistema objetivo — a economia global do capitalismo —, cujo funcionamento nos dias de hoje está produzindo sublevações mais fortes e perturbações mais gerais do que em qualquer época anterior da história. Esse fato, pelo menos, dá à safra atual de teorias uma importância especial e certa plausibilidade inicial.
4. A exposição mais conhecida a esse respeito é de autoria de Francis Fukuyama (1992). Ele deixa bem claro que, por "fim da história", entende o fim da competição ideológica no mundo — fato este que julga simbolizado pelo colapso do comunismo na Europa Oriental entre os anos de 1989 e 1991. Mas houve também outras declarações, de natureza mais metafísica, sobre o fim da história. Para uma discussão sobre o assunto, ver Kumar (1993). Não há a menor dúvida de que os fatos ocorridos na Europa Oriental deram um impulso extra ao "senso de fim" — embora, ao que parece, não ao senso de novos começos. Ver mais sobre o assunto no capítulo 6.

Capítulo 2: A Sociedade de Informação

1. No tocante à história do computador e, em termos mais gerais, da tecnologia da informação, ver Braun e MacDonald 1978; Forester 1980: 3-62; 1985, 1987; Jones 1980: 9-52; King 1982; Ide 1982; Metcalfe 1986; Saxby 1990.

2. Ao que parece, a idéia de uma sociedade de informação foi elaborada sistematicamente, pela primeira vez, por estudiosos japoneses em fins da década de 1960. Ver o relatório sobre um simpósio realizado em Tóquio em 1968, em Yujiro (1970). Ver também Morris-Suzuki (1988:7). Pensadores japoneses figuraram entre os mais ativos proponentes da idéia. Ver, por exemplo, Masuda 1981; Kishida 1994.
3. Em seus últimos trabalhos, Fritz Machlup questiona a distinção feita por Porat entre setor primário e secundário de informação, e apresenta argumentos no sentido de que as "indústrias do conhecimento" constituem uma "mistura" inextricável dos dois. Mas concorda com o cálculo geral de Porat, sobre a economia de informação como um todo nos Estados Unidos, como equivalente a 46% do PIB em 1967, em comparação com seu próprio cálculo de 29% em 1958. Essa diferença "parece concordar bem com as taxas de crescimento relativo que calculei para a produção de conhecimento e de outros bens e serviços" (Machlup 1980: 237, nº4; e de modo geral, 232-40).
4. Cf., no entanto, com Soete 1987: 190, que menciona 41% relativos a 1981 para o Reino Unido. No caso do Japão, utilizando a classificação de Porat, Morris-Suzuki dão uma cifra de 33% referentes a 1982 (1988: 128). Os resultados alusivos a países da Organização para a Cooperação e Desenvolvimento Econômico (OECD) sugerem em geral que, em média, 35% dos trabalhadores ocupam-se de atividades ligadas à informação (Arriaga 1985: 280). Não há muito que possamos fazer com essas discrepâncias, exceto mencioná-las e concordar em que, se aceitamos o número mais baixo (aproximadamente 40%) ou o mais alto (mais ou menos 60%), o resultado é um número muito grande de trabalhadores em informação.
5. Para outras visões japonesas da computopia, ver Morris-Suzuki 1988: 6-24. A transformação da sociedade de informação em utopia é geral na literatura. Ver, além dos autores aqui mencionados, Martin 1978; Simon 1980; Garrett e Wright 1980; Williams 1982; Forester 1985; Sussman 1989; Rheingold 1994. No tocante às alegações mais eufóricas de políticos e negociantes de tecnologia da informação, ver Robins e Webster 1988: 7-24; consultar também Raulet 1991. O pai dessa estirpe de utopismo "tecnotrônico" é Marshall McLuhan. A tecnologia da eletricidade era, em sua opinião, o meio através do qual a unicidade orgânica básica da humanidade seria restabelecida. Ver especialmente McLuhan, 1967.
6. Essa conclusão encontra forte apoio na copiosa literatura existente a respeito. Ver, por exemplo, no caso do Reino Unido, Gill 1985: 37-60: no dos Estados Unidos, Blumberg 1980: 37-45; Murolo 1987; no do Japão, Morris-Suzuki 1988: 116-24. Trabalhadores de produção na indústria de alta tecnologia dos computadores podem proporcionar um senso de *glamour* de sua ligação com a nova tecnologia, embora a realidade de suas vidas de trabalho repita freqüentemente a que existia no sistema fabril anterior. Ou como dizem Everett Rogers e Judith Larsen, referindo-se aos Estados Unidos:

   > O Vale do Silício significa empregos de baixo salário, sem possibilidade de promoção, trabalho tedioso e exposição a alguns dos riscos ocupacionais mais graves em toda a indústria norte-americana. (Citado em Roszak 1988: 42)

7. Essa opinião é, talvez, muito unilateral. A questão de em que medida e em que número as ocupações estão perdendo o caráter de especialização continua a ser veementemente discutida. Para uma opinião mais cautelosa, ver Bryn Jones 1982; Gill 1985: 63-87; Lane 1988; Appelbaum e Albin 1989; Kuhn, 1989. Para uma avaliação mais ousada, que conclui que a tendência geral é de níveis crescentes de qualificações no escritório e na fábrica, ver Block 1990: 85-112. Ver também

Morris-Suzuki 1988: 107-24, que faz uma distinção entre requalificação na fábrica e desqualificação no escritório.

Muitos desses autores sugerem que a questão do sexo é o fator decisivo: parece menos provável que empregos ocupados sobretudo por homens sejam desqualificados do que os preenchidos preponderantemente por mulheres. Ver, por exemplo, Murolo 1987. E para uma discussão geral da "TI e as mulheres", ver Webster e Robins 1986: 155-81. Toda a questão do que é ou não um trabalho "especializado" relaciona-se, de qualquer modo, segundo argumenta Jane Jensen (1989), com a questão do sexo do interessado.

Em uma contribuição interessante, Shoshana Zuboff sugere que a tecnologia da informação pode desqualificar ou requalificar, dependendo de como é interpretada, especialmente pela administração das empresas. A TI, argumenta ela, tanto "informatiza" quanto "automatiza". No primeiro, mas não no último caso, a TI "gera uma voz que simbolicamente muda eventos, objetos e processos, de modo que eles se tornam visíveis, cognoscíveis e compartilháveis de uma nova maneira". Essa é a diferença entre a TI e a velha tecnologia da máquina.

> Enquanto for tratada estreitamente em sua função automatizante, a tecnologia perpetua a lógica da máquina industrial que, ao longo deste século, tornou possível racionalizar o trabalho, ao mesmo tempo que reduzia a dependência de qualificações humanas. Não obstante, quando a tecnologia informatiza também os processos aos quais é aplicada, ela aumenta o conteúdo de informação explícita das tarefas e põe em movimento uma série de dinâmicas que, finalmente, reconfiguram a natureza do trabalho e as relações sociais que organizam a atividade produtiva. (Zuboff 1988: 10)

Ver também Baran (1988), que da mesma forma argumenta que a "opção social" é o fato decisivo quanto a se a tecnologia da informação requalifica ou desqualifica e degrada o trabalho.

É óbvio que a taxa diferencial de aplicação da tecnologia da informação em diferentes indústrias (e em diferentes sociedades) torna muito difícil formular neste momento declarações gerais sobre desqualificação/requalificação. O argumento, da forma apresentada no texto, relaciona-se mais com a pressão, compatível com os objetivos empresariais, de maior produtividade, eficiência e controle — isto é, com certo tipo de "opção social". Poder-se-ia esperar que essa situação levasse, como no passado, à maior fragmentação e padronização do trabalho. Como diz Paul Thompson, "A desqualificação continua a ser a principal realidade *tendencial* no desenvolvimento do processo do trabalho no regime capitalista" (1989: 118 e, em geral, 89-121, 214-8; ver também Child 1988).

Finalmente, no estudo da relação entre taylorismo e computadorização do trabalho, é importante levar em conta a referência explícita de Norbert Wiener à importância das idéias de F.W. Taylor no desenvolvimento de "máquinas computadoras":

> A idéia da programação na fábrica já se tornara bem conhecida, graças ao trabalho de Taylor e Gilbreths sobre o estudo de tempo e movimento e estava pronta para ser transferida às máquinas. Esse trabalho encerrava grande dificuldade em questão de detalhes, mas nenhuma grande dificuldade em princípio. Convenci-me, por isso, que já em uma data tão remota como 1940, a fábrica automática estava no horizonte... O desenvolvimento conseqüente da automatização... convenceu-me de que estivera certo em minha conclusão e que este fenômeno seria um dos fatores importantes no condicionamento da vida social e técnica no futuro, a diretriz da segunda revolução industrial. (Wiener 1968: 131)

8. Quanto aos Estados Unidos, ver Rothschild 1981: 12-3; 1988: 46; Walker 1985: 45; Castells 1989: 186-8; Soja 1989: 186-7; Sayer e Walker 1992. Alain Lipietz

diz que a economia norte-americana está passando por um processo de "terceiro mundização": "Um número imenso de 'serviçais coletivos', tais como serventes de pátios de estacionamento, *caddies* de campos de golfe e empregados de lanchonetes põem em nítido relevo a imagem dos Estados Unidos como o 'o Brasil da década de 1980'" (1989: 40-1). Para uma descrição semelhante da natureza do aumento do emprego na Grã-Bretanha nas décadas de 1970 e 1980, ver Leadbeater e Lloyd 1987: 31; Pollert, 1988a: 288; Walby 1989; Lovering 1990: 12.

9. Há uma ambigüidade fundamental no uso do conceito de informação entre os teóricos da sociedade de informação. Eles gostam muito de citar alguns versos bastante conhecidos do coro de T.S. Eliot, no *The Rock* (1934):

> Onde está a sabedoria que, no conhecimento, perdemos?
> Onde está o conhecimento que, na informação, perdemos?
> (Ver, por exemplo, Bell 1980a: 500; Machlup 1980: 58)

O notável em tudo isso é a ausência de curiosidade deles em seguir as implicações desses versos. Parece que os citam apenas para exibir uma certa sofisticação cultural. Machlup discute a diferença entre "informação" e "conhecimento", mas apenas para sustentar que "toda informação, no sentido de conteúdo transmitido, é conhecimento" (embora reconheça que "nem todo conhecimento pode ser corretamente denominado de informação") (Machlup 1980: 58). Bell utiliza "informação" e "conhecimento" mais ou menos como se fossem sinônimos, um pelo outro, embora argumente que não está fornecendo uma definição "absoluta" de conhecimento, mas apenas uma definição "conveniente",

> isto é, dos tipos de conhecimentos que poderiam ser medidos, armazenados facilmente, recuperados e usados por um instrumento que poderia ser concebido para esse fim. De fato acredito que o conhecimento crítico e o conhecimento avaliativo não podem ser organizados da forma como acreditam alguns cientistas de computadores. (Ver o debate entre Bell e Joseph Weizenbaum, em Forester 1980: 550-74)

Parece realmente que a maioria dos teóricos da informação supõe que o puro aumento do volume e disponibilidade de informações está em si transformando a sociedade. Discorrem longamente sobre o aumento das potencialidades do computador, a capacidade extraordinária do cabo de fibra óptica, a expansão do número de videocassetes e computadores por família etc. E parecem muito menos interessados nas finalidades às quais poderia ser aplicada toda essa tecnologia. Para uma boa discussão desse problema, ver Roszak, 1988, *passim*.

Mark Poster, em uma crítica conjunta a Bell e aos teóricos da informação, menciona a tendência que os mesmos demonstraram de tratar a informação como um bem econômico, no mesmo nível que outros bens, ou como "bits" uniformes de informação, como acontece com os teóricos da cibernética. Mais grave que tudo é a "repressão da linguagem" que exibem, a falta de curiosidade sobre a própria linguagem, que é o próprio material da informação.

> Embora eles dêem prioridade a fenômenos como o conhecimento, à informação e à comunicação, não os tratam como questões lingüísticas e nenhuma atenção dão à qualidade lingüística de seus próprios discursos.

Eles, por conseguinte, não percebem o que é, ou poderia ser, realmente novo em uma sociedade caracterizada por um "modo de informação", onde figuram como principais aspectos "as transformações da linguagem" (Poster 1990: 26, 29).

Capítulo 3: Fordismo e Pós-Fordismo

1. No caso da "Terceira Itália" em geral, ver, além das fontes citadas no texto, Becattini 1978; Sabel 1984: 220-31; Brusco 1986; Goodman et al. 1989; Pyke et al. 1990.
2. Para uma crítica geral, ver Regalia et al. 1978: 103; Sassoon 1986: 74-5; Murray 1987, 1988; Sayer 1989; Amin 1991. Para comentários sobre o assunto, ver Berger e Piore 1980: 28-33; Sabel 1984: 158-67; 1989.
3. "A tentativa feita por Ford, com ajuda de um grupo de inspetores, de intervir na vida privada de seus empregados e de controlar a maneira como gastavam o salário e como viviam, constitui uma indicaçao dessas tendências" (Gramsci 1971: 304).
4. Como mais um exemplo, cf. Robin Murray: "A despeito do fato de que necessidades básicas continuam sem atendimento, o comércio oferece de fato uma nova variedade e criatividade no consumo que a tradição puritana da esquerda também deveria estudar" (1989a: 44).
5. A linguagem do conflito intra-esquerda pode ser muito pitoresca. "O 'Novos Tempos' é uma fraude, uma contrafação, uma tapeação. Impinge valores thatcheristas como socialistas, apóia o mercado thatcherista com a fingida política da opção, lisonjeia o indivíduo thatcherista com o consumo progressista, torna o consumo em si a matéria-prima da política" (Sivanandam 1990: 1). "O trabalhador típico produz bens de grife para o cidadão típico do 'Novos Tempos'" (Pollert 1991b: 30). "A utopia pós-fordista, que combina a visão ostensivamente antiética de auto-realização através de consumo insaciável, e auto-realização através de trabalho criativo, pode fazer sentido para intelectuais contemporâneos... mas dificilmente se pode esperar que esse tipo de visão *yuppie* desperte um interesse mais geral" (Clarke 1990b: 149). O pós-fordismo do 'Novos Tempos' "pouco mais é do que sociologia *pop*... A análise do *Marxism Today* chega quase a ser uma celebração do thatcherismo" (Hirst e Zeitlin 1991: 11-2).
6. Sobre o método usado pela Escola da Regulação, ver Aglietta 1979, 1982; Lipietz 1982, 1987, 1989, 1992; Boyer 1990. Esse grupo de escritores foi o principal responsável pela popularização, na década de 1980, do conceito de fordismo. Uma análise exaustiva e crítica dessa escola é encontrada em Brenner e Glick 1991; ver também Amsden 1990; Hirst e Zeitlin, 1991: 17-22. Para um método americano análogo, que focaliza a "estrutura social da acumulação" e contém uma análise bem parecida da crise corrente como a que é adotada pelos regulacionistas franceses, ver Gordon, 1988. Harvey, em termos gerais, também aceita o marco regulacionista: 1989: 121-4; ver também Castells 1989: 21-8. Piore e Sabel adotam certas partes da análise regulacionista, como, por exemplo, a idéia de uma "crise de regulação" na América na década de 1890 e na de 1930 (1984: 5). Simultaneamente, parecem *endossar* alguma coisa parecida com a estratégia do "fordismo mundial" (1984: 279). Sobre o "neofordismo", ver também Wood, 1989b: 20-9. Na página 27, Wood comenta que "o neofordismo não precisa ser considerado um estado de transição ou uma reação patológica a uma suposta crise do fordismo", mas, sim, "um aspecto importante das estratégias de algumas empresas-chave na economia". Harvey observa também que as estratégias neofordistas de "acumulação flexível" não implicam que o capitalismo está se tornando mais "desorganizado": ao contrário, "está se tornando ainda mais organizado *através* de dispersão, mobilidade geográfica e reações flexíveis nos mercados de trabalho, nos processos do trabalho e nos mercados de consumo..."(1989: 159; ver também 179 e seg.)

7. Para uma curta descrição do pensamento e realizações de Henry Ford, ver Beynon 1973: cap.1; Sabel 1984: 32-4; Harvey 1989: 125-40. E cf. com o comentário de Harvey:

> A modernidade fordista está longe de ser homogênea. Há muito que diz respeito à fixidez e desempenho relativos — capital fixo em produção em massa, estável, padronizada, mercados homogêneos, configuração fixa de influência e poder político-econômico, autoridade facilmente identificável e metateorias, embasamento seguro na materialidade e racionalidade técnico-científico, e coisas assim. Mas tudo isso é alinhado em volta de um projeto social e econômico de devir, de crescimento e transformação das relações sociais, de arte e originalidade áurica, de renovação e *avant-gardism*. (1989: 339)

Sabel deixa claro que considera fordismo e taylorismo idênticos: "Taylorismo pressupõe fordismo e fordismo implica taylorismo" (1984: 236, nº 5). Outras versões negam essa ligação: ver Williams et al. 1992. Sobre as características gerais do "novo homem" do fordismo, ver Gramsci 1971; consultar também Clarke 1990b. O *Admirável mundo novo* (1932), de Aldous Huxley, cujos habitantes adoram "nosso Ford", é basicamente uma sátira ao fordismo.

8. Charles Sabel interpretou esse fenômeno de forma otimista: as fábricas subsidiárias de grandes empresas, bem como as pequenas empresas independentes, promoverão o crescimento dos distritos industriais:

> As atividades das empresas gigantes se tornariam mais parecidas e, na verdade, se fundiriam com as atividades dos distritos industriais. Uma fábrica de motores que participa do projeto do motor e que depende de fornecedores locais altamente especializados para produzi-lo é ao mesmo tempo uma empresa multinacional de carros *e* um distrito industrial independente. (1989: 40)

Mas como comentaram Amin e Robins, "Sabel não oferece uma explicação do motivo por que o novo tipo de fábrica subsidiária ou divisão devam estabelecer ligações na área de localização" (1990: 202).

Em uma discussão e crítica muito amplas, Hirst e Zeitlin defenderam Sabel e, como ele, argumentaram que, a despeito de impressões iniciais, a teoria da especialização flexível não privilegia pequenas empresas no modelo da "Terceira Itália". Ela é igualmente compatível com a reestruturação das grandes. Há, por assim dizer, uma "convergência" das duas estratégias: um "fortalecimento" das pequenas empresas para criar "subunidades semi-autônomas, que podem cooperar entre si ou com outras empresas no distrito industrial" (1991: 45). De forma mais radical, esses autores estão interessados em separar a especialização flexível, como novo e promissor "paradigma tecnológico", da teoria mais geral do pós-fordismo ligada aos teóricos dos Novos Tempos, Lash e Urry, e da Escola da Regulação. Para Hirst e Zeitlin, é escassa, na melhor das hipóteses, a prova favorável ao pós-fordismo, e a teoria, de qualquer modo, apresenta falhas conceituais. A especialização flexível, por outro lado, tem base empírica e é teoricamente mais sofisticada (1991: 2-22, 24-8).

Embora esse enfoque mais cauteloso e limitado talvez seja o mais realista, é também o menos interessante e menos estimulante. Quaisquer que sejam as debilidades da teoria pós-fordista, ela, por sua própria amplidão, postula importantes e instigantes questões sobre os fenômenos contemporâneos. Como marco para discussão, é infinitamente mais "heurística" que a limitada teoria da especialização flexível que Hirst e Zeitlin procuram defender.

9. O "modelo do carro mundial" refere-se à estratégia das grandes montadoras segundo a qual os automóveis são projetados em um pequeno número de empresas, em apenas um ou dois centros, geralmente nos países industriais avançados, sendo

as partes fabricadas e montadas em regiões de custos trabalhistas mais baixos, geralmente em países que se industrializam. O Escort, da Ford, e o Cavalier, da GM, são os exemplos mais conhecidos dessa estratégia. A divisão de trabalho implícita nessa organização da produção é diretamente oposta à imaginada nos cenários pós-fordistas. Ver Wood 1989b: 13-4, 23-4. Quanto ao caso comparável do "novilho mundial" na indústria de alimentação, ver Sklair 1991: 115.

10. "Poderia ser que os estudiosos da sociedade se vissem confrontados com uma mudança de paradigma, no sentido dado por Thomas Kuhn, não fosse o fato de que que os casos anômalos, os elementos que resistem às velhas estruturas, não atingiram ainda uma massa crítica ou não constituem ainda um corpo suficientemente robusto para convencer os observadores que as posições tradicionais precisam ser abandonadas em favor de outras, novas" (Poster 1990: 21).

Capítulo 4: Modernidade e Pós-Modernidade I

1. Tilo Schabert observa que isso é verdade, mesmo na mais antiga comparação entre antigüidade e modernidade, nas obras do biógrafo de Teodorico, o Grande, o erudito e monge romano Cassiodoro (485-580).

   > Cassiodoro chamou seus contemporâneos de "modernos" *[moderni]*, porque acreditava que constituía tarefa deles readquirir, por seus próprios esforços (em seguida à queda do Império Romano do Ocidente), o conhecimento e a cultura dos "antigos" *[antiqui]* e torná-los novamente proveitosos para a época. Em conseqüência, a distinção feita por Cassiodoro não visava absolutamente promover, após a queda de Roma, o aparecimento de novos reinos germânicos, ou a substituição da cultura da Antigüidade por uma cultura "nova". Muito ao contrário, Cassiodoro considerava seus contemporâneos herdeiros e renovadores da velha cultura, o que o levou a falar nos "novos antigos". Seu conceito de "modernidade", por conseguinte, não se referia a qualquer rompimento com a tradição cultural da Antigüidade, mas, explicitamente, à sua continuidade ininterrupta. (Schabert 1985: 1)

   Houve, na verdade, uma tendência entre alguns dos mais antigos padres da Igreja Católica, como Orígenes, Eusébio e Gregório de Nissa, de protestar vigorosamente contra o caráter cíclico da história do pensamento pagão e a estabelecer o contraste mais forte possível entre o mesmo e a visão cristã de história, como direcional, intencional e mesmo progressiva. Mais tarde, ao ser a Antigüidade reabilitada em maior extensão, um meio-termo favorito — encontrado, por exemplo, em *History of the Two Cities* (1146), de Otto de Freising — consistia em interpretar a forma da história profana como cíclica e a da história sagrada como uma progressão inalterável (Manuel 1965: 10-3, 32-5; ver também Mommsen 1951; Momigliano 1977: 107-26; Gurevich 1985: 124).
2. Schabert observa que a idéia de que nós, e não os "antigos", é que somos os mais velhos e, por conseguinte, os mais sábios, já surgia no *La cena de le ceneri* (1584), de Giordano Bruno, e no *Methodus ad facilem historiarum cognitionem* (1566), de Jean Bodin, que expressa também uma confiança quase baconiana no conhecimento superior dos modernos em comparação com o mundo antigo. Mas aceita a tese de que só em fins do século XVII, na *querelle*, é que os modernos realmente venceram os antigos. (Schabert 1985: 3-4; cf. Kolakowski 1990: 7).
3. Uma das maneiras de expressar o novo conceito de modernidade consistia em estabelecer uma distinção entre o período "moderno", que se iniciou no século XVI com a Renascença, a Reforma e a descoberta do Novo Mundo, e o período "contemporâneo", ou "mais recente", a época do Iluminismo e da Revolução Francesa, quando as sementes plantadas pela era moderna finalmente desabrocha-

ram. Com esse fato, alcançamos, como disse Hegel, "o último estágio na história, em nosso mundo, em nosso próprio tempo" (Hegel 1956: 442; ver também Koselleck 1985: 231-66; Habermas 1987: 5-7).

4. "Que a história do mundo, com todas as cenas mutáveis que seus anais apresentam, é este processo de desenvolvimento e realização do espírito — tal é a verdadeira *Theodicaea*, a justificação de Deus na história" (Hegel 1956: 457).
5. Sobre as contradições na cultura e sociedade em fins do século XIX, cf. o seguinte trecho do romance épico de Robert Musil, *O homem sem qualidades*:

> Da estagnação do espírito em toda a Europa, nesses dois decênios do século XIX, elevara-se bruscamente uma febre alada. Ninguém sabia ao certo o que estava na forja; ninguém poderia dizer se se tratava de uma arte nova, de um homem novo, de uma nova moral ou de uma nova divisão de classes na sociedade. Por isso cada um afirmava o que muito bem lhe apetecia. Mas em toda a parte os homens se erguiam para combater as velharias. Bruscamente, aqui e ali, surgia sempre o homem necessário; finalmente, fato essencial, os inventores intelectuais aliavam-se aos inventores práticos. Desenvolviam-se talentos que noutros tempos haviam sido abafados e mantidos à parte da vida pública. Eram tão diversos quanto possível e as contradições que os separavam revelavam-se insuperáveis.
>
> Amavam-se os super-homens mas amavam-se também os subhomens; adorava-se a saúde e o sol, mas adoravam-se também os jovens tísicos; havia entusiasmo pela profissão de fé dos heróis e pelo credo social do homem da rua; era-se crédulo e cético, naturalista e exato, robusto e mórbido; sonhava-se com alamedas de castelos, com jardins no outono, lagos vítreos, pedras preciosas; sonhava-se com haxixe, com doenças e com demônios, mas também com planícies, com grandes horizontes, forjas e laminagens; viam-se lutadores, proletários em revolta. Adão e Eva no Paraíso, a sociedade de pernas para o ar. Isto representava sem dúvida uma série de contradições e de gritos de guerra tão diferentes quanto possível, mas tendo um certo sopro comum. Ao analisar-se essa época encontrar-se-ia sem dúvida no fundo uma certa falta de senso, qualquer coisa como a quadratura do círculo ou uma pedra de madeira. Mas na realidade tudo se baseava na cintilação de um sentido único. Esta ilusão, que se encarna na data mágica da mudança de século, era tão forte que alguns se precipitaram com entusiasmo no século novo, ainda intacto, ao passo que outros aproveitavam os derradeiros instantes do velho para se deixarem viver, como acontece numa casa em mudança, sem que nenhuma das partes sentisse, de resto, uma grande diferença entre as respectivas atitudes." (Robert Musil. *O homem sem qualidades*. vol. 1, Lisboa, Edição "Livros do Brasil", p.63-4.)

6. A ligação é fornecida pela insistência de Morris em que "arte" e "artesanato" não são atividades separadas, que "uso" e "beleza" devem andar de mãos dadas, e que o artista não pode isolar-se, mas tem que participar ativamente do planejamento do mundo moderno. Isso, junto com a atenção dada a materiais e a preocupação com o desenho de todo o trabalho, era o que apavorava os projetistas e arquitetos modernistas, mesmo que não aceitassem o fato de Morris rejeitar os materiais e a tecnologia industrial. Ver Pevsner (1975: 19-39).
7. Cf. Charles Jencks: "Enquanto o modernismo na arquitetura promovia a ideologia da industrialização e do progresso, o modernismo na maioria dos outros campos combatia ou lamentava essas tendências" (1989: 28).
8. O caráter contraditório do modernismo levou alguns autores a ignorá-lo inteiramente como categoria útil da história cultural. Para Perry Anderson, esse julgamento pode ser levado a implicar também pós-modernismo.

> O modernismo como idéia é a mais vazia de todas as categorias culturais. Ao contrário dos termos gótico, renascentista, barroco, maneirista, romântico ou neoclássico, o modernismo não designa absolutamente um objeto descritível em si. Carece inteiramente de conteúdo positivo. Na verdade... o que se esconde por baixo do rótulo é uma grande variedade de práticas estéticas muito diferentes — aliás, incompatíveis: simbolismo, construtivismo,

expressionismo, surrealismo. Estas, que de fato têm programas específicos, foram unificadas *post hoc* em um conceito híbrido, cujo único referente é a passagem vazia do próprio tempo. Não há outra designação estética que seja tão vazia ou viciada. Isto porque o que era antes moderno logo depois se torna obsoleto. A banalidade do termo, e sua concomitante ideologia, podem ser vistas com maior clareza nas tentativas correntes de alguns indivíduos de agarrar-se a seus destroços e, ainda assim, nadar com a maré ainda para mais longe da mesma, sob o rótulo de "pós-modernismo": um vazio caçando outro em uma regressão consecutiva de cronologia autocongratulatória. (Anderson 1984: 112-3)

Capítulo 5: Modernidade e Pós-Modernidade II

1. Sobre a coincidência parcial entre pós-modernismo e pós-industrialismo, cf. Fred Block, que diz que o pós-modernismo, "embora tendo origem na análise da arte, foi ampliado para descrever toda a vida social e agora concorre diretamente com o conceito de pós-industrialismo... Parece que é arbitrária a escolha do rótulo de *posmoderno* ou *pós-industrial* para construir uma teoria social (posmoderna)". A arbitrariedade da escolha é tornada ainda mais clara na definição dada por Block de pós-industrialismo, mais abstrata do que a de Bell e que o aproxima muito de alguns posmodernistas: "A 'sociedade pós-industrial' seria o período histórico que começa quando o conceito de sociedade industrial deixa de fornecer uma descrição adequada do desenvolvimento social concreto. Essa definição tem o objetivo de localizar a principal mudança como ocorrendo no nível das idéias e do entendimento — isto é, a perda que sofremos de um conceito dominante convincente para extrair sentido de nossa própria sociedade" (Block 1990: 4, 11).

   Fredric Jameson nota também que embora o posmodernismo seja em geral visto como um rompimento nos estilos culturais, "não se deve considerar o rompimento em questão em termos puramente culturais: na verdade, as teorias do posmoderno... revelam uma forte semelhança familiar com todas aquelas generalizações sociológicas mais ambiciosas que, quase na mesma ocasião, traziam-nos notícias da chegada e começo de uma sociedade inteiramente nova, batizada da forma mais conhecida como 'sociedade pós-industrial' (Daniel Bell), mas freqüentemente denominada também de sociedade de consumo, sociedade da mídia, sociedade de informação, sociedade eletrônica ou de alta tecnologia, e assim por diante" (Jameson 1992: 3).

   Sobre a ligação entre posmodernismo e pós-fordismo, ver Lash e Urry (1987: 300-13), que interpretam os dois no contexto do "capitalismo desorganizado". Ver também os teóricos do "Novos Tempos" que, de uma perspectiva em geral pós-fordista, incluem a preocupação com os temas posmodernistas de identidade e consumo (Hall e Jacques 1989a: 137-72).

   A visão mais abrangente de pós-modernidade é a adotada por David Harvey, que inclui em sua descrição do conceito quase todos os aspectos associados à sociedade de informação e ao pós-fordismo (Harvey 1989: *passim*, especialmente as páginas 159-60, 340-1). Uma opinião igualmente ampla é adotada, embora de forma mais superficial, por Jencks (1989: 43-56).
2. Em um ensaio de 1924, "Mr. Bennet e Mrs. Brown", Virginia Woolf escreveu: "Em dezembro de 1910, ou mais ou menos por aí, o caráter humano mudou... Todas as relações humanas sofreram alteração... e quando relações humanas mudam ocorre simultaneamente uma mudança em religião, conduta, política e literatura." Em 1923, em *Kangaroo*, D.H. Lawrence escreveu que "foi em 1915 que o velho mundo terminou".

3. Cf. Calinescu: "Metaforicamente falando, foi a arquitetura que tirou das nuvens e trouxe para a terra, para o reino do visível, as questões do posmodernismo" (Calinescu 1987: 281). Linda Hutcheon também considera a arquitetura "o melhor modelo para uma poética do posmodernismo" (Hutcheon 1988: 22). Ver também Jameson 1992: 2.
4. Em um trabalho posterior, mais eufórico, Hassan utiliza o conceito de "carnavalização", de Bakhtin, para descrever boa parte do que entende por posmodernismo. A carnavalização "abraça ruidosamente a indeterminação, a fragmentação, a descanonização, o altruísmo, a ironia, a hibridização" — os principais elementos definidores do posmodernismo. "Mas o termo também transmite o *ethos* cômico ou absurdo do posmodernismo... Carnavalização significa ainda 'polifonia', a força centrífuga da linguagem, a 'relatividade alegre' das coisas, o perspectivismo e o desempenho, a participação na desordem louca da vida, a imanência do riso. Na verdade, o que Bakhtin chamava de novidade, ou carnaval — isto é, o anti-sistema — poderia descrever o próprio posmodernismo ou, pelo menos, seus elementos lúdicos e subversivos, que prometem renovação" (Hassan 1992: 198).

   Poderíamos dizer, como é claro sobretudo em Hassan, que numerosos proponentes do posmodernismo fizeram simplesmente uma valorização positiva das tendências para a anarquia e a indeterminação que Toynbee havia anteriormente identificado, em uma veia negativa, pessimista, em seu conceito de pós-moderno. Para a história do conceito do pós-moderno, retroagindo aos seus primeiros usos na década de 1870, ver Rose 1991: 3-20, 171-5; Smart 1992: 141-82; Huyssen 1992; Lyon 1994: 4-18.
5. No todo, os críticos literários costumam se mostrar bastante vagos sobre a ligação entre cultura posmoderna e mudança social. Ihab Hassan, por exemplo, argumenta que "a cultura do posmodernismo" deriva das "tendências mais amplas da sociedade", embora a listagem que faz dessas tendências seja decepcionantemente escassa e inespecífica: "um padrão de vida em elevação no Ocidente, a subversão de valores institucionais, desejos libertados, movimentos de liberação de todos os tipos, cisma e separação em todo o globo, terrorismo rampante" (Hassan 1985: 126).
6. Uma variação interessante e diverida da idéia de determinantes predominantemente econômicos da cultura posmodernista é a concepção de Charles Newman de que o posmodernismo constitui uma reação à inflação, que se tornou um aspecto sistemático das economias ocidentais no último quartel deste século. Ver Newman, 1985. Para Eagleton, a cultura posmodernista é uma forma adulterada do modernismo, que complacentemente aceita "a dissolução da arte e sua transformação nas formas predominantes da produção de mercadorias" (Eagleton 1985: 60).
7. "A idéia que 'tardio' geralmente transmite é... o senso de que alguma coisa mudou, que as coisas são diferentes, que passamos por uma transformação no mundo da vida que, de alguma maneira, é decisiva, mas não pode ser comparada com as convulsões mais antigas da modernização e da industrialização; é de certa forma menos perceptível e dramática, mas também mais permanente, precisamente porque mais profunda e mais geral" (Jameson 1992: xxi).
8. Cf. Steven Connor, escrevendo sobre Lyotard, Baudrillard e Jameson: "Para todos esses autores, a posmodernidade pode ser definida como aquelas condições pluralistas em que o social e o cultural se tornam indistinguíveis" (Connor 1989: 61).

   Andreas Huyssen dá outro exemplo do reconhecimento, feito com grande relutância, da impossibilidade de manter separadas as categorias de cultura e sociedade. Ele deseja interpretar o posmodernismo como "uma transformação cultural que lentamente emerge nas sociedades ocidentais, uma mudança na sensibilidade..." Mas, diz ele: "Não quero ser mal-interpretado, como tendo dito que há uma mudança geral de paradigmas nas ordens cultural, social e econômica" (Huyssen 1992: 42). Não obstante, antes de concluir a discussão do posmodernismo, ele muda claramente do cultural para o político e o social, mesmo que não até o ponto de anunciar o advento de um novo tipo de sociedade. Concorda com Habermas, e também com os "neoconservadores", como Bell, que "o posmodernismo não é tanto uma questão de estilo como de política e cultura em geral". Nota a importância do movimento feminista, do movimento ecológico e dos movimentos entre minorias, como as de negros e *gays*, ao proporcionar o impulso e, em grande parte, a substância, à cultura posmodernista em sua fase mais recente. E conclui: "É fácil perceber que uma cultura posmodernista que emerge desses arranjos políticos, sociais e culturais terá que ser um posmodernismo de resistência", mesmo que não possa compartilhar mais das esperanças universalistas de emancipação da modernidade do Iluminismo (Huyssen 1992: 53-4, 59, 68-9). Mais uma vez, uma descrição que pretende permanecer no reino do cultural é forçada pela lógica de sua própria análise a passar à política e à sociedade.

9. Cf. Jeffrey Alexander, que argumenta que não podemos compreender a atração do posmodernismo simplesmente mediante estudo de seus modelos de mudança de "faixa média" na cultura e na sociedade. "Essas discussões tornaram-se importantes apenas porque se julga que exemplificam amplas tendências novas na história, estrutura social e vida moral. Na verdade, foi pelo entrelaçamento dos níveis de estrutura e processo, micro e macro, com afirmações categóricas sobre o passado, presente e futuro da vida contemporânea que o posmodernismo formulou uma teoria geral vasta e inclusiva da sociedade..." (Alexander 1994: 179).
10. Para essas características da pós-modernidade, variadamente ligadas às teorias do pós-industrialismo, pós-fordismo, sociedade de informação e capitalismo "desorganizado" ou "tardio", ver Lash e Urry 1987: 5-16, 285-300; 1994: 279-313; Harvey 1989: 293-6, 302-3, 338-42; Hassan 1985: 125-7; Jencks 1989: 43-52; 1992: 33-5; Soja 1989: 157-89; Huyssen 1992: 68-9; Crook et al. 1992: 32-41, 220-3.
11. Tem havido grandes discussões sobre os estilos e formas urbanas da pós-modernidade, especialmente com referência a cidades americanas. Além de Soja, ver Cook 1988; Zukin 1991, 1992; Davis 1992; Lash e Urry 1994: 193-222; Brain 1995.
12. A literatura sobre o pós-estruturalismo e o desconstrucionismo é vastíssima. Para sumários claros e úteis de alguns de seus principais conceitos, ver Selden 1985: 72-105, e Abrams 1985, ambos os quais incluem boas bibliografias.
13. Cf. Hassan: "Deus, Rei, Pai, Razão, História, Humanismo, todos vieram e todos desapareceram, embora seu poder ainda ressurja em alguns círculos de fé. Matamos nossos deuses — por raiva ou lucidez, não sei —, mas, ainda assim, permanecemos escravos da vontade, do desejo, da esperança, da crença. E agora nada temos — nada que não seja parcial, provisório, autocriado — sobre o qual fundamentar nosso discurso" (Hassan 1992: 203).
14. Tendo em vista a importância do pensamento "paralógico" em grande parte da teoria pós-moderna, será bom, talvez, lembrar que a definição médica de "paralogia" é "fala ilógica ou incoerente, como no delírio ou na esquizofrenia" (*Oxford English Dictionary*).
15. O termo "pós-industrial" foi, é claro, usado também de outras maneiras — como, por exemplo, por socialistas de guildas, como Arthur Penty, em princípios deste

século. Para ele, significa "o esfacelamento do industrialismo" e a *volta* a alguma coisa que se aproximaria mais do "medievalismo", segundo o espírito de William Morris. Ver Rose 1991: 21-4.

16. Grande parte das publicações do grupo *Theory, Culture and Society* (Reino Unido) inclui-se nessa categoria, como acontece também com os colaboradores da revista *Telos* (Estados Unidos). Cf. também Soja, que a despeito de suas reservas, fala em pós-modernidade como "uma transição que possivelmente marcará época no pensamento crítico e na vida material" (1989: 5).

17. Cf. Jameson: "Rigorosamente conduzido, um estudo deste ou daquele aspecto do posmoderno acabará nos dizendo muito pouca coisa de valor sobre o próprio posmodernismo, mas, contra a vontade e sem a menor intenção de seu autor, muita coisa sobre o moderno propriamente dito e, talvez, a recíproca também se revele verdadeira..." (Jameson 1992: 66).

    Umberto Eco, de forma análoga, sugere que não tratemos o pós-modernismo como um período histórico, mas como uma "categoria metahistórica". "Acredito que o posmodernismo não é uma tendência que deva ser cronologicamente definida, mas sim uma categoria ideal ou, melhor ainda, uma *Kunstwollen*, uma maneira de agir. Poderíamos dizer que todos os períodos têm seu póprio posmodernismo, da mesma forma que todos eles teriam seu próprio maneirismo..." Eco (1992: 73). Reencontramos aqui algo da opinião de Lyotard sobre o posmodernismo, como um estágio recorrente dentro do moderno.

18. Bauman diz que, com o advento da posmodernidade, "nenhuma ordem nova ou melhorada surgiu... debaixo dos escombros da velha ordem, que ninguém queria. A posmodernidade... não procura substituir uma verdade por outra, um padrão de beleza por outro, um ideal de vida por outro... Prepara-se para uma vida sem verdades, padrões e ideais" (1992: ix). Essa idéia é compatível com a opinião que vê a posmodernidade como uma perspectiva da modernidade, "a modernidade consciente de sua verdadeira natureza". Em outro contexto, porém, Bauman parece mais convencido de que podemos realmente falar de uma nova sociedade posmoderna tomando o lugar da velha sociedade. Isso se deveria sobretudo ao fato de que "na sociedade do presente, a conduta do consumidor (liberdade do consumidor associada a mercado do consumidor) passa ininterruptamente para a posição de, ao mesmo tempo, foco moral e cognitivo da vida, laço integrador da sociedade, a mesmíssima posição que, no passado — durante a fase 'moderna' da sociedade capitalista — era ocupada pela classe operária, sob a forma de trabalho assalariado. Isso significa que, em nosso tempo, o indivíduo é considerado (moralmente pela sociedade, funcionalmente pelo sistema social) em primeiro lugar e acima de tudo, como consumidor, e não como produtor". É esse fato que nos permite encarar a posmodernidade não só como um desvio da modernidade, não como uma doença da mesma, e nem mesmo como um protesto contra ela, mas como um "aspecto de um sistema social plenamente desenvolvido, viável, que veio a substituir a sociedade capitalista 'moderna' clássica e, portanto, precisa ser encaixada em uma teoria, de acordo com sua própria lógica" (Bauman 1992: 49, 52.)

    Não tem de haver qualquer incompatibilidade real entre essas duas posições. As "omissões" e "erros" da modernidade, como vistas através das lentes da posmodernidade, podem, de um ponto de vista diferente, parecer os lineamentos de uma nova sociedade em formação — uma sociedade que incorpora aspectos e *insights* suprimidos como seus princípios funcionais. Mas há, sem a menor dúvida, uma diferença de ênfase — uma principalmente crítica, a outra, mais construtiva — entre as duas posições. Quanto aos elementos da "sociologia da posmodernidade", mais construtiva, que hoje é necessária, ver Bauman (1992: 48-53, 189-96).

19. Uma das objeções feitas por Giddens à idéia de pós-modernidade como um novo estágio é que isso violaria uma de suas próprias premissas: "Falar em pós-modernidade como substituindo a modernidade parece invocar a própria coisa que é declarada (agora) impossível: dar alguma coerência à história e localizar nela nosso lugar" (Giddens 1990: 47; ver também Kellner 1988: 250).

    Há uma boa discussão sobre essa dificuldade em Crook et al., 1992:231-6. Esses autores adotam a opinião de que uma maneira de solucionar o impasse consiste em falar não em pós-modernidade, mas em "posmodernização". Este seria o processo pelo qual a modernidade estaria indo além de seus limites, implodindo, por ampliação excessiva de seu princípio de diferenciação, de tal modo que numerosos aspectos do que outros chamam de pós-modernidade estão começando a surgir (a "hiperdiferenciação" está começando a parecer-se com a "desdiferenciação" pós-moderna na economia, na sociedade civil e na cultura). Mas não temos ainda certeza da direção final da mudança, não chegamos ainda ao estado de pós-modernidade. Por isso, podemos usar as categorias da teoria social "moderna" para analisar muitos dos fenômenos passageiros ("posmodernização"). Ver Crook et al. 1992: 1-2, 36-41, 220-39.
20. Para várias listagens de "pré-posmodernistas", posmodernistas *avant la lettre*, ver Hassan 1985: 119, 22; Calinescu 1987: 297, 357; Turner 1989: 212-5; 1990b: 8-9; Eco 1992: 73-4; Barth 1992: 142-3; Jameson 1992: 4, 302-3. Seria errôneo dizer que essas listas são inteiramente idiossincráticas, embora haja entre elas algumas notáveis diferenças e desacordos. Mas, de fato, parece estar emergindo um "cânone" (ou "anticânone") de autores e pensadores posmodernistas.
21. Cf. Kermode: "Posmodernismo é outra dessas descrições de períodos que nos ajudam a assumir, sobre o passado, uma opinião apropriada ao que quer que queiramos fazer. Deixa de estar ligada a um momento histórico particular. Em vez de vir depois do modernismo, pode ser considerado seu contemporâneo ou mesmo tê-lo precedido" (Kermode 1989: 132).

Capítulo 6: Temas Milenares

1. É preciso dizer que houve alguns esforços valentes e estimulantes para levar em conta toda a faixa de mudanças, do nível pessoal ao global — como, por exemplo, de parte de Beck 1992; Giddens 1990, 1991, 1992, e Beck et al. 1994. Existe atualmente uma vasta literatura sobre a "globalização". Ver, por exemplo, Featherstone 1990; Sklair 1991, e Robertson 1992.
2. A derrubada das fronteiras espaciais pela mídia eletrônica, levou alguns pensadores, como Joshua Meyrowitz, a interpretar que a sociedade de informação reconstituía não só o sujeito, mas também a sociedade ao longo de linhas frouxas, como acontecia com as sociedades nômades do passado.

    Muitos dos aspectos de nossa "era da informação" fazem com que pareçamos com algumas das formas sociais e políticas mais primitivas: a sociedade de caçadores e coletores de alimentos. Como povos nômades, caçadores e coletores não mantinham uma relação de lealdade com o território. Eles, também, pouco tinham em matéria de "senso de local". As atividades específicas não eram inteiramente fixadas por ambientes físicos específicos. A falta de fronteiras na caça e coleta de alimentos, como também nas sociedades eletrônicas, sugere muitos e notáveis paralelos. Entre todos os tipos de sociedade anteriores aos nossos, as de caçadores e coletores tendiam a ser as mais igualitárias em termos dos papéis de homens e mulheres, crianças e adultos e líderes e seguidores. A dificuldade de manter muitos "lugares diferentes", ou esferas sociais diferentes, tende a envolver a todos nos interesses de todos. (Meyrowitz 1986: 315)

3. Ele concebeu até mesmo a idéia de um "cérebro mundial", um amálgama e repositório de todo o conhecimento disponível no mundo que, de forma notável, se antecipava às alegações ora feitas sobre a abrangência da Internet. *The Open Conspiracy* foi publicado em 1928 e *The World Brain* em 1938, mas ambos aproveitaram idéias concebidas por Wells antes da Primeira Guerra Mundial.
4. O fato de algumas pessoas, como Anthony Giddens e Ulrich Beck, terem decidido repensar esse assuntos sob o rótulo de modernidade "tardia", "radicalizada" ou "reflexiva", e não de "pós-modernidade", evidentemente não altera o argumento principal. Na verdade, confirma-o. Demonstra que esses pensadores concordam também com os pós-modernistas, no sentido em que algum termo ou conceito poderia ser necessário para refletir as mudanças ocorridas na modernidade. Ver Giddens 1990; Beck 1992; Beck et al. 1994.
5. É realmente extraordinário, como sugere Rorty, que uma parte tão grande do debate sobre modernidade e pós-modernidade tenha girado em torno do pensamento de um grupo de pensadores alemães — de Kant a Nietzsche —, cujas atividades intelectuais ocorreram em um país que, na época, mal era tocado pelas correntes da modernização. A Alemanha de princípios do século XIX, em comparação com a Grã-Bretanha, França ou Bélgica, era uma das sociedades menos modernas da Europa. Daí a força, como notou Karl Mannheim, de uma vigorosa escola de pensamento conservador no país. Coube à Grã-Bretanha e à França, os lares das revoluções industrial e política, o papel de líderes da modernidade. Foram seus pensadores, de Smith a Mill, e de Saint-Simon a Comte, que estudaram as importantes mudanças econômicas e sociais postas em movimento pela dupla revolução. Entre os pensadores alemães, só Marx rompeu com a tradição especulativa da reflexão sobre a modernidade e, como é fato bem conhecido, foi preciso o estímulo de seu amigo Friedrich Engels, com sua experiência de vida em Manchester, para levá-lo ao estudo detalhado do industrialismo capitalista — cujo exemplo típico julgou ser o da Inglaterra.
6. Cf. Berman: "O ano de 1989 foi não só um grande ano, mas um grande ano *modernista*. Em primeiro lugar, porque milhões de pessoas descobriram que sua história ainda não acabara, que elas tinham capacidade de escrever sua própria história... Em seguida, porque em meio a suas atividades, esses homens e mulheres se identificavam uns com os outros: mesmo em linguagens e idiomas diferentes, mesmo separados por milhares de quilômetros, eles compreenderam que suas histórias eram uma só história, que todos eles estavam tentando tornar seu o mundo moderno" (Berman 1992: 55).

Referências Bibliográficas

Abercrombie, N., Hill, S., e Turner, B.S., 1986: *Sovereign Individuals of Capitalism*. Londres: Allen and Unwin.

Abrams, M.H., 1985: *A Glossary of Literary Terms*, 6ª ed. Fort Worth, TX: Harcourt Brace Jovanovich.

Adas, M., 1994: "Between Triumphalism and Apocalypse: The Great Transformation and the Global Predicament at Two Fin de Siècles". Trabalho apresentado à conferência "At the End of the Century: Looking Back to the Future", Library of Congress, Washington, DC, 3-5 de novembro.

Agnew, J.A., e Duncan, J.S. (orgs.), 1989: *The Power of Place*. Boston: Unwin Hyman.

Aglietta, M., 1979: *A Theory of Capitalist Regulation: The US Experience*. Londres: Verso.

——— 1982: "World Capitalism in the Eighties". *New Left Review*, 136: 5-41.

Alexander, J., 1994: "Modern, Anti, Post, and Neo: How Social Theories Have Tried to Understand the 'New World' of 'Our Time'". *Zeitschrift für Soziologie*, 23(3): 165-97.

Amin, A., 1989: "A Model of the Small Firm in Italy", in Goodman et al., 1989: 111-22.

——— 1991: "Flexible Specialization and Small Firms in Italy: Myths and Realities". In Pollert, 1991a: 119-37.

——— 1994: "The Difficult Transition from Informal Economy to Marshallian Industrial District". *Area*, 26(1): 13-24.

Amin, A., e Robins, K., 1990: "Industrial Districts and Regional Development: Limits and Possibilities". In Pyke et al., 1990:185-219.

Amin, A., e Thrift, N., 1993: "Globalization, Institutional Thickness and Local Prospects". *Revue d'Economie Régionale et Urbaine*, 3: 406-27.

Amsden, A., 1990: "Third World Industrialization: 'Global Fordism' or a New Model?" *New Left Review*, 182: 5-31.

Anderson, P., 1984: "Modernity and Revolution". *New Left Review*, 144: 96-113.

——— 1994: *The Ends of History*. Londres: Verso.

Appadurai, A., 1990: "Disjuncture and Difference in the Global Cultural Economy". In Featherstone, 1990: 295-310.

Appelbaum, E., e Albin, P., 1989: "Computer Rationalization and the Transformation of Work: Lessons from the Insurance Industry". In Wood, 1989a: 247-65.

Ariès, P., 1973: *Centuries of Childhood*. Harmondsworth: Penguin Books.

Arnold, M., 1970: "On the Modern Element in Literature" [1857]. In P.J. Keating (org.), *Matthew Arnold: Selected Prose*. Harmondsworth: Penguin Books, 57-75.

Arriaga, P., 1985: "Toward a Critique of the Information Economy". *Media, Culture and Society*, 7: 271-96.

Ashley, D., 1990: "Habermas and the Completion of the 'Project of Modernity'". In Turner, 1990a: 88-107.

Bacon, F., 1860: *The Physical and Metaphysical Works of Lord Bacon,* org. J. Devey. Londres: Henry Bohn.

——— 1906: *Essays*. Londres: Blackie and Son.

Baker, K., 1982: *Towards an Information Economy*. Londres: Department of Trade and Industry.

Bamford, J., 1987: "The Family, Agriculture and the Community in Italian Small Firm Development". Trabalho apresentado à Acton Society Conference, "Small Firms in Italy", Fiesole, 14-16 de abril.

Baran, B., 1988: "Office Automation and Women's Work: The Technological Transformation of the Insurance Industry". In Pahl, 1988: 684-706.

Barker, J., 1981: "Technological Change and Quick Obsolescence of Qualifications". Trabalho apresentado ao seminário da FAST, "Attitudes to Work", Marselha, 23-26 de novembro.

Barnaby, F., 1982: "Microelectronics in War". In Friedrichs e Schaff, 1982: 243-72.

Barron, I., e Curnow, R., 1979: *The Future with Microelectronics: Forecasting the Effects of Information Technology*. Londres: Frances Pinter.

Barth, J., 1992: "The Literature of Replenishment: Postmodernist Fiction". In Jencks, 1992a: 172-80.

Baudelaire, C., 1981: *Selected Writings on Art and Artists*, trad. de P.E. Charvet. Cambridge: Cambridge University Press.

Baudrillard, J., 1983: "The Ecstasy of Communication". In Foster, 1983: 126-34.

——— 1987a: "Modernity". *Canadian Journal of Political and Social Theory*, 11(3): 63-72.

——— 1987b: *Forget Foucault* and *Forget Baudrillard: An Interview with Sylvère Lotringer*. Nova York: Semiotext(e).

——— 1988a: *Selected Writings*, org. M. Poster. Cambridge: Polity Press.

——— 1988b: "Simulacra and Simulations". In Baudrillard, 1988a: 166-84.

——— 1989: *America*. Londres: Verso. [Ed. bras.: *América*. Rio de Janeiro, Rocco, 1986.]

Bauman, Z., 1987: *Legislators and Interpreters: On Modernity, Post-Modernity and Intellectuals*. Cambridge: Polity Press.

——— 1992: *Intimations of Postmodernity*. Londres e Nova York: Routledge.

Becattini, G., 1978: "The Development of Light Industry in Tuscany: An Interpretation". *Economic Notes*, 2/3: 107-23.

——— 1990: "The Marshallian Industrial District as a Socio-Economic Notion". In Pye et al., 1990: 37-51.

Beck, U., 1992: *Risk Society: Towards a New Modernity*, trad. de M. Ritter. Londres: Sage Publications.

Beck, U., Giddens, A., e Lash, S., 1994: *Reflexive Modernization: Politics, Tradition and Aesthetics in the Modern Social Order*. Cambridge: Polity Press.

Becker, C.L., 1932: *The Heavenly City of the Eighteenth-Century Philosophers*. New Haven: Yale University Press.

Bell, D., 1973: *The Coming of Post-Industrial Society*. Nova York: Basic Books.

——— 1976: *The Cultural Contradictions of Capitalism*. Londres: Heinemann

——— 1980a: "The Social Framework of the Information Society". In Forester, 1980: 500-49.

———— 1980b: "Teletext and Technology". In *Sociological Journeys: Essays 1960-1980*. Londres: Heinemann, 34-65.

———— 1980c: "Beyond Modernism, Beyond Self". In *Sociological Journeys: Essays 1960-1980*, Londres: Heinemann, 275-302.

———— 1987: "The World and the United States in 2013". *Daedalus*, 116:1-31.

Bellah, R., Madsen, R., Sullivan, W., Swidler, A., e Tipton, S., 1985: *Habits of the Heart*. Berkeley, CA: University of California Press.

Bellandi, M., 1989a: "The Role of Small Firms in the Development of Italian Manufacturing Industry". In Goodman et al., 1989: 31-68.

———— 1989b: "The Industrial District in Marshall". In Goodman et al., 1989: 136-52.

Benedetti, F. de, 1979: "The Impact of Electronic Technology in the Office". *Financial Times Conference: Tomorrow in World Electronics*, 21-22 de março. Londres: Financial Times.

Beniger, J.R., 1986: *The Control Revolution: Technological and Economic Origins of the Information Society*. Cambridge, MA, e Londres: Harvard University Press.

Berger, S., e Piore, M.J., 1980: *Dualism and Discontinuity in Industrial Societies*. Cambridge: Cambridge University Press.

Berman, M., 1983: *All That Is Solid Melts Into Air: The Experience of Modernity*. Londres: Verso. [Ed. bras.: *Tudo que é sólido desmancha no ar — a aventura da modernidade*. São Paulo, Companhia das Letras, 1987.]

———— 1992: "Why Modernism Still Matters". In Lash e Friedman, 1992: 33-58.

Bernstein, R.J. (org.), 1985: *Habermas and Modernity*. Cambridge: Polity Press.

Beynon, H., 1973: *Working for Ford*. Harmondsworth: Penguin Books.

Biddiss, M.D., 1977: *The Age of the Masses: Ideas and Society in Europe Since 1870*. Harmondsworth: Penguin Books.

Bjorn-Anderson, N., Earl, M., Holst, O., e Mumford, E. (orgs.), 1982: *Information Society: For Richer, For Poorer*. Amsterdã: North-Holland Publishing Company.

Block, F., 1990: *Postindustrial Possibilities: A Critique of Economic Discourse*. Berkeley, CA: University of California Press.

Blumberg, P., 1980: *Inequality in An Age of Decline*. Nova York: Oxford University Press.

Boden, D., 1992: "Reinventing the Global Village: Communication and the Revolutions of 1989". In A. Giddens (org.), *Human Societies: A Reader*, Cambridge: Polity Press, 327-31.

Boden, M., 1980: "The Social Implications of Intelligent Machines". In Forester, 1980: 439-52.

Boyer, R., 1990: *The Regulation School: A Critical Introduction*. Nova York: Columbia University Press.

Bradbury, M., e McFarlane, J. (orgs.), 1976: *Modernism: 1890-1930*. Londres: Penguin Books.

Brain, D., 1995: "From Public Housing to Private Communities". In J. Weintraub e K. Kumar (orgs.), *Public and Private in Thought and Practice*, Chicago: University of Chicago Press.

Braun, E., e MacDonald, S., 1978: *Revolution in Miniature: The History and Impact of Semiconductor Electronics*. Cambridge: Cambridge University Press.

Braverman, H., 1974: *Labor and Monopoly Capital: The Degradation of Work in the Twentieth Century*. Nova York e Londres: Monthly Review Press.

Brenner, R., e Glick, M., 1991: "The Regulation Approach: Theory and History". *New Left Review*, 188: 45-119.

Brunt, R., 1989: "The Politics of Identity". In Hall e Jacques, 1989a: 150-9.

Brusco, S., 1982: "The Emilian Model: Productive Decentralisation and Social Integration". *Cambridge Journal of Economics*, 6: 167-84.

———— 1986: "Small Firms and Industrial Districts: the Experience of Italy". In D. Keeble e E. Wever (orgs.), *New Firms and Regional Development in Europe*. Londres: Croom Helm, 184-202.

———— 1989: "A Policy for Industrial Districts". In Goodman et al., 1989: 259-69.

Brzezinski, Z., 1971: *Between Two Ages: America's Role in the Technetronic Era*. Nova York: Viking Press.

Bullock, A., 1976: "The Double Image". In Bradbury e McFarlane, 1976: 58-70.

Bürger, P., 1992: "The Decline of Modernism". In *The Decline of Modernism*, trad. de N. Walker, Cambridge: Polity Press, 32-47.

Burns, T., (org.), 1992: *After History? Francis Fukuyama and His Critics*. Londres: Eurospan.

Bury, J.B., 1955: *The Idea of Progress: An Inquiry into Its Origin and Growth*. Nova York: Dover Publications.

Calinescu, M., 1987: *Five Faces of Modernity*, Durham, NC: Duke University Press.

Callinicos, A., 1989: *Against Postmodernism: A Marxist Critique*. Cambridge: Polity Press.

Carnoy, M., Castells, M., Cohen, S., e Cardoso, F.H., 1993: *The World Economy in the Information Age*. Londres: Macmillan.

Carter, E., Donald, J., e Squires, J. (orgs.), 1993: *Space and Place: Theories of Identity and Location*. Londres: Lawrence and Wishart.

Castells, M., 1989: *The Informational City: Information Technology, Economic Restructuring and the Urban-Regional Process*. Oxford: Basil Blackwell.

Child, J., 1988: "Managerial Strategies, New Technology and the Labour Process". In Pahl, 1988: 229-57.

Clark, T.J., 1973: *The Absolute Bourgeois: Artists and Politics in France 1848-1851*. Londres: Thames and Hudson.

———— 1982: "Clement Greenberg's Theory of Art". *Critical Inquiry*, 9(1), 139-56.

Clarke, S., 1990a: "The Crisis of Fordism or the Crisis of Social Democracy?". *Telos* 83, 71-98.

———— 1990b: "New Utopias for Old: Fordist Dreams and Post-Fordist Fantasies". *Capital and Class*;, 42, 131-55.

Coleman, A., 1985: *Utopia on Trial: Vision and Reality in Planned Housing*. Londres: Hilary Shipman.

Collingwood, R.G., 1961: *The Idea of History*. Oxford: Oxford University Press.

Connor, S., 1989: *Postmodernist Culture: An Introduction to Theories of the Contemporary*. Oxford: Basil Blackwell.

Cook, P., 1988: "Modernity, Postmodernity and the City". *Theory, Culture and Society*, 5: 475-92.

Cooley, M., 1981: *Architect of Bee? The Human Technology Relationship*. Slough: Langley Technical Services.

———— 1982: "Computers, Politics and Unemployment". In Sieghart, 1982: 72-97.

Crompton, R., e Reid, S., 1983: "The Deskilling of Clerical Work". In S. Wood (org.), *The Degration of Work? Skill, Deskilling and the Labour Process*. Londres: Hutchinson, 163-78.

Crook, S., Pakulski, J. e Waters, M., 1992: *Postmodernization: Change in Advanced Society*. Londres: Sage Publications.

Davis, M., 1992: *City of Quartz: Excavating the Future in Los Angeles*. Londres: Vintage.

Derrida, J., 1994: *Specters of Marx*. Londres e Nova York: Routledge.

Descartes, R., 1968: *Discourse on Method and the Meditations,* trad. de F.E. Sutcliffe. Londres: Penguin Books.

Dore, R., 1987: *Flexible Rigidities: Industrial Policy and Structural Adjustment in the Japanese Economy, 1970-1980*. Londres: Athlone Press.

Douglas, S. e Guback, T., 1984: "Production and Technology in the Communication/Information Revolution". *Media, Culture and Society*, 6, 233-45.

Drucker, P., 1969: *The Age of Discontinuity*. Londres: Heinemann.

Eagleton, T., 1985: "Capitalism, Modernism and Revolution". *New Left Review*, 152, 60-73.

Eco, U., 1987: *Travels in Hyperreality*, trad. de W. Weaver. Londres: Picador.

——— 1992: "Postscript to *The Name of the Rose*". In Jencks, 1992a: 73-5.

Edwards, R., 1979: *Contested Terrain: The Transformation of the Workplace in the Twentieth Century*. Londres: Heinemann.

Evans, J., 1982: "The Worker and the Workplace". In Friedrichs e Schaff, 1982: 157-87.

Featherstone, M. (org.), 1990: *Global Culture: Nationalism, Globalization and Modernity*. Londres: Sage Publications.

Ferguson, M. (org.), 1986: *New Communication Technologies and the Public Interest.* Londres e Beverly Hills, CA: Sage Publications.

Ferkiss, V., 1979: "Post-Industrial Society: Theory, Ideology, Myth". *Political Science Reviewer*, 9, 61-102.

Fiedler, L., 1971: *The Collected Essays of Leslie Fiedler,* vol.2. Nova York: Stein and Day.

Foden, G., 1994: "Trawling in Cyberspace". *Times Literary Supplement*, 13, 11 de maio.

Forester, T. (org.), 1980: *The Microelectronics Revolution*. Oxford: Basil Blackwell.

——— (org.), 1985: *The Information Technology Revolution*. Oxford: Basil Blackwell.

——— 1987: *High-Tech Society: The Story of the Information Technology Revolution*. Oxford: Basil Blackwell.

——— 1988: "The Myth of the Electronic Cottage". *Futures*, 20(3), 227-40.

Foster, H. (org.), 1983: *The Anti-Aesthetic: Essays on Postmodern Culture*. Port Townsend, Washington: Bay Press.

Foucault, M., 1970: *The Order of Things: An Archaeology of the Human Sciences*. Londres: Tavistock Publications.

Freeman, C., 1987: "Information Technology and Change in the Techno-Economic Paradigm". In Freeman e Soete, 1987: 49-69.

Freeman, C., e Soete, L. (orgs.), 1987: *Technical Change and Full Employment*. Oxford: Basil Blackwell.

Friedrichs, G., 1982: "Microelectronics and Macroeconomics". In Friedrichs e Schaff, 1982: 189-211.

Friedrichs, G., e Schaff, A. (orgs.), 1982: *Microelectronics and Society: For Better or For Worse*. Oxford: Pergamon Press.

Frisby, D., 1985: *Fragments of Modernity: Theories of Modernity in the Work of Simmel, Kracauer and Benjamin*. Cambridge: Polity Press.

Fukuyama, F., 1989: "The End of History?" *The National Interest*, 16, 3-18.

——— 1992: *The End of History and the Last Man*. Londres: Penguin Books.

Garrett, J., e Wright, G., 1980: "Micro is Beautiful". In Forester, 1980: 488-96.

Geertz, C., 1983: *Local Knowledge: Further Essays in Interpretive Anthropology*. Nova York: Basic Books.

Gellner, E., 1988: *Plough, Sword and Book: The Structure of Human History*. Londres: Collins Harvill.

——————— 1992: *Postmodernism, Reason and Religion*. Londres: Routledge.

Gershuny, J.I., 1978: *After Industrial Society? The Emerging Self-Service Economy*. Londres: Macmillan.

Gershuny, J.I. e Miles, I., 1983: *The New Service Economy: The Transformation of Employment in Industrial Societies*. Londres: Frances Pinter.

Gibbins, J.R. (org.), 1989: *Contemporary Political Culture: Politics in a Postmodern Age*. Londres: Sage Publications.

Gibson, W., 1984: *Neuromancer*. Nova York: Ace Books.

Giddens, A., 1990: *The Consequences of Modernity*. Cambridge: Polity Press.

——————— 1991: *Modernity and Self-Identity*. Cambridge: Polity Press.

——————— 1992: *The Transformation of Intimacy*. Cambridge: Polity Press.

Gill, C., 1985: *Work, Unemployment and the New Technology*. Cambridge: Polity Press.

Goldthorpe, J., 1982: "On the Service Class, its Formation and Future". In A. Giddens e G. Mackenzie (orgs.), *Social Class and the Divison of Labour*. Cambridge: Cambridge University Press, 162-85.

Goodman, E., 1989: "The Political Economy of the Small Firm in Italy". In Goodman et al. 1989: 1-30.

Goodman, E., Bamford, J., e Saynor, P. (orgs.), 1989: *Small Firms and Industrial Districts in Italy*. Londres: Routledge.

Gordon, D.M., 1988: "The Global Economy: New Edifice or Crumbling Foundations?" *New Left Review*, 168, 24-64.

Gorz, A., 1982: *Farewell to the Working Class: An Essay on Post-Industrial Socialism*, trad. de M. Sonenscher. Londres: Pluto Press.

——————— 1989: *Critique of Economic Reason*. Londres: Verso.

Gramsci, A., 1971: "Americanism and Fordism". In Q. Hoare e G. Nowell-Smith (orgs.), *Selections from the Prison Notebooks of Antonio Gramsci*, Londres: Lawrence and Wishart, 277-318.

Greenberg, C., 1980: "*The Notion of 'Post-Modern'*". Sydney: Bloxham and Chambers.

——————— 1993: "Avant-Garde Attitudes: New Art in the Sixties" [1969]. In J. O'Brian (org.), *Clement Greenberg: The Collected Essays and Criticism*, vol.4, Chicago e Londres: University of Chicago Press, 292-303.

Griffin, D.R (org.), 1988: *The Re-enchantment of Science: Postmodern Proposals*. Albany: State University of New York Press.

Gurevich, A.J., 1985: *Categories of Medieval Culture*, trad. por G.L. Campbell. Londres: Routledge and Kegan Paul.

Guy, K., 1987: "The UK Tertiary Sector". In Freeman e Soete, 1987: 169-88.

Habermas, J., 1981: "Modernity versus Postmodernity". *New German Critique*, 22: 3-14.

——————— 1987: *The Philosophical Discourse of Modernity: Twelve Lectures*, trad. de F. Lawrence. Cambridge: Polity Press.

——————— 1991a: *The Structural Transformation of the Public Sphere*, trad. de T. Burger e F. Lawrence. Cambridge, MA: MIT Press.

——————— 1991b: "What Does Socialism Mean Today? The Revolutions of Recuperation and the Need for New Thinking". In R. Blackburn (org.), *After the Fall: The Failure of Communism and the Future of Socialism*. Londres: Verso, 25-46. [Ed. bras.: "A revolução e a necessidade de revisão na esquerda — o que significa socialismo hoje?" *Depois da queda — o fracasso do comunismo e o futuro do socialismo*. São Paulo, Paz e Terra, 1993.]

———— 1992: "Further Reflections on the Public Sphere". In C. Calhoun (org.), *Habermas and the Public Sphere*. Cambridge, MA: MIT Press, 421-57.

Hakim, C., 1988: "Homeworking in Britain". In Pahl, 1988: 609-32.

Hall, P., 1988: *Cities of Tomorrow: An Intellectual History of Urban Planning and Design in the Twentieth Century*. Oxford: Basil Blackwell.

Hall, S., e Jacques, M. (orgs.), 1989a: *New Times: The Changing Face of Politics in the 1990s*. Londres: Lawrence and Wishart.

———— 1989b: "Introduction". In Hall e Jacques, 1989a: 11-20.

Hamelink, C.J., 1986: "Is There Life after the Information Society?" In M. Traber (org.), *The Myth of the Information Revolution: Social and Ethical Implications of Communication Technology*. Londres e Beverly Hills, CA: Sage Publications, 7-20.

Harvey, P., 1989: *The Condition of Postmodernity: An Inquiry into the Origins of Cultural Change*. Oxford: Basil Blackwell.

Hassan, I., 1985: "The Culture of Postmodernism". *Theory, Culture and Society,* 2(3), 119-31.

———— 1987: *The Postmodern Turn: Essays in Postmodern Theory and Culture.* Columbus, Ohio: Ohio State University Press.

———— 1992: "Pluralism in Postmodern Perspective". In Jencks, 1992a: 40-72.

Havel, V., 1992: "The End of the Modern Era". *New York Times*, 1º de março, 15.

Hebdige, D., 1988: *Hiding in the Light: On Images and Things*. Londres e Nova York: Routledge.

Hegel, G.F.W., 1956: *The Philosophy of History*, trad. de J. Sibree. Nova York: Dover Publications.

———— 1971: "The Positivity of Christian Religion" [1795-1800]. In *Early Theological Writings: G.F.W. Hegel*, trad. de T.M. Knox, Filadélfia: University of Pennsylvania Press, 67-181.

Heim, M., 1994: *The Metaphysics of Virtual Reality*. Oxford: Oxford University Press.

Heller, A., 1990: *Can Modernity Survive?* Cambridge: Polity Press.

Heller, A. e Feher, F., 1988: *The Postmodern Political Condition*. Cambridge: Polity Press.

Henderson, H., 1978: *Creating Alternative Futures*. Nova York: Berkeley Publishing Corporation.

Hepworth, M.E., 1989: *Geography of the Information Revolution*. Londres: Belhaven Press.

Hines, C., e Searle, G., 1979: *Automatic Unemployment*. Londres: Earth Resources Research.

Hirsch, F., 1977: *Social Limits to Growth*. Londres: Routledge and Kegan Paul.

Hirst, P., e Zeitlin, J., 1991: "Flexible Specialization versus Post-Fordism: Theory, Evidence and Policy Implications". *Economy and Society*, 20(1), 1-56.

Hitchcock, H.R., 1968: *Architecture: Nineteenth and Twentieth Centuries*, 3a.ed. Harmondsworth: Penguin Books.

Hobsbawm, E.J., 1987: *The Age of Empire 1875-1914*. Londres: Weidenfeld and Nicolson.

———— 1994: *Age of Extremes: The Short 20th Century*. Londres: Michael Joseph.

Howe, I., 1970: "Mass Society and Post-Modern Fiction" [1959]. In I. Howe (org.), *The Decline of the New*. Nova York: Harcourt, Brace and World, 190-207.

Hughes, H.S., 1958: *Consciousness and Society: The Reorientation of European Social Thought 1890-1930*. Nova York: Vintage Books.

Huntington, S.P., 1993: "The Clash of Civilizations?" *Foreign Affairs*, 72 (verão): 22-49.

Hutcheon, L., 1988: *A Poetics of Postmodernism: History, Theory, Fiction*. Londres e Nova York: Routledge.

Huyssen, A., 1992: "Mapping the Postmodern". In Jencks, 1992a: 40-72.

Hyman, A., 1980: *The Coming of the Chip*. Londres: New English Library.

Hyman, R., 1991: "*Plus ça change?* The Theory of Production and the Production of Theory". In Pollert, 1991a: 259-83.

Ide, T.R., 1982: "The (New) Technology". In Friedrichs e Schaff, 1982: 37-88.

Jacobs, J., 1965: *The Death and Life of Great American Cities*. Harmondsworth: Penguin Books.

Jameson, F., 1992: *Postmodernism, or, The Cultural Logic of Late Capitalism*. Londres: Verso.

Jay, M., 1993: "Apocalypse and the Inability to Mourn". In *Force-Fields: Between Intellectual History and Cultural Criticism*. Londres: Routledge, 84-98.

Jencks, C., 1977: *The Language of Post-Modern Architecture*, 1ªed. Londres: Academy Editions.

——— 1989: *What is Post-Modernism?* 3ªed. Londres: Academy Editions.

——— (org.) 1992a: *The Post-Modern Reader*. Londres: Academy Editions.

——— 1992b: "The Post-Modern Agenda". In Jencks, 1992a: 10-39.

——— 1992c: "The Post-Avant-Garde". In Jencks, 1992a: 215-24.

Jenkins, C., e Sherman, B., 1979: *The Collapse of Work*. Londres: Eyre Methuen.

Jensen, J., 1989: "The Talents of Women, the Skills of Men: Flexible Specialization and Women". In Wood, 1989a:141-55.

Jessop, B., Bonnett, K. Bromley, S., e Ling, T., 1987: "Popular Capitalism, Flexible Accumulation and Left Strategy". *New Left Review*, 165, 104-22.

Jones, Barry, 1982: *Sleepers, Wake! Technology and the Future of Work*. Brighton: Wheatsheaf.

Jones, Bryn, 1982: "Destruction or Redistribution of Engineering Skills? The Case of Numerical Control". In S. Wood (org.), *The Degradation of Work?*, Londres: Hutchinson, 179-200.

Jones, R.F., 1961: *Ancients and Moderns: A Study of the Rise of the Scientific Movement in Seventeenth Century England*, 2ªed. Berkeley, CA: University of California Press.

Jones, T. (org.), 1980: *Microelectronics and Society*. Milton Keynes: Open University Press.

Jowitt, K., 1992: *New World Disorder: The Leninist Extinction*. Berkeley, CA: University of California Press.

Jussawalla, M., 1985: "Constraints on Economic Analysis of Transborder Data Flows". *Media, Culture and Society*, 7, 297-312.

Kellner, D., 1988: "Postmodernism and Social Theory". *Theory, Culture and Society*, 5: 239-69.

Kermode, F., 1961: *Romantic Image*. Londres: Routledge and Kegan Paul.

——— 1968a: "Modernisms". In *Continuities*, Londres: Routledge and Kegan Paul, 1-32.

——— 1968b: *The Sense of An Ending: Studies in the Theory of Fiction*. Londres: Oxford University Press.

——— 1989: *History and Value*. Oxford: Clarendon Press.

King, A., 1982: "A New Industrial Revolution or Just Another Technology?" In Friedrichs e Schaff, 1982: 1-36.

Kishida, J., 1994: "The Technology of Global Management". Trabalho apresentado à conferência "At the End of the Century: Looking Back at the Future". Library of Congress, Washington, 3-5 de novembro.

Klibansky, R., 1936: "Standing on the Shoulders of Giants". *Isis*, 26: 147-9.

Kolakowski, L., 1990: "Modernity on Endless Trial". In *Modernity on Endless Trial*, Chicago e Londres: University of Chicago Press, 3-13.

Koselleck, R., 1985: *Futures Past: On the Semantics of Historical Time*, trad. de K. Tribe. Cambridge, MA: MIT Press.

Kraft, P., 1987: "Computers and the Automation of Work". In Kraut, 1987: 89-105.

Kraut, R.E. (org.), 1987: *Technology and the Transformation of White-Collar Work*. Hillside, NJ: Lawrence Erlbaum Associates.

Kuhn, S., 1989: "The Limits to Industrialization: Computer Software Development in a Large Commercial Bank". In Wood, 1989a: 266-78.

Kumar, K. (org.), 1971: *Revolution: The Theory and Practice of an European Idea*. Londres: Weidenfeld and Nicolson.

——— 1978: *Prophecy and Progress: The Sociology of Industrial and Post-Industrial Society*. Harmondsworth: Penguin Books.

——— 1988a: *The Rise of Modern Society: Aspects of the Social and Political Development of the West*. Oxford: Basil Blackwell.

——— 1988b: "The Limits and Capacities of Industrial Capitalism". In Kumar, 1988a: 100-28.

——— 1988c: "The Rise of Modern Society". In Kumar, 1988a: 3-35.

——— 1988d: "Twentieth Century Revolutions in Historical Perspective". In Kumar, 1988a: 169-205.

——— 1992: "The Revolutions of 1989: Socialism, Capitalism and Democracy". *Theory and Society*, 21, 309-56.

——— 1993: "The End of Utopia? The End of Socialism? The End of History?" In K. Kumar e S. Bann (orgs.), *Utopias and the Millennium*, Londres: Reaktion Books, 63-80

——— 1995a: "Apocalypse, Millennium and Utopia Today". In M. Bull (org.), *Apocalypse Theory*, Oxford: Basil Blackwell.

——— 1995b: "The 1989 Revolutions and the Idea of Revolution". In R. Kilminster e I. Varcoe (orgs.), *Culture, Modernity and Revolution*. Londres: Routledge.

——— 1995c: "Home: The Nature of Private Life at the End of the Twentieth Century". In J. Weintraub e K. Kumar (orgs.), *Private and Public in Thought and Practice*. Chicago: University of Chicago Press.

Laclau, E., e Mouffe, C., 1985: *Hegemony and Socialist Strategy*. Londres: Verso.

Lane, C., 1988: "New Technology and Clerical Work". In D. Gallie (org.), *Employment in Britain*, Oxford: Basil Blackwell, 67-101.

Lash, S., 1990: *Sociology of Postmodernism*. Londres e Nova York: Routledge.

Lash, S. e Friedman, J. (orgs.), 1992: *Modernity and Identify*. Oxford: Basil Blackwell.

Lash, S. e Urry, J., 1987: *The End of Organized Capitalism*. Cambridge: Polity Press.

——— 1994: *Economies of Signs and Space*. Londres: Sage Publications.

Leadbeater, C., 1989: "Power to the Person". In Hall e Jacques 1989a: 137-49.

Leadbeater, C., e Lloyd, J., 1987: *In Search of Work*. Harmondsworth: Penguin Books.

Le Goff, J., 1982: *Time, Work and Culture in the Middle Ages*, trad. por A. Goldhammer. Chicago: University of Chicago Press.

Levin, H., 1966: "What was Modernism?" In *Refractions: Essays in Comparative Literature*. Nova York: Oxford University Press, 271-95.

Lipietz, A., 1982: "Towards Global Fordism?", *New Left Review*, 132, 33-47.

——— 1987: *Miracles and Mirages: The Crisis of Global Fordism*. Londres: Verso.

——— 1989: "The Debt Problem, European Integration, and the New Phase of the World Crisis", *New Left Review*, 178, 37-50.

——— 1992: *Towards a New Economic Order: Postfordism, Ecology and Democracy*. Cambridge: Polity Press.

Littler, C.R., 1978: "Understanding Taylorism". *British Journal of Sociology*, 29, 185-202.

——— 1982: *The Development of the Labour Process in Capitalist Societies*. Londres: Heinemann.

Lovering, J., 1990: "A Perfunctory Sort of Post-Fordism: Economic Restructuring and Labour Market Segmentation in Britain in the 1980s". *Work, Employment and Society*, número especial de maio, 9-28.

Löwith, K., 1949: *Meaning in History*. Chicago: University of Chicago Press.

Lyon, D., 1988: *The Information Society: Issues and Illusions*. Cambridge: Polity Press.

——— 1994: *Postmodernity*. Buckingham: Open University Press.

Lyotard, J-F., 1984a: *The Postmodern Condition: A Report on Knowledge*, trad. de G. Bennington e B. Massumi. Manchester: Manchester University Press.

——— 1984b: "Answering the Question: What is Posmodernism?" Trad. de R. Durand. In Lyotard, 1984a: 71-82.

Machlup, F., 1962: *The Production and Distribution of Knowledge in the United States*. Princeton: Princeton University Press.

——— 1980: *Knowledge: Its Creation, Distribution, and Economic Significance*, vol.1: *Knowledge and Knowledge Production*. Princeton: Princeton University Press.

Mandel, E., 1978: *Late Capitalism*. Londres: Verso.

Manifesto For New Times, 1989: número especial, *Marxism Today*, junho.

Manuel, F.E., 1965: *Shapes of Philosophical History*. Stanford, CA: Stanford University Press.

Marien, M., 1985: "Some Questions for the Information Society". In Forester, 1985: 648-60.

Marin, L., 1984: "Utopic Degeneration: Disneyland". In *Utopics: The Semiological Play of Textual Spaces*, trad. de R.A. Vollrath, Atlantic Highlands, NJ: Humanities Press International, 239-57.

Martin, J., 1978: *The Wired Society*. Englewood Cliffs, NJ: Prentice Hall.

Marquand, D., 1988: *The Unprincipled Society*. Londres: Fontana.

Massey, D., 1992: "A Place Called Home?" *New Formations*, 17, 3-15.

Masuda, Y., 1981: *The Information Society as Post-Industrial Society*. Bethesda, MD: World Futures Society.

——— 1985: "Computopia". In Forester, 1985: 620-34.

Masur, G., 1966: *Prophets of Yesterday: Studies in European Culture, 1880-1914*. Nova York: Harper and Row.

McFarlane, J., 1976: "The Mind of Modernism". In Bradbury e McFarlane;, 1976: 71-93.

McLuhan, M., 1967: *Understanding Media: The Extensions of Man*. Londres: Sphere Books.

Meegan, R., 1988: "A Crisis of Mass Production?" In J. Allen e D. Massey (orgs.), *The Economy in Question*, Londres: Sage Publications, 136-83.

Merritt, G., 1982: *World Out of Work*. Londres: Collins.

Metcalfe, S., 1986: "Information and Some Economics of the Information Revolution". In Ferguson, 1986: 37-51.

Meyrowitz, J., 1986: *No Sense of Place: The Impact of Electronic Media on Social Behavior.* Oxford: Oxford University Press.

Miles, I., 1988a: *Home Informatics: Information Technology and the Transformation of Everyday Life.* Londres: Pinter Publications.

——— 1988b: "The Electronic Cottage: Myth or Near-Myth?" *Futures*, 20(4), 355-66.

Miles, I., e Gershuny, J., 1986: "The Social Economics of Information Technology". In Ferguson, 1986: 18-36.

Mingione, E., 1991: *Fragmented Societies: A Sociology of Economic Life Beyond the Market Paradigm.* Oxford: Basil Blackwell.

Momigliano, A., 1977: *Essays in Ancient and Modern Historiography.* Oxford: Basil Blackwell.

Mommsen, T.E., 1942: "Petrarch's Conception of the 'Dark Ages'". *Speculum*, 17, 226-42.

——— 1951: "St. Augustine and the Christian Idea of Progress: The Background of the City of God". *Journal of the History of Ideas*, 12, 346-74.

Morris-Suzuki, T., 1984: "Robots and Capitalism". *New Left Review*, 147, 109-21.

——— 1986: "Capitalism in the Computer Age". *New Left Review*, 160, 81-91.

——— 1988: *Beyond Computopia: Information, Automation and Democracy in Japan.* Londres e Nova York: Kegan Paul International.

Mort, F., 1989: "The Politics of Consumption". In Hall e Jacques, 1989a, 160-72.

Mouffe, C., 1993: *The Return of the Political.* Londres e Nova York: Verso.

Mulgan, G.J., 1991: *Communication and Control: Networks and the New Economies of Communication.* Cambridge: Polity Press.

——— 1994: *Politics in an Unpolitical Age.* Cambridge: Polity Press.

Müller, K., 1992: "'Modernising' Eastern Europe: Theoretical Problems and Political Dilemmas". *European Journal of Sociology*, 33, 109-50.

Murolo, P., 1987: "White-Collar Women and the Rationalization of Clerical Work". In Kraut, 1987: 47-65.

Murray, F., 1987: "Flexible Specialisation in the 'Third Italy'". *Capital and Class*, 33, 84-95.

——— 1988: "The Decentralization of Production — the Decline of the Mass-Collective Worker?" In Pahl, 1988: 258-78.

Murray, R., 1989a: "Fordism and Post-Fordism". In Hall e Jacques, 1989a: 38-53.

——— 1989b: "Benetton Britain: The Economic Order". In Hall e Jacques, 1989a: 54-64.

Musil, R., 1979: *The Man Without Qualities*, vol.1 [1930], trad. de E. Wilkins e E. Kaiser. Londres: Picador. [Ed. bras.: *O homem sem qualidades.* Rio de Janeiro, Nova Fronteira, 1989.]

Naisbitt, J., 1984: *Megatrends: Ten New Directions Transforming Our Lives.* Nova York: Warner Books.

Naisbitt, J. e Aburdene, P., 1990: *Megatrends 2000.* Londres: Sidgwick and Jackson.

Nash, J.M., 1974: *Cubism, Futurism and Constructivism.* Londres: Thames and Hudson.

Nederveen Pieterse, J. (org.), 1992: *Emancipations, Modern and Post-Modern.* Londres: Sage Publications.

Newman, C., 1985: *The Post-Modern Aura: The Act of Fiction in an Age of Inflation.* Evanstown: Northwestern University Press.

Newman, R., e Newman, J., 1985: "Information Work: the New Divorce?" *British Journal of Sociology*, 36, 497-515.

Nisbet, R.A., 1970: *Social Change and History: Aspects of the Western Theory of Development*. Nova York: Oxford University Press.

Noble, D.F., 1979: "Social Choice in Machine Design: the Case of Automatically Controlled Machine Tools". In A. Zimbalist (org.), *Case Studies in the Labor Process*. Nova York: Monthly Review Press, 39-63.

——— 1986: *Forces of Production: A Social History of Industrial Automation*. Nova York: Oxford University Press.

Nora, S., e Minc, A., 1980: *The Computerisation of Society: A Report to the President of France*. Cambridge, MA: MIT Press.

Norris, C., 1991: *What's Wrong With Postmodernism? Critical Theory and the Ends of Philosophy*. Brighton: Harvester Wheatsheaf.

Nowotny, H., 1982: "The Information Society: Its Impact on the Home, Local Community and Marginal Groups". In Bjorn-Anderson et al., 1982: 97-113.

Offe, C., 1985: *Disorganized Capitalism: Contemporary Transformations of Work and Politics*. Cambridge: Polity Press.

Pahl, R.E. (org.), 1988: *On Work: Historical, Comparative and Theoretical Approaches*. Oxford: Basil Blackwell.

Pangle, T.L., 1992: *The Ennobling of Democracy: The Challenge of the Postmodern Age*. Baltimore e Londres: The Johns Hopkins University Press.

Patel, P., e Soete, L., 1987: "Technological Trends and Employment in the UK Manufacturing Sectors". In Freeman e Soete, 1987: 122-68.

Perez, C., 1985: "Microelectronics, Long Waves and World Structural Change: New Perspectives for Developing Countries". *World Development*, 13, 441-63.

Pevsner, N., 1975: *Pioneers of Modern Design: From William Morris to Walter Gropius*. Londres: Penguin Books.

Piore, M.J., 1990: "Work, Labour and Action: Work Experience in a System of Flexible Production". In Pyke et al., 1990: 52-74.

Piore, M.J., e Sabel, C.F., 1984: *The Second Industrial Divide: Possibilities for Prosperity*. Nova York: Basic Books.

Platão, 1977: *Timaeus and Critias*, trad. de D. Lee. Harmondsworth: Penguin Books.

Plumb, J.H., 1973: *The Death of the Past*. Harmondsworth: Penguin Books.

Pollert, A., 1988a: "The 'Flexible Firm': Fixation or Fact?" *Work, Employment and Society*, 2(3), 281-316.

——— 1988b: "Dismantling Flexibility". *Capital and Class*, 34, 42-75.

——— (org.) 1991a: *Farewell to Flexibility?* Oxford: Basil Blackwell.

——— 1991b: "The Orthodoxy of Flexibility". In Pollert, 1991a: 3-31.

Popcorn, F., 1992: *The Popcorn Report*. Nova York: Harper Collins.

Porat, M., 1977: *The Information Economy: Definition and Measurement*. Washington, DC: US Department of Commerce.

Portoghesi, P., 1992: "What is the Post-Modern?" In Jencks, 1992a: 208-14.

Poster, M., 1990: *The Mode of Information: Poststructuralism and Social Context*. Cambridge: Polity Press.

Putnam, R., 1994: *Bowling Alone: Democracy at the End of the Twentieth Century*. Princeton: Princeton University Press.

Pye, L., 1990: "Political Science and the Crisis of Authoritarianism". *American Political Science Review*, 84, 5-19.

Pyke, F., Becattini, G., e Sengenberger, W. (orgs.), 1990: *Industrial Districts and Inter-Firm Cooperation in Italy*. Genebra: International Institute for Labour Studies.

Rabinow, P., 1986: "Representations are Social Facts: Modernity and Post-Modernity in Anthropology". In J. Clifford e G.E. Marcus (orgs.), *Writing Culture: The Poetics and Politics of Ethnography*. Berkeley, CA: University of California Press 234-61.

Rada, J.F., 1982: "A Third World Perspective". In Friedrichs e Schaff, 1982: 213-42.

Raulet, G., 1991: "The New Utopia: Communication Technologies". *Telos*, 81, 39-58.

Regalia, I., Regini, M., e Reyneri, E., 1978: "Labour Conflicts and Industrial Relations in Italy". In C. Crouch e A. Pizzorno (orgs.), *The Resurgence of Class Conflict in Western Europe Since 1968*, vol.1. Londres: Macmillan, 101-58.

Rey, G., 1989: "Small Firms: Profile and Analysis, 1981-85". In Goodman et al., 1989: 69-110.

Rheingold, H., 1994: *The Virtual Community: Finding Connection in a Computerised World*. Londres: Secker and Warburg.

Ritzer, G., 1993: *The McDonaldization of Society*. Thousand Oaks, CA: Pine Forge Press.

Robertson, R., 1992: *Globalization: Social Theory and Global Culture*. Londres: Sage Publications.

Robins, K., 1989: "Global Times". *Marxism Today*, dezembro, 20-7.

——— 1991: "Tradition and Translation: National Culture in its Global Context". In J. Corner e S. Harvey (orgs.), *Enterprise and Heritage: Crosscurrents of National Culture*. Londres e Nova York: Routledge, 21-44.

——— 1994: *Cyberspace and the World We Live In*. Newcastle-upon-Tyne: Centre for Urban and Regional Development Studies: University of Newcastle.

Robins, K., e Webster, F., 1987: "Information as Capital: A Critique of Daniel Bell". In J.D. Slack e F. Fejes (orgs.), *The Ideology of the Information Age*. Norwood, NJ: Ablex Publishing Corporation, 95-117.

——— 1988: "Athens Without Slaves... Or Slaves Without Athens? The Neurosis of Technology". *Science as Culture*, 3, 7-53.

——— 1989: *The Technical Fix: Education, Computers and Industry*. Londres: Macmillan.

Rorty, R., 1985: "Habermas and Lyotard on Postmodernity". In Bernstein, 1985: 161-75.

——— 1992: "Cosmopolitanism without Emancipation: a Response to Lyotard". In Lash e Friedman, 1992: 59-71.

Rose, M.A., 1991: *The Post-Modern and the Post-Industrial: A Critical Analysis*. Cambridge: Cambridge University Press.

Rosenberg, H., 1970: *The Tradition of the New*. Londres: Paladin.

Rosenbrock et al. [sic], 1985: "A New Industrial Revolution?" In Forester, 1985: 635-47.

Ross, G., 1974: "The Second Coming of Daniel Bell". In R. Miliband e J. Saville (orgs.), *The Socialist Register 1974*. Londres: Merlin Press: 331-48.

Roszak, T., 1988: *The Cult of Information: The Folklore of Computers and the True Art of Thinking*. Londres: Paladin.

Rothschild, E., 1981: "Reagan and the Real America". *New York Review of Books*, 5 de fevereiro, 12-8.

——— 1988: "The Real Reagan Economy". *New York Review of Books,* 30 de junho, 46-53.

Rustin, M., 1989: "The Politics of Post-Fordism: or, The Trouble with 'New Times'". *New Left Review*, 175, 54-77.

Rustow, D.A., 1990: "Democracy: A Global Revolution?" *Foreign Affairs*, 69, 75-91.

Sabel, C.F., 1984: *Work and Politics: The Division of Labor in Industry*. Cambridge: Cambridge University Press.

——— 1989: "Flexible Specialisation and the Re-emergence of Regional Economies". In P. Hirst e J. Zeitlin (orgs.), *Reversing Industrial Decline? Industrial Structure and Policy in Britain and her Competitors*. Oxford: Berg, 17-71.

Sabel, C.F., e Zeitlin, J., 1985: "Historical Alternatives to Mass Production: Politics, Markets and Technology in Nineteenth-Century Industrialization". *Past and Present*, 108, 133-76.

Samuel, R., 1977: "Workshop of the World: Steam Power and Hand Technology in Mid-Victorian Britain". *History Workshop Journal*, 3, 6-72.

——— 1995: *Theatres of Memory, vol.I: Past and Present in Contemporary Culture*. Londres e Nova York: Verso.

Sassen, S., 1991: *The Global City: New York, London, Tokyo*. Princeton: Princeton University Press.

Sasson, D., 1986: *Contemporary Italy: Politics, Economy and Society since 1945*. Londres e Nova York: Longman.

Saunders, P., 1990: *A Nation of Home Owners*. Londres: Unwin Hyman.

Sayer, A., 1989: "Postfordism in Question". *International Journal of Urban and Regional Research*, 13(4), 666-95.

Sayer, A., e Walker, R., 1992: *The New Social Economy: Reworking the Division of Labour*. Cambridge, MA: Blackwell Publishers.

Sayer, D., 1991: *Capitalism and Modernity: An Excursus on Marx and Weber*. Londres: Routledge.

Saxby, S., 1990: *The Age of Information: The Past Development and Future Significance of Computing and Communications*. Basingstoke e Londres: Macmillan.

Schabert, T., 1985: "A Culture of Dissent". In A. Moulakis (org.), *The Promise of History*. Nova York: Doubleday, 1-12.

Schiller, H.I., 1985: "Strengths and Weaknesses of the New International Information Empire". In P. Lee (org.), *Communication For All*. Nova York: Orbis, 3-23.

Schwartz, H., 1990: *Century's End: A Cultural History of the Fin-de-Siècle from the 900s to the 1990s*. Nova York: Doubleday.

Scully, V., Jr., 1961: *Modern Architecture*. Londres: Prentice-Hall International.

Selden, R., 1985: *A Reader's Guide to Contemporary Literary Theory*. Brighton: Harvester Press.

Sforzi, F., 1990: "The Quantitative Importance of Marshallian Industrial Districts in the Italian Economy". In Pyke et al., 1990: 75-107.

Short, R., 1976: "Dada and Surrealism". In Bradbury e McFarlane, 292-308.

Sieghart, P. (org.), 1982: *Microchips with Everything: The Consequences of Information Technology*. Londres: ICA/Comedia.

Simon, H.A., 1980: "What Computers Mean for Man and Society". Em Forester, 1989: 419-33.

Singelmann, J., 1978: "The Sectoral Transformation of the Labor Force in Seven Industrialized Countries, 1920-1970". *American Journal of Sociology*, 83, 1224-34.

Sivanandam, A., 1990: "All That Melts into Air Is Solid: The Hokum of New Times". *Race and Class*, 31, 1-31.

Sklair, L., 1991: *Sociology of the Global System*. Hemel Hempstead: Harvester Wheatsheaf.

Slack, J.D., 1984: "The Information Revolution as Ideology". *Media, Culture and Society*, 6, 247-56.

Slater, P., *The Pursuit of Loneliness: American Culture at the Breaking Point*, ed. rev. Boston: Beacon Press.

Smart, B., 1992: *Modern Conditions, Postmodern Controversies*. Londres e Nova York: Routledge.

——— 1993: *Postmodernity*. Londres e Nova York: Routledge.

——— 1994: "Sociology, Globalisation and Postmodernity". *International Sociology*, 9(2), 149-59.

Smith, C., 1991: "From 1960s Automation to Flexible Specialization: a *déja vu* of Technological Panaceas". In Pollert, 1991a: 138-57.

Social Research, 1989: "The French Revolution and the Birth of Modernity". Número especial, 56(1).

Social Trends, 1990: Londres: HMSO.

Soete, L., 1987: "The Newly Emerging Information Technology Sector". In Freeman e Soete, 1987: 189-220.

Soja, E.W., 1989: *Postmodern Geographies: The Reassertion of Space in Critical Social Theory*. Londres: Verso.

Stehr, N., e Böhme, G., 1986: *The Knowledge Society*. Dordrecht: D. Reidel.

Stone, L., 1991: "History and Post-Modernism". *Past and Present,* 131, 217-8.

Stonier, T., 1983: *The Wealth of Information: A Profile of the Post-Industrial Economy*. Londres: Thames Methuen.

Stretton, H., 1976: *Capitalism, Socialism and the Environment*. Cambridge: Cambridge University Press.

Sussman, L., 1989: "The Information Revolution: Human Ideas and Electrical Impulses". *Encounter*, 73, 60-5.

Thompson, P., 1989: *The Nature of Work,* 2ª.ed. Londres: Macmillan.

Tiryakian, E.A., 1991: "Modernisation: Exhumetur in Pace (Rethinking Macrosociology in the 1990s)". *International Sociology,* 6(2), 165-80.

——— 1994: "The New Worlds and Sociology". *International Sociology*, 9(2), 131-48.

Tocqueville, A. de, 1988: *Democracy in America [1835-40],* org. de J.P. Mayer, trad. de G. Lawrence. Nova York: Harper and Row.

Toffler, A., 1970: *Future Shock*. Nova York: Random House.

——— 1981: *The Third Wave*. Nova York: Bantam Books.

Toynbee, A., 1948: *Civilization on Trial*. Londres: Oxford University Press.

——— 1954: *A Study of History*, vols.7-10. Londres: Oxford University Press.

Traber, M., 1986: "Introduction". In M. Traber (org.), *The Myth of the Information Revolution*. Londres e Beverly Hills, CA: Sage Publications, 1-6.

Triglia, C., 1989: "Small-Firm Development and Political Subcultures in Italy". In Goodman et al., 1989:174-97.

——— 1990: "Work and Politics in the Third Italy". In Pyke et al., 1990: 160-84.

Trilling, L., 1967: "On the Teaching of Modern Literature". In *Beyond Culture: Essays on Literature and Learning*, Harmondsworth: Penguin Books, 19-41.

Turner, B.S., 1989: "From Postindustrial Society to Postmodern Politics: the Policial Sociology of Daniel Bell". In Gibbins, 1989: 199-217.

——— (org.) 1990a: *Theories of Modernity and Postmodernity*. Londres: Sage.

——— 1990b: "Periodization and Politics in the Postmodern". In Turner, 1990a: 1-13.

Tuveson, E.L., 1964: *Millennium and Utopia: A Study in the Background of the Idea of Progress*. Nova York: Harper Torchbooks.

Vonnegut, K., 1969: *Player Piano*. St. Albans: Panther Books.

Walby, S., 1989: "Flexibility and the Changing Sexual Division of Labour". In Wood, 1989a: 127-40.

Walker, R.A., 1985: "Is There a Service Economy? The Changing Capitalist Division of Labor". *Science and Society*, 49, 42-83.

Wallerstein, I., 1974: *The Modern World System: Capitalist Agriculture and the Origins of the European World-Economy in the Sixteenth Century*. Nova York: Academic Press.

Webster, F., 1986: "The Politics of the New Technology". In R. Miliband, J. Saville, M. Liebman e J. Panitch (orgs.), *The Socialist Register 1985/86*. Londres: Merlin Press, 385-413.

Webster, F. e Robins, K., 1986: *Information Technology: A Luddite Analysis*. Norwood, NJ: Ablex Publishing Corporation.

——— 1989: "Plan and Control: Towards a Cultural History of the Information Society". *Theory and Society*, 18, 323-51.

Weeks, J., 1989: "Value for Many". *Marxism Today*, dezembro, 30-5.

Weintraub, J. e Kumar, K (orgs.), 1995: *Private and Public in Thought and Practice*. Chicago: University of Chicago Press.

Weizenbaum, J., 1976: *Computer Power and Human Reason: From Judgment to Calculation*. São Francisco: W.H. Freeman.

Wellmer, A., 1991: *The Persistence of Modernity: Essays on Aesthetics, Ethics and Postmodernism,* trad. de D. Midgley. Cambridge: Polity Press.

Wiener, N., 1968: *The Human Use of Human Beings: Cybernetics and Society* [1954]. Londres: Sphere Books.

Wilde, O., 1975: "The Critic as Artist" [1891]. In *Oscar Wilde: Plays, Prose Writings, and Poems*. Londres: Dent, 3-65.

Williams, F., 1982: *The Communications Revolution*. Beverly Hills, CA: Sage Publications.

Williams, R., 1963: *Culture and Society 1780-1950*. Harmondsworth: Penguin Books.

Williams, K., Cutler, T., Williams, J. e Haslam, C., 1987: "The End of Mass Production?" *Economy and Society,* 16(3), 405-39.

Williams, K., Haslam, C., e Williams, J., 1992: "Ford versus 'Fordism': The Beginning of Mass Production?" *Work, Employment and Society*, 6(4), 517-55.

Wollen, P., 1993: *Raiding the Icebox: Reflections on Twentieth-Century Culture*. Londres: Verso.

Wood, E.M., 1990: "The Uses and Abuses of 'Civil Society'". In R. Miliband e L. Panitch (orgs.), *The Socialist Register 1990*. Londres: Merlin Press, 60-84.

Wood, S. (org.), 1989a: *The Transformation of Work? Skill, Flexibility and the Labour Process*. Londres: Unwin Hyman.

——— 1989b: "The Transformation of Work?" In Wood, 1989a: 1-43.

Yujiro, H. (org.), 1970: *Perspectives on Postindustrial Society*. Tóquio: University of Tokyo Press.

Zuboff, S., 1988: *In the Age of the Smart Machine: The Future of Work and Power*. Oxford: Heinemann Professional Publishing.

Zukin, S., 1991: *Landscapes of Power: From Detroit to Disney World*. Berkeley e Los Angeles: University of California Press.

——— 1992: "Postmodern Urban Landscapes: Mapping Culture and Power". In Lash e Friedman, 1992: 221-47.

Índice Remissivo

Este livro foi composto pela
Textos & Formas, em Times
New Roman, e impresso por
Cromosete Gráfica e Editora.